_____ 님께

이 책이 누군가의 마음을 얻는 데
도움이 되길 바랍니다.

_____ 드림

Marketing
Brain

Marketing **Brain**

The immutable strategy of marketing by a brand psychologist

Written by KIM JIHERN.
Published by Galmaenamu, 2021.

마케팅 브레인

Marketing Brain

브랜드 심리학자가 말하는 불변의 마케팅 전략

지금 소비자들이 열광하는 가치는 무엇인가

김지헌 지음

갈매나무

마케팅 관점의 사고 프레임, 마케팅 브레인

본질은 변하지 않는다!

_____ 최근 기업의 시장환경이 참 많이 변했습니다. 특히 디지털 문화의 빠른 성장과 예상치 못한 코로나의 출현으로 소비 행태가 놀라운 속도로 변화하고 있습니다. 새로운 변화에 제대로 대응하지 못한 기업은 시장에서 퇴출되고, 반대로 기회를 잘 활용한 기업은 새롭게 주목받고 있습니다. 이에 따라 과거의 마케팅 방식을 과감히 버리고 변화된 시장환경에 대응할 수 있는 새로운 마케팅 전략과 방법론이 필요하다는 목소리가 높아졌습니다.

따라서 퍼포먼스 마케팅 Performance marketing, 인플루언서 마케팅 Influencer marketing, 콘텐츠 마케팅 Content marketing, 빅데이터 마케팅 Big data marketing 등 새로운 용어가 만들어지며 관련 서적들이 시장에 쏟아져 나왔습니다[1]. 이들은 과거와 다른 디지털 소비자들의 행태 변화에 맞는 전략적인 사고를 할 수 있는 새로운 관점을 제시했다는 점에서 의의가 있습니다.

하지만 새로움을 좇다보면 마케팅의 본질이 희석되고 기본 원칙이

---

[1] 퍼포먼스 마케팅에서 강조하는 '성과(예, 매출) 지향적인 사고'에만 몰입할 경우, 마케팅의 본질인 관계지향적인 원칙이 흔들릴 수 있습니다. 관계지향적 관점으로 퍼포먼스 마케팅을 해야 장기적인 관점에서 의미 있는 성과를 거둘 수 있습니다.

흔들릴 수도 있습니다. 이는 수영을 처음 배우는 사람이 유튜브를 보고 가장 난이도가 높은 접영 동작을 따라 하는 것과 다르지 않습니다. 물에 들어가기 전 기본 수칙과 주의사항부터 익히지 않으면, 숨 막히는 답답한 순간들이 이어지며 생명에 위협을 받을 수 있습니다.

물론 시장환경이 변하면 이에 맞게 마케팅 '방법'이 달라져야겠지만, 고객에게 더 나은 가치를 제공함으로써 장기적인 관계를 구축해야 한다는 마케팅의 '본질'은 결코 바뀌지 않습니다. 그래서 저는 '마케팅 1.0, 2.0, 3.0, 4.0……'과 같이 시장환경의 변화에 초점을 둔 마케팅 방법론의 진화를 논하기보다, 시간이 지나고 공간온/오프라인이 변화해도 결코 흔들리지 않는 불변의 마케팅 원칙, 이른바 '마케팅 0.0'의 본질적 사고에 대해 논하고 싶습니다.

이를 토대로 불변의 마케팅 원칙을 변화된 시장환경에서 어떻게 재해석해야 하는지, 그 결과 어떠한 마케팅 방법들로 진화해야 하는지에 관한 담론을 이끌어내고 싶습니다. 마케팅의 본질에 대한 이해가 큰 골격을 이루고 새로운 마케팅 방법론들로 조심스레 살을 붙여나갈 때, 시장환경의 급격한 변화에도 흔들리지 않는 단단함을 가질 수 있습니다.

마케팅은 사람의 마음을 얻기 위한 학문입니다. 따라서 마케팅은 기업의 마케터가 소비자 조사 결과 데이터를 분석하고 도표를 만들어 프리젠테이션을 하기 위한 도구에 한정되지 않습니다. 마케팅은 사회적 동물로 살아가는 우리가 수많은 존재와 교감하고 긍정적인 관계를 유지해나가며 내가 원하는 방향으로 상대를 설득할 수 있는 효과적인 방법들을 제시합니다.

유권자의 표를 얻어야 하는 정치인, 동네 반찬가게 주인, 더 나아가 비디오 게임기를 구매하고 싶은 남편이 아내를 설득하는 데 필요한 아이디어를 제공해줄 수도 있습니다.

나는 지금 마케팅을 하고 있는가

_____ 물론 일상에서 마케팅을 자유롭게 활용하기 위해서는 마케팅 관점의 사고 프레임, 즉 '마케팅 브레인'을 가지기 위한 어느 정도의 노력과 훈련이 필요합니다. 즉 평소에 크고 작은 마케팅 근육을 잘 만들어두어야 꼭 필요한 순간에 힘을 발휘할 수 있는데, 이 책은 여러분의 좋은 트레이너가 되어줄 것입니다. 몸풀기 동작부터 난이도 높은 운동기구 활용법까지 친절하고 자세히 알려주는 소문난 트레이너입니다.

하지만 피트니스 트레이너처럼 마케팅 브레인의 트레이너도 목표 달성을 위해 두 가지 조건을 강조합니다.

첫째, 중도 포기 없이 이 책을 처음부터 끝까지 완독하십시오. 저는 완벽한 책을 절반만 읽는 것보다는 괜찮은 책을 끝까지 읽는 것이 마케팅 전략을 체계적으로 익히는 데 훨씬 효과적이라고 생각합니다. 사실 완벽한 책은 찾기도 힘듭니다.

둘째, 미루지 않고 바로 지금 시작하는 것입니다. "One day or day one, You decide"라는 말이 있습니다. '언젠가one day'라고 미룰지 '오늘부터day one'라고 새로운 마음가짐으로 시작할지는 당신의 선택에 달려 있다는 말입니다. 어쩌면 우리의 마음가짐은 두 단어의 순서를 바꾸는 것처럼 어렵지 않을 수 있습니다. 하지만 결과는 큰 차이를 만듭니다.

아마존의 창립자인 제프 베조스Jeffrey Preston Bezos는 매년 주주들에게 보내는 편지에서 "day1"을 강조합니다. 아마존에게는 매일매일이 새로운 도전을 하는 첫날이라는 의미입니다. 저는 이러한 삶의 태도 덕분에 아마존이 세계 최고의 온라인 리테일 기업이 되었고, 베조스가 세계 최고의 부자가 되었다고 생각합니다.

'나는 지금 마케팅을 하고 있는가.' 이 책의 제목을 고민할 때 나왔던 여러 후보 가운데 20~30대가 가장 선호했던 제목입니다. 우여곡절 끝에 최종 제목으로 채택되지는 못했지만, 이 책을 읽으면서 끝까지 놓지 말아야 할 핵심 질문입니다. 오늘날 우리는 마케팅에 대해 많은 얘기를 하고 있지만, 어쩌면 전혀 하고 있지 않은지도 모릅니다.

《마케팅 브레인》은 제가 《가치를 사는 소비자 공감을 파는 마케터》로 수년 동안 강의를 하면서 보완한 내용을 추가하고 수정하여 다시 펴낸 책입니다. 저와 함께 마케팅을 이야기하고 고민해온 분들이 마케팅의 본질을 제대로 이해하며 마케팅 중심의 사고를 발전시킬 수 있으면 좋겠다는 바람을 담았습니다. 이 책을 읽는 여러분 모두가 '마케팅 브레인'을 가질 수 있기를 기대합니다.

2021년 2월

브랜드 심리학자 김지헌

차례

제1부
지금 소비자들이 좋아하는 것

가치연쇄 모형 제1단계
가치 분석 *value analysis*

01 탐색 비용

소비자는 선택지가 많은 것을 좋아할까?

02 거래 비용

불안은 반드시 거래를 방해한다

제2부
지금 소비자들이 선택하는 것

가치연쇄 모형 제2단계
가치 제안 *value proposition*

Marketing
Brain

마케팅의 본질은 무엇인가?

Marketing
Brain

마케팅의 세 가지 축

_____ 마케팅의 본질에 대해 논하기에 앞서, 여러분께 냉장고 영업사원에 관한 사례를 소개한 뒤 한 가지 질문을 드리고 싶습니다.

냉장고를 판매하는 S전자에서는 다음 달 새로운 냉장고 모델을 출시할 계획이 있습니다. 신제품이 나오면 더 이상 팔기 어려운 구 모델의 재고를 소진하기 위해 이번 달에 구매하는 고객에 한해 20퍼센트를 할인해주는 파격적인 프로모션을 실시합니다. 또한 판매를 독려하기 위해 판매실적이 좋은 영업사원에게 판매금액의 3퍼센트를 특별 보너스로 제공할 계획이라고 대리점에 통보했습니다. 신제품 출시계획이 기업의 대외비는 아니지만 아직 언론에는 공개되지 않아 소비자들은 이 사실을 모르고 있습니다.

자, 여기에 두 명의 영업사원이 있습니다.

A매장에 근무하는 영업사원 김세종 씨는 매장을 방문한 고객에게 다음 달 신 모델 출시 계획을 전혀 알리지 않고 프로모션의 혜택만을 강조하여, 상담고객 100명 전원에게 구 모델을 성공적으로 판매했습니다. 덕분에 이달의 우수 영업사원으로 선정되었고 약 600만 원의 특별 보너스를 받았습니다.

반면 B매장에 근무하는 영업사원 이대학 씨는 고객들에게 다음 달 신 모델 출시 계획을 설명한 후 프로모션 혜택과 비교해 고객 스스로 구매할 모델을 선택하게 했습니다. 그 결과 상담고객 100명 중 10명에게만 구 모델을 팔 수 있었습니다. 여러분은 김세종 씨와 이대학 씨 중 누가 더 마케팅을 잘했다고 생각하시나요?

이 질문에 대한 답을 하려면 먼저 마케팅이 무엇인지, 그 개념에 대한 정확한 이해가 필요합니다. 여러분은 마케팅이 무엇이라고 생각하나요? 제가 마케팅 교육을 시작하기 전 가장 먼저 교육생들에게 하는 질문입니다. 대학 수업, 기업의 마케팅 실무자 교육 등에서도 똑같은 질문을 하는데, 대답은 늘 제각각입니다.

하지만 그 답변 속에는 공통적으로 자주 언급되는 용어들이 있습니다. 제품판매, 고객 만족, 관계 등입니다. 틀린 답은 아니지만 맞는 답도 아닙니다. 마케팅 개념은 사실 이 용어들을 유기적으로 연결해야 정확해집니다.

마케팅Marketing은 Market과 ing의 합성어입니다. 먼저 Market은 시장을 의미하고, 이는 판매자와 구매자 사이에 가치 있는 것들을 교환하는 공간입니다. 영어에서 ing는 진행형으로 멈추지 않고 지속된다는 의미를 가집니다. 따라서 두 용어를 연결해보면 마케팅은 "판매자와 구매자 간 가치 교환이 지속되도록 하는 활동"이라 정의할 수 있습니다. 여전히 추상적이고 잘 와 닿지 않나요? 그럼 좀 더 구체적으로 설명해보겠습니다.

구매자는 판매자에게 돈을 주거나 또는 가치 있는 다른 물건을 주고 판매자와 교환활동을 하게 됩니다. 이때 교환한 물건이 기대만큼 좋거나 그 이상이면 거래에 만족[2]하게 되고, 해당 판매자와 긍정적인 관계를 형성하게 됩니다. 그리고 다음에 또 필요한 물건이 있으면 같은 판매자와 가치를 교환합니다. 이러한 마케팅의 선순환 구

---

2   만족은 기대 대비 성과로 평가됩니다. 즉, 만족(satisfaction)＝성과(performance)/기대(expectation).

조를 요약하면 〈그림 1〉과 같습니다.

마케팅은 결국 가치 교환에 대한 만족감을 느끼게 함으로써 긍정적인 관계를 구축/유지하여, 반복적인 가치 교환을 이끌어내는 활동을 의미합니다. 앞서 교육생들이 마케팅이 뭐냐는 질문에 답할 때 사용한 용어들이 신기하게도 하나의 스토리로 연결됩니다. 그런데 많은 사람이 마케팅의 의미를 하나의 스토리로 연결하지 못하고 개별적인 용어에만 집중하고 있습니다. 그 이유는 어쩌면 기업들의 마케팅 전략이 가치 교환, 만족, 관계의 세 가지 축 가운데 특별히 하나만을 강조하면서 오랫동안 변화되고 반복되어왔기 때문인지도 모르겠습니다.

한때 대부분의 기업들은 너도나도 '고객 만족 경영'을 해야 한다고 외쳤고, 시간이 좀 지나자 '고객관계 관리Customer Relationship Management; CRM'의 중요성이 부각되며 서로 경쟁하듯 해당 부서를 신설했습니다[3].

그림 1 **마케팅의 선순환 구조**

3　저는 최근 화두가 되고 있는 빅데이터 마케팅도 결국 고객관계 관리를 위한 데이터에 대한 접근성과 활용도가 높아진 것으로, CRM의 관점과 유사하다고 생각합니다.

가치 교환을 위한 관계 구축

_____ 이제 냉장고 영업사원의 시나리오로 다시 돌아가볼까요?

네, 맞습니다. 마케팅을 더 잘한 영업사원은 이대학 씨입니다. 사실 김세종 씨와 이대학 씨의 차이는 세일즈sales와 마케팅의 차이를 보여줍니다. 세일즈의 성과는 단기적인 매출 실적으로 평가하는 반면, 마케팅의 성과는 지속적인 관계를 기준으로 평가합니다. 과거에는 세일즈가 마케팅의 핵심이었던 시기도 있었지만, 적어도 오늘날의 마케팅에서는 고객과 판매자가 장기적인 관계를 구축하고 있는지가 더 중요시되고 있습니다.

김세종 씨에게 냉장고를 구매한 100명의 고객 중 일부는 신제품이 출시되면 속았다는 생각을 할지도 모릅니다. 거래가 불만족스러웠던 고객은 분명 냉장고를 바꿀 때가 되어도 김세종 씨를 다시 찾지는 않을 것입니다. 또한 주변 사람들에게 김세종 씨를 경계하라고 입소문을 낼 수도 있습니다.

반면, 이대학 씨에게 구 모델을 사지 않고 돌아간 90명의 고객들 가운데 일부는 새로운 모델을 사러 다시 이대학 씨를 찾을 가능성이 높습니다. 또한 이대학 씨에 대한 신뢰감이 높아져 향후 냉장고를 교체할 때도 이대학 씨를 찾을 것이며, 주변 사람에게 추천할 가능성도 높습니다.

마케팅을 비하하는 사람들이 가끔 "마케팅 그거 사기 아니야?"라고 얘기합니다. 마케팅과 사기의 결정적인 차이는 '지속적인 관계'를 유지할 수 있느냐 없느냐에 달려 있습니다. 제대로 만들지 못한 물건을 눈속임해서 파는 것은 마케팅이 아니라 사기입니다. 결국 관계를 해치는 행위이기 때문입니다.

따라서 마케팅 관점으로 고객을 대할 때에는 일회성 거래가 아닌 고객 생애가치Customer Lifetime Value: CLV 를 고려할 필요가 있습니다. CLV는 만족한 고객 한 사람이 평생 동안 기업에 돌려줄 수 있는 가치가 얼마인지를 의미합니다.

일반적으로 도요타Toyota 자동차는 럭셔리 브랜드인 렉서스Lexus 의 고객 생애가치를 6억 원 이상으로 추정합니다. 7000만~8000만 원짜리 자동차를 한 대 팔 때와 6억 원 가치를 가진 고객과 관계를 맺을 때의 태도는 다를 수밖에 없습니다.

이 책은 마케팅의 선순환 구조를 이루는 세 가지 축 가운데 출발점이라 할 수 있는 '가치 교환' 전략에 중점을 두고 있습니다. 즉, 구매자가 상품 가치를 어떻게 인식하는지 분석한 뒤, 경쟁자와 다른 차별적 가치를 제공할 수 있음을 약속하고, 그 약속한 가치를 제대로 전달하는 '가치연쇄 모형'을 설명합니다. 이를 요약 정리하면, 〈그림 2〉

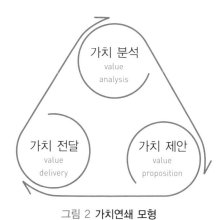

그림 2 **가치연쇄 모형**

에서 보는 바와 같이 가치 분석-가치 제안-가치 전달의 3단계 프로세스로 표현할 수 있습니다[4].

마케팅의 본질을 지켜라

_____ 가치연쇄 모형에 대해 본격적으로 논하기에 앞서 마케팅의 선순환 구조로 돌아가 몇 가지 사항을 짚고 넘어가면 좋겠습니다. 먼저 마케팅의 선순환 구조가 반드시 '가치 교환-만족-관계'의 순서를 따르지는 않는다는 점입니다. 소셜미디어 마케팅의 경우, 관계 형성이 먼저 일어난 뒤 가치 교환을 통해 만족하면 관계가 강화되는 과정을 거치기도 합니다[5].

예를 들어 오프라인에서 실제로 만난 적이 없지만 페이스북을 통해 친분이 쌓인 중고차 딜러가 있다면, 중고차가 필요할 때 완전히 모르는 딜러보다는 이 딜러에게 먼저 연락해 구매할 가능성이 높습니다. 또한 구매과정이 만족스럽다면 중고차를 되팔 때에도 이 딜러와 거래를 할 가능성이 높겠죠.

이처럼 마케팅의 선순환 구조를 이해할 때에는 구성항목들의 순서가 중요한 것이 아니라 이들이 어떠한 관계를 맺고 있는지에 대

4 　가치연쇄 모형의 3단계 프로세스는 일반적으로 마케팅 전략의 기본 프로세스인 '고객분석-STP 전략-마케팅 믹스(marketing mix) 전술' 과정과 일치합니다. 구체적인 내용은 이후 세부적으로 다루도록 하겠습니다.

5 　전혀 정보가 없는 사람과 중고거래를 하는 벼룩시장(예, Craiglist)보다, 페이스북의 프로필과 활동내역 등을 알 수 있는 마켓플레이스(Marketplace)가 더 안전하다고 생각합니다. 그 까닭은 나와 직접적이지는 않더라도 판매자나 구매자가 다른 사람과 맺고 있는 관계를 미리 살펴볼 수 있기 때문입니다.

한 이해가 필요합니다.

다음으로 마케팅의 선순환 구조에서 가치의 교환이 반드시 제품 또는 서비스 교환만을 의미하지는 않습니다. 행동경제학자인 슐로모 베나치Shlomo Benartzi는 인간의 주의력attention이 21세기의 원유라고 주장합니다.

한국인들은 하루 평균 유튜브를 약 한 시간 시청한다고 합니다. 또한 자신이 원하는 콘텐츠를 골라 평균 열다섯 개의 영상을 본다고 합니다. 물론 공짜는 없습니다. 그 대가로 광고를 시청해야 합니다[6]. 즉, 매우 소중하고 가치 있는 자신의 주의력을 콘텐츠와 교환하는 것입니다. '주의력과 콘텐츠의 교환'은 유튜브 마케팅 또는 인플루언서 마케팅의 핵심 주제입니다. 유튜브 크리에이터들은 소비자가 가치 있게 생각하는 콘텐츠를 제공하는 대가로 광고 수수료예, pre-roll ad를 받습니다.

교환과정에 만족감을 느낀 소비자는 유튜브 크리에이터가 운영하는 채널을 구독하게 되고, 이제 영상 자체가 광고인 콘텐츠 광고도 거부감 없이 받아들입니다. 마침내 유튜브 크리에이터는 소비자에게 큰 영향력을 행사할 수 있는 인플루언서가 되고, 광고주와 맺는 계약 업무를 대행해주는 크리에이터 소속사예, 샌드박스 네트워크와 전속계약을 맺게 됩니다.

이해 관계자가 여럿 늘어나고 수많은 새로운 가치를 교환하면서, 유튜브 크리에이터는 '구독자 수'와 '단기 수익' 사이에서 갈등하게

---

6   광고 없이 콘텐츠를 시청하기 위해서는 유튜브 프리미엄 회원에 가입해서 이용료를 내야 합니다.

됩니다. 결국 마케팅과 세일즈 사이에서 고민하게 되는 것이죠. 유튜브 마케팅과 같은 새로운 마케팅 방법론들도 결국 '지속적인 가치 교환'이라는 마케팅의 본질에서 벗어나지 않습니다.

　최근 화두가 되고 있는 브랜드 팬덤 마케팅은 어떨까요? 이는 소셜미디어를 활용하여 소비자와 강력한 관계를 구축하고 유지할 수 있는 전략에 관해 얘기합니다. 즉, 위기에 처한 브랜드를 구해줄 수 있는 수준의 강력한 팬덤, 관계지향적인 마케팅의 본질을 벗어나지 않습니다.

　사실 마케팅이라 이름 짓는 대부분의 행위들은 "가치 교환 - 만족 - 관계"의 선순환 구조를 통해 설명할 수 있습니다. 만약 설명이 어렵다면, 마케팅이 아니라고 보는 게 맞을 것입니다. 여러분은 마케팅의 본질을 결코 잊어서는 안 됩니다. 쏟아지는 새로운 마케팅 용어의 홍수 속에서 방황하지 않고 평정심을 유지할 수 있도록 필터와 깔때기 역할을 해줄 수 있기 때문입니다.

　자, 그럼 이제 예고해드린 대로 가치연쇄 모형의 3단계 프로세스를 하나씩 살펴보도록 하겠습니다.

제 1 부

지금 소비자들이 좋아하는 것

value analysis

가치연쇄 모형 제1단계

가치 분석

Marketing
Brain

소비자가 추구하는 혜택

_____ 먼저 가치연쇄 모형 제1단계인 가치 분석에 대해 알아보도록 하겠습니다. 소비자가 어떤 기준으로 제품의 가치를 판단하는지 알 수 있다면 경쟁자보다 더 매력적인 가치를 소비자에게 제안하고 전달할 수 있습니다. 즉, 가치 분석value analysis은 성공적으로 가치를 교환하기 위한 가치연쇄 모형의 출발점이라 할 수 있습니다. 가치를 분석할 때에는 가치함수Value function가 매우 유용한데, 이는 "가치Value = 혜택Benefit ÷비용Cost"이라는 수식으로 표현할 수 있습니다. 이 간단한 수식에는 소비자에게 매력적인 제품이 되기 위해 필요한 조건들이 함축되어 있습니다. 분모에 있는 '비용'을 낮추거나 분자에 있는 '혜택'[7]을 높이는 것이죠.

자동차를 예로 설명해보겠습니다. 여러분은 자동차를 구매함으로써 어떤 '혜택'을 얻을 수 있을까요?

먼저 코로나 시대에는 대중 교통보다 좀 더 안전하게 이동할 수 있습니다①기능적 혜택. 하지만 자동차는 승차감보다 하차감이 중요하다고 생각한다면, 럭셔리 자동차를 구매함으로써 자신의 사회적인 지위나 자아 이미지를 표현할 수 있습니다②상징적 혜택. 또한 엔진 소리가 요란한 스포츠카를 좋아하는 분이라면, 운전의 즐거움과 재미를 얻을 수 있습니다③경험적 혜택. 한편 차량 구매금액의 1퍼센트를 사회 취약계층에 기부한다는 공익연계 마케팅Cause-related marketing에 끌려 선한 마음으로 구매를 결정할 수도 있습니다④이타적 혜택.

~~~~~~~~
7   혜택(Benefit)은 문헌에 따라 '편익'으로 번역되기도 합니다.

반대로 열악한 근무환경에서 노동자를 괴롭히며 비용을 크게 줄여 가격할인을 해주는 기업의 제품을 구매하지 않고, 경제적으로 조금 손해를 보더라도 떳떳하게 다른 제품을 산 것에 대한 자부심을 느낄 수도 있습니다 ⑤자존적 혜택[8]. 이처럼 자동차에 대해 소비자가 추구하는 혜택의 유형은 매우 다양하며 사람마다 차이가 날 수 있어, 판매자는 타깃 소비자가 어떤 유형의 혜택을 추구하는지를 알아야 제대로 된 마케팅 전략을 수립할 수 있습니다.

다음으로 여러분은 자동차를 구매할 때 어떤 '비용'을 고려하나요? 아마도 자동차를 구매하는 가격, 보험료, 기름값, 수리비 등을 떠올렸을 겁니다. 그런데 여러분이 생각한 비용은 모두 금전적 비용 monetary cost 입니다. 고객 가치 관점에서 마케팅 전략을 수립할 때 이러한 금전적 비용을 어떻게 낮출 것인가에만 초점을 두다보면, 자칫 경쟁자들과 가격 중심의 치킨게임으로 이어질 수 있습니다. 이는 가격경쟁에서 승리한다 해도 기대했던 수익을 얻지 못하는 '승자의 저주The winner's curse'를 불러올 수 있습니다.

마케팅 분야의 구루인 세스 고딘Seth Godin 은 경고합니다.

"저렴한 가격은 좋은 아이디어가 다 떨어진 마케터의 마지막 피난처일 뿐이다"[9].

소비자 관점에서도 당장은 업체의 치킨게임으로 인한 가격할

8　소비자가 제품을 구매할 때 추구하는 혜택은 일반적으로 기능적·상징적·경험적·이타적·자존적 혜택의 다섯 가지 유형으로 구분할 수 있습니다. 각각의 혜택이 어떤 의미를 가지는지에 대해서는 이후에 자세히 설명합니다.

9　세스 고딘 지음, 김태훈 옮김, 《마케팅이다》, 쌤앤파커스, 2019, p.268.

인이 좋을 수 있지만, 경쟁시장이 붕괴되고 독점이나 과점의 형태로 가면 결국 가격인상 담합 등이 발생하며 장기적으로 피해를 볼 수 있습니다. 따라서 기업들은 금전적 비용 중심의 차별화 전략보다는 시간비용·노력비용·심리적 비용 등의 비금전적 비용non-monetary cost 중심의 차별화 전략을 고민할 필요가 있습니다.

가상의 시나리오를 하나 생각해보도록 하죠. 저는 얼마 전 새로운 자동차를 구매하기 위해 대리점을 방문했습니다. 자동차 딜러의 설명을 듣고 마음에 드는 차를 결정했지만, 마지막으로 시승을 해보고 최종 구매를 해야겠다고 생각했습니다. 하지만 아쉽게도 시승 예약을 하지 않고 방문한 탓에 며칠 후 다시 오겠다는 말을 남기고 돌아와야 했습니다.

이후 예약한 날이 찾아왔지만, 일이 바쁘기도 하고 다시 매장에 가는 것이 귀찮기도 해서 여러 번 미루게 되었습니다. 제 방문을 애타게 기다리던 딜러가 어느 날 오후 저에게 전화를 걸어 이렇게 물었습니다.

"고객님, 많이 바쁘신가봐요. 시승 예약이 계속 미뤄지네요. 혹시 내일 일정이 어떻게 되세요?"

"죄송합니다. 제가 요즘 좀 정신이 없어서요. 저는 내일 오전 10시에 강남역에 있는 A기업에서 비즈니스 미팅이 있습니다."

그러자 딜러는 아침에 시승차를 저희 집 앞으로 가져갈 테니, 그곳까지 운전해보는 것은 어떨지 제안을 합니다. 저는 안 그래도 복잡한 강남역에 주차할 공간이 별로 없어서 차 끌고 가기를 망설이던 차였습니다. 그래서 반가운 마음에 기꺼이 승낙을 했습니다. 덕분에 대리점에 다시 가야 하는 불편 없이 시승해볼 수 있었습니다.

제 일정을 배려해준 딜러에게 고마움을 느끼고 있던 차에, 딜러는 더 매력적인 제안을 합니다.

"고객님께서 오늘 구매계약을 하시면, 향후 3년 동안 고객님의 근무지에 주차된 차를 제가 서비스센터로 가져가 엔진오일을 교체한 후 퇴근하시기 전 다시 주차장으로 가져다놓겠습니다."

저는 다른 딜러와 비교했을 때 이 딜러가 제시한 자동차의 할인율이 다소 낮았지만, 구매 후 차량 관리의 불편함을 생각하면 이 조건이 가장 매력적이라고 생각해 계약을 했습니다.

어떤가요? 금전적 비용을 낮추지 않고도 성공적으로 고객의 마음을 얻을 수 있습니다.

계절가전을 수거해 청소, 보관한 뒤 다음 계절에 다시 가져다주는 일본의 가전 대리점이 큰 성공을 거두었다는 얘기를 들은 적이 있습니다. 여름이 지나고 찬 바람이 불기 시작할 때, 선풍기의 날개를 분해해서 닦고 커버를 씌워서 창고에 넣어본 경험이 있는 분이라면 이 제안이 얼마나 매력적인지 이해할 수 있습니다. 청소하는 귀찮음과 보관할 공간이 부족한 것은 늘 스트레스입니다. 이러한 고객의 비금전적 비용을 잘 헤아린 덕분에 이 가전 대리점은 다른 곳에 비해 좀 더 비싼 가격에 제품을 판매하는데도 오랫동안 이용하는 고객이 많다고 합니다. 충성고객이 많은 것은 어쩌면 매해 가전제품의 상태를 확인하고 새로운 제품으로 교체할 것을 먼저 제안할 수 있는 장점이 있기 때문인지도 모르겠습니다.

테슬라는 도요타를 어떻게 뛰어넘었나

_____ 2020년 7월 전기차를 생산하는 테슬라Tesla는 시가 총액이 약 250조 원이 되면서, 세계 최대 자동차 회사인 도요타약 243조 원를 뛰어넘었습니다. 한 해 동안 36만 7200대를 팔았을 뿐인 테슬라가 이보다 약 30배나 많은 1046만 대를 판매한 도요타의 시가 총액을 뛰어넘을 수 있었던 비결은 무엇일까요?

2020년 9월 23일 테슬라가 개최한 배터리데이 행사에서 CEO인 일론 머스크는 전기 자동차의 배터리 가격을 크게 낮춰 2만 5000달러약 2768만 원짜리 자동차를 생산할 계획이라고 밝혔습니다. 이러한 야심 찬 포부에도 불구하고 행사 후 "소문난 잔치에 먹을 것이 없다"는 평을 받으며 테슬라의 주가는 오히려 크게 하락했습니다. 사람들이 테슬라에 대해 거는 기대가 '가격 경쟁력'이 전부는 아니기 때문일 것입니다.

저는 주주들이 테슬라의 미래 가치를 높게 평가한 것은 낮은 가격이 아니라 경쟁 브랜드들이 쉽게 흉내낼 수 없는 '가격 외 비용'을 효과적으로 낮추려는 테슬라의 비전 때문이라고 생각합니다.

예를 들어, 우리는 꽉 막힌 복잡한 도로에서 운전을 할 때 늘 스트레스를 받습니다. 일론 머스크는 이를 해결하기 위해 '보링 컴퍼니The Boring Company'라는 터널 굴착회사를 설립했습니다. 이 회사는 2018년 캘리포니아 남부 호손Hawthorne 지역에 위치한 스페이스 X 건물일론 머스크가 세운 항공우주업체의 주차장에서 LA 공항을 잇는 지하 터널을 뚫었으며, 2020년에는 라스베이거스 호텔에서 공항을 연결하는 지하 터널 공사를 진행하고 있습니다. 이는 테슬라의 자율주행 자동차를 교통체증에 시달리지 않고 지하 터널로 바로 이동시키기 위함입니다.

또한 테슬라는 100퍼센트 자율주행 시스템Full Self Driving: FSD 을 장착한 로보택시ROBOTAXI 를 2020년 상용화하겠다는 목표를 가지고 있었습니다. 이는 자동차가 타는 시간보다 세워두는 시간이 많아 비효율적이고 비경제적인 제품이라는 문제점을 해결하기 위한 노력입니다.

여러분이 출근한 뒤 주차장에 세워둔 차는 앱으로 호출한 누군가의 택시로 변해 퇴근시간까지 영업활동을 하고 복귀합니다. 우버와 리프트 같은 공유경제 택시의 이용요금이 보통 마일약 1.6킬로미터 당 2~3달러약 2200원~약 3400원 인 데 반해, 테슬라의 로보택시는 마일당 18센트약 200원 에 지나지 않으며, 차량주는 미국 기준으로 연간 약 3만 달러약 3352만 원 의 수익을 얻을 수 있다고 합니다[10].

또한 자율주행 자동차의 안전성을 제고하기 위해, 인공위성을 활용해 지금도 전 세계를 돌아다니는 테슬라 자동차로부터 데이터를 수집하고 있다고 합니다. 이런 점에서 혹자는 테슬라가 자동차 회사가 아닌 "모빌리티 데이터 플랫폼 회사"라고 얘기합니다. 과거 플랫폼 기업들이 시장에서 승자독식하는 모습을 생각해보면, 미래 가치를 반영한 테슬라의 시가 총액이 도요타보다 높은 것은 그리 이상해 보이지 않습니다.

마케터들은 경쟁자와 차별화할 수 있는 전략을 수립할 때 비용보

---

10   〈전기차 공유 서비스를 선언한 테슬라의 '로보택시'〉, MoonYoung (2020.4.24.), BIZION.

다는 혜택 중심의 차별화 방법에만 몰입하는 실수를 범하곤 합니다.

2010년 《하버드 비즈니스 리뷰 _HBR_》에 "Stop trying to delight your customers 고객을 감동시키기 위한 노력을 멈춰라"라는 제목의 아티클이 발표되었습니다. 이는 고객 만족을 넘어 고객 감동을 외치던 많은 기업을 놀라게 했습니다. 아티클은 고객이 원하는 것을 얻기 위해 스스로 부담해야 하는 노력 수준customer effort을 낮추는 것이, 고객에게 추가적인 혜택을 제공하여 만족도를 높이려는 노력보다 충성고객을 확보하는 데 더 도움이 될 수 있다는 내용을 담고 있습니다. 즉, 혜택 중심의 차별화가 아닌 비용 중심의 차별화가 고객충성도를 높이는 데 더 도움이 될 수 있다는 주장입니다.

저는 고객이 지각하는 여러 가지 금전적·비금전적 비용을 구매 여정customer buying journey 프로세스에 따라 다섯 개로 구분하여 분석할 것을 제안합니다. 고객의 구매 여정은 필요한 물건들을 검색, 구매하고 사용한 뒤 처분하는 과정을 의미합니다. 또한 이 과정에서 자신이 경험한 것을 타인과 공유합니다. 구매 여정의 각 단계에서 소비자가 지각하는 비용들을 고려하면, 탐색 비용·거래 비용·사용 비용·처분 비용·공유 비용 등의 다섯 가지 유형으로 나눠볼 수 있습니다.

그럼, 지금부터 각각의 비용이 지니는 의미와 이를 효과적으로 낮출 수 있는 전략에 관해 살펴보도록 하겠습니다. 시작에 앞서 다시 한번 비용 중심의 차별화 전략을 시도할 때에는 금전적 비용보다는 비금전적 비용을 낮추기 위한 고민을 해보시길 부탁드립니다.

비용

소비자는 선택지가
많은 것을 좋아할까?

01

탐색 비용

선택의 패러독스

_____ "오늘 저녁 회식 때 고기를 먹을 것인가, 회를 먹을 것인가? 이것이 문제로다." 이러한 의사결정 장애를 햄릿증후군이라 부릅니다. 단순해 보이는 이 결정을 하는 데에도 필요한 정보가 적지 않습니다. 회식에 누가 참석하는지, 고기를 안 먹는 채식주의자는 없는지, 회를 싫어하는 사람은 없는지 등 확인해야 할 정보가 너무 많습니다. 참 귀찮기도 하고 어렵기도 합니다. 그래서 누가 나 대신 결정해주면 좋겠다는 생각을 하게 되죠. 때문에 상대를 배려하는 척하면서 선택의 어려움을 떠넘기는 '선택의 외주', 즉 아웃초이싱out-choing 이 심심치 않게 일어납니다.

팀 내 유일한 여성이라는 이유로 결정권을 얻은 분은 과연 행복할까요? 스마트폰을 살 때도, 노트북을 살 때도 알아봐야 할 정보가 너무 많습니다. 특히 좋아 보이는 선택지가 한두 개가 아닐 경우, 선택을 포기하고 다음으로 미루고 싶어집니다. 다행히 주변에 전문지식이 있는 덕후가 있으면 조언을 구하기 위해 그분께 밥이나 커피를 사야 할지도 모릅니다.

이처럼 거래 전 정보 탐색에 소요되는 금전적·비금전적 비용을 탐색 비용search cost 이라고 합니다. "소비자는 과연 선택지가 많은 것을 좋아할까?"에 대한 의문은 오래전부터 마케팅 연구자들의 관심 대상이었습니다.

예를 들면 대형 마트에서 잼을 시식하고 판매하는 실험을 진행한 적이 있습니다[11]. 매장 가운데 여섯 가지 잼을 시식하는 테이블과 스물네 가지 잼을 시식하는 테이블을 설치한 뒤 사람들의 반응을 살펴본 것이죠. 참가자의 60퍼센트가 스물네 가지 잼을 시식할 수 있는 테이블로 갔으나, 이들 중 잼을 구매한 고객은 3퍼센트에 지나지 않았습니다.

반면, 여섯 가지 잼을 시식할 수 있는 테이블로 간 나머지 40퍼센트의 참가자들 중에는 무려 30퍼센트가 구매를 했습니다. 따라서 최종적으로 제품을 구매한 비율을 구해보면, 스물네 가지보다 여섯 가지 잼의 시식 테이블이 월등히 높습니다1.8퍼센트 vs. 12퍼센트. 이는 선택지가 지나치게 많아지면 소비자의 주의와 관심을 끌 수는 있지만, 구매 결정에는 오히려 방해가 될 수 있음을 의미합니다.

미국의 심리학자 배리 슈워츠Barry Shwartz는 주로 서구문화에서 신봉하는 선택의 자유freedom of choice가 오히려 사람들에게 자유가 아닌 불만과 피로감을 증가시킬 수 있음을 지적하며, 이를 '선택의 패러독스the paradox of choice'라고 일컬었습니다.

또 다른 연구에서는 선택지의 수와 구매 가능성이 뒤집어진 U자형 관계가 있음을 밝혀냈습니다. 즉, 선택지가 지나치게 적거나 많기보다는 적당할 때 소비자의 구매 가능성이 증가하게 됩니다.

예를 들어 선택할 수 있는 펜의 수가 두 개일 때는 40퍼센트, 열 개일 때는 90퍼센트가 샀지만, 열여섯 개일 때는 30퍼센트로 구매

11   Iyengar, S.S., & Lepper, M.R. (2000). "When choice is demotivating: Can one desire too much of a good thing?", *Journal of Personality and Social Psychology*, 79(6), pp.995~1006.

가 확연히 줄어들었습니다[12]. 적당한 수의 선택지가 있어야 정보 탐색을 한 뒤 구매의사를 결정하는 데 별 어려움이 없습니다.

제가 집 근처에 있는 죽집에 갔을 때 일입니다. 〈그림 3〉과 같이 벽면에 붙어 있는 서른 개가 넘는 메뉴를 보자 어떤 것을 골라야 할지 머리가 하얘졌습니다. 메뉴판을 한참 들여다보고 있자니 주문을 받으려고 기다리는 주인 아저씨의 시선이 따갑습니다. 아무런 기준 없이 펼쳐놓은 약 30개의 메뉴는 소비자에게 재앙입니다.

그림 3 죽이야기 메뉴판

그렇다면 주의를 끌고 매력적으로 보일 만큼 선택지가 충분히 많으면서도, 소비자가 선택하기 쉽게 해줄 수 있는 효과적인 방법은 없을까요? 카테고리 세분화Categorization 를 통해 소비자가 한 번에 선

12   Shah, A.M. & Woford, G. (2007). "Buying behavior as a function of parametric variation of number of choices", *Psychological Science, 18*(5), pp.369~370.

택해야 하는 고려 집합군consideration set의 크기를 세 개에서 다섯 개 정도로 줄여주는 방법을 고려해볼 수 있습니다[13].

일반적으로 온라인 쇼핑몰은 흔히 소비자가 원하는 상품을 찾을 때까지 클릭하는 횟수를 줄일 수 있는 UI/UX의 디자인에 신경을 많이 씁니다. 하지만 정작 중요한 것은 원하는 상품을 찾는 데까지 소요되는 '시간'이지 클릭의 횟수가 아닙니다. 세 번 클릭한 후 열 개의 선택지 가운데 하나를 최종적으로 선택하도록 하는 것보다는, 열 번을 클릭한 후 세 개의 선택지 가운데 최종적으로 하나를 선택하도록 하는 것이 소비자의 구매 만족도를 높일 수 있습니다.

예를 들어 온라인 쇼핑몰들이 수많은 커피 브랜드를 카페인과 디카페인으로 분류하고, 신맛과 쓴맛으로 분류하는 등 소비자의 과거 검색 이력을 바탕으로 맞춤형 카테고리를 제안한다면 탐색 비용을 낮춰 구매 만족도를 높일 수 있는 효과적인 전략이 될 수 있습니다.

저처럼 요즘 10대들이 가장 즐겨 쓰는 소셜미디어 가운데 하나가 트위터라는 사실을 알게 될 때 놀라는 분이 계실 겁니다. 140자 이내의 짧은 단문 메시지가 특징인 트위터가 최근 부활하고 있다는 소식은 들었지만, 미국의 전 대통령인 트럼프와 같은 아재들이 아닌 10대들이 많이 쓸 것이라고는 꿈에도 몰랐습니다.

10대들은 트위터를 케이팝K-POP 덕질에도 많이 사용하지만, 특히 간단한 음식 레시피와 같은 생활정보를 스크랩하는 용도로 많이

---

13   Mogilner, C., Rudnick, T., & Iyengar, S. (2008). "The mere categorization effect: how the presence of categories increases choosers' perceptions of assortment variety and outcome satisfaction," *Journal of Consumer Research*, 35(2), pp.202~215.

사용한다고 합니다. 인스타그램과 같이 스크랩이 쉽지 않은 소셜미디어와 달리 트위터에는 손쉬운 스크랩마음 찍기 기능이 있어 원하는 정보를 저장해두었다가 원하는 시점에 빠르고 편리하게 검색할 수 있기 때문이죠. 어쩌면 트위터가 성공적으로 부활할 수 있었던 것은 다른 소셜미디어에 비해 탐색 비용이 낮은 덕분인지도 모릅니다.

여러분은 예술 분야에서 가장 영향력 있는 인물이 누구인지 아시나요? 영국의 한 예술잡지는 미술계 최고의 파워를 가진 인물로 '한스 울리히 오브리스트Hans Ulrich Obrist'라는 큐레이터curator를 선정했습니다[14]. 예술 작품을 직접 만드는 크리에이터가 아닌, 이들과 대중을 연결해주는 역할을 하는 큐레이터가 최고의 영향력을 가진 인물이라니 놀랍지 않나요?

큐레이터의 영향력은 비단 예술 분야에만 한정된 것이 아닙니다. 세계 최대 음악 스트리밍 플랫폼인 '스포티파이Sportify'의 성장에도 큐레이터 역할이 컸습니다.

2015년 스포티파이가 영입한 '투마 바사Tuma Basa'라는 큐레이터는 매주 금요일 자신이 직접 선곡한 노래들을 담은 플레이 리스트를 공개했는데, 팔로워가 무려 1200만 명이나 되었습니다[15]. 투마 바사의 선곡 리스트에 포함된 뒤 무명의 뮤지션들이 순식간에 인지도가 급상승하고 스타가 되면서, 음악시장에서 그의 영향력을 실감하게 했습니다. 스포티파이는 매주 월요일 AI를 이용해 사용자 개개

14　마이클 바스카 지음, 최윤영 옮김, 《큐레이션-과감히 덜어내는 힘》, 예문아카이브, 2016, pp.88~89.

15　〈유튜브, 스포티파이의 음악 큐레이터 '투마 바사'〉, 윤준탁 (2020.6.28.), 브런치.

인에게 맞춤 곡을 추천해주는 '디스커버 위클리Discover Weekly'라는 서비스를 함께 제공했지만, 인간의 '촉'을 기반으로 하는 큐레이션의 매력 또한 결코 무시할 수 없었습니다.

과거에는 수도꼭지에 물이 한 방울씩 똑똑 떨어지면 그걸 받아먹기 위해 수많은 사람들이 길게 줄을 섰다면, 오늘날에는 모두가 콸콸 넘치는 수도꼭지를 하나씩 입에 물고 있어 오히려 숨 쉬기가 힘들 만큼 많은 물 때문에 고통 받는 시대가 되었습니다[16]. 따라서 개개인이 원하는 물의 양을 정확히 파악하고, 꼭 필요한 물의 양만 필터로 걸러서 깨끗하게 제공해주는 것이 중요한 가치로 인식되고 있습니다. 정보 과부화information overload로 인해 탐색 비용이 지나치게 높아진 오늘날, 소비자를 대신하여 의사 결정에 필요한 정보를 검색하고 선택지를 추천해주는 큐레이션 커머스Curation commerce가 성장하는 것은 너무나 당연해 보입니다.

구독 서비스와 당근마켓의 성공 요인

───────────── 큐레이션 커머스와 관련해 몇 해 전부터 주목받고 있는 것이 바로 구독 서비스Subscription service입니다. 2020년 6월 롯데제과는 업계 최초로 매월 9900원을 내면 인기 과자를 알아서 골라 보내주는 '월간 과-자'라는 구독 서비스를 선보여 세간의 화제

───────

16   슐로모 베나치·조나 레러 지음, 이상원 옮김, 《온라인 소비자, 무엇을 사고 무엇을 사지 않는가》, 2016, 갈매나무, pp.23~24.

가 되었습니다. 사실 과자를 사무실로 보내주는 구독 서비스는 오래 전부터 있었지만[17], 가정에서 구독하는 서비스는 국내에서 처음입니다. 해외에서는 사무실과 가정의 과자 구독 서비스가 국내보다 일찍 시작되어 큰 인기를 누리고 있습니다.

예를 들어, 2015년 설립된 스낵네이션snacknation은 5000여 종의 과자를 랜덤으로 골라 매달 사무실에 정기배송하는 서비스를 시행하여 3년 만에 1000억 원 이상의 연매출을 올렸습니다[18]. 나트륨·당·밀가루가 적게 함유된 건강한 간식들을 엄선해서 보내고, 사무실 직원들의 반응을 체크하여 인기 없는 과자류의 절반을 매달 교체하는 방식으로 만족도를 높였습니다. 스낵네이션은 사무실의 과자구독 서비스가 인기를 끌자, 집에서 과자를 구독하는 '홈 딜리버리 서비스'를 론칭하기도 했습니다. 특히 사무실의 과자구독 서비스는 회사 막내들의 정보 탐색 비용을 낮춰주고, 까다로운 과자 취향을 가진 부장님의 눈치를 더 이상 안 볼 수 있게 도와주는 고마운 서비스입니다.

여러분은 2020년 비게임앱 중에서 다운로드 1위를 차지한 모바일 앱이 무엇인지 아시나요? 바로 중고거래 플랫폼인 '당근마켓'입니다[19]. 당근마켓은 구매자의 탐색 비용과 판매자의 처분 비용을 효과적으로 낮춤으로써 중개 플랫폼으로서의 가치를 인정받고 있습니

---

17   2017년 론칭한 스낵가이드(snackguide)는 1만 9990원의 가격으로 과자와 음료를 매달 사무실에 보내주는 구독 서비스를 실시하고 있습니다.

18   〈과자배달로 천억 버는 스타트업, SNACKNATION-기업들을 위한 과자 정기배송(subscription) 서비스〉, Reve (2018.4.25.), https://brunch.co.kr/@businessinsight/4.

19   〈2020년 모바일 앱 다운로드 1위 당근마켓… MAU 1위는 카톡〉, 정윤영 기자 (2020.12.14), 뉴스핌.

다[20]. 즉, 구매자는 당근마켓을 통해 동네 주민이 판매하는 쓸 만한 중고제품을 쉽게 검색할 수 있고, 판매자는 불필요한 제품을 빠르고 쉽게 처분할 수 있습니다. 이제 당근마켓은 단순한 중고거래 플랫폼이 아닌, 이웃사람들이 한곳에 모여 다양한 주제로 소통할 수 있는 온라인 동네 커뮤니티로 진화하기 위해 노력하고 있습니다.

이러한 노력의 일환으로 2020년 12월 당근마켓은 '겨울간식 지도'를 만들어 화제가 되었습니다[21]. 겨울에 즐겨 먹는 군고구마, 붕어빵, 호떡 등을 판매하는 곳이 우리 동네 어디에 있는지를 한눈에 볼 수 있도록 만든 지도입니다. 이는 최근 코로나로 경제적인 어려움을 겪고 있는 영세 자영업자들을 지원함과 동시에, 플랫폼 이용자에게 유용한 지역사회의 정보를 제공함으로써 당근마켓이 동네 마을회관 같은 정보의 허브이자 소통의 중심이 되려는 시도로 보입니다. 마을회관과 같이 동네 정보를 쉽고 빠르게 들여다볼 수 있는 온라인 공간, 즉 이용자의 탐색 비용 낮추기가 당근마켓의 차별적인 지향점이라 할 수 있습니다.

지금까지 탐색 비용에 대해 살펴보았습니다. 이제 구매 여정의 다음 단계로 소비자가 제품을 구매할 때 지각하는 거래 비용에 대해서 살펴보도록 하겠습니다.

---

20   당근마켓은 비용 측면뿐 아니라 혜택 측면에서도 매력적인 가치를 제공합니다. 특히 희귀 아이템을 구할 수 있는 상징적 혜택을 제공합니다. 중고 아이템이지만 희소성으로 인해 새 제품을 구매할 때보다 비싼 가격에 거래되기도 합니다. 또한 우리 이웃들이 어떤 제품을 사용하는지 궁금증을 해소하고 득템의 재미를 주는 경험적인 혜택을 제공하기도 합니다.

21   〈'붕세권' '호세권'… 당근마켓은 왜 '붕어빵 지도'를 만드나〉, 김보라 기자 (2020.12.21.), 한국경제.

불안은 반드시
거래를 방해한다

02

거래 비용

소용량, 소포장 제품이
잘 필리는 이유

＿＿＿＿＿＿ 거래 비용은 말 그대로 가치를 교환하는 거래를 할 때 소비자가 지각하는 금전적·비금전적 비용을 의미합니다. 소비자는 충분한 탐색을 통해 마음에 드는 제품을 발견한 이후에도 여전히 가격이 너무 비싸게 느껴져 불안하거나 거래가 귀찮아질 수 있습니다. 그 결과 구매를 연기하거나 포기할 수 있습니다.

필리핀에 여행 갔을 때 마치 일회용처럼 소량 포장된 각종 생활용품들이 많은 것을 보고 놀란 적이 있습니다. 노점에서는 상처밴드 한 개, 담배 한 개비, 껌 한 개를 소량으로 판매하고 있었고, 마트에서는 '세쉐이 바Sachet Bar'라는 코너를 만들어 소용량 제품을 모아놓기까지 했습니다.

그런데 흥미로운 것은 국내 소비자들이 이런 제품을 주로 여행용으로 구매하는 데 반해, 필리핀 소비자들은 일상 생활용품으로 구매한다는 점입니다. 아마도 한국 소비자에 비해 경제 형편이 넉넉지 못한 필리핀 소비자의 구매장벽을 낮추는 데 소량 포장이 더 유리하기 때문일 것입니다.

사실 소량 포장된 제품은 포장재 가격으로 인해 단위당 가격이 더 높은 경향이 있습니다. 하지만 분명 장점도 있습니다. 특히 제품이 정말 기대만큼 좋을지에 대한 불안감과 대용량으로 구매할 때 느끼는 가격부담을 효과적으로 낮춰줄 수 있습니다. 배달의 민족에서 운영하고 있는 B마트는 소규모 가구들을 정조준한 소량 포장의 PBPrivate Brand를 출시하여 큰 인기를 끌고 있습니다. '0.7 공깃밥, 네

쪽 식빵, 손바닥 케첩 62그램, 손바닥 마요 50그램'과 같이 이름만 들어도 일반 마트에서는 찾아보기 힘든 소용량, 소포장 제품인 것을 직관적으로 알 수 있습니다[22]. 이러한 제품들은 1인 가구들이 구매 의사 결정 시 느끼는 금전적인 부담을 효과적으로 줄여주고, 다 먹지 못하고 유통기한을 넘겨버릴지도 모른다는 심리적인 불안감도 낮춰줄 수 있습니다.

소비자가 느끼는 금전적 비용의 부담감을 줄여줄 수 있는 또 다른 효과적인 전략은 가격의 상한선을 정해놓는 것입니다.

예를 들면 대부분 5000원 이하의 제품을 판매하는 생필품점인 다이소는 경제적으로 넉넉지 않은 젊은 학생들이 부담 없이 작은 사치를 향유할 수 있는 놀이공간이 됩니다.

저도 미국에서 지낼 때 아이와 함께 모든 제품을 1달러약 1120원에 판매하는 생필품점인 '달러트리Dollar tree'나 5달러약 5600원 이하의 제품이 대부분인 '파이브 빌로five below'를 가끔 놀이 삼아 방문하곤 했습니다. 아이에게 개수만 정해주고 원하는 것을 마음대로 고르라고 할 수 있으니, 아이도 저도 부담 없이 쇼핑을 즐길 수 있었습니다.

한편 인질상품 가격전략captive product pricing도 소비자가 거래 시 느끼는 금전적 비용의 부담감을 줄여주는 좋은 대안이 될 수 있습니다. 이는 보완재Complement 관계에 있는 제품 가운데 주主제품을 싼 가격으로 판매하는 대신, 부副제품을 비싸게 팔아 이윤을 남기

22   〈배민 B마트 이벤엔 '소스'… PB제품 확대〉, 권영석 기자 (2020.7.9.), EBN.

는 방식입니다. 참고로 보완재 관계는 복사기와 잉크처럼 두 제품을 함께 소비할 때 소비자가 느끼는 효용이 증기히는 제품을 의미합니다.

우리가 평소에 잘 의식하고 있진 않지만, 주변에 인질상품 가격전략을 사용하는 제품들이 적지 않습니다. 캡슐 커피머신을 특가로 싸게 판매한 뒤, 커피 캡슐을 비싸게 판매해서 수익을 남기는 방식이 좋은 사례입니다. 단, 커피머신에 호환되는 캡슐을 더 저렴한 가격에 공급하는 판매자가 등장하면 인질상품 가격전략은 실패할 가능성이 높습니다. 특히 호환 캡슐의 품질이 나쁘지 않거나 더 뛰어나다면 문제는 심각해질 수 있습니다. 과거 영화관에서 외부음식 반입을 금지한 것도 영화 티켓을 싸게 파는 대신 팝콘과 콜라를 비싸게 팔아서 수익을 남겨야 했기 때문입니다.

다른 데서 더 싸게 팔고 있을지 모른다는 불안감

_____ 소비자의 가격부담을 낮추기 위해 PAD Pennies-A-Day 전략도 고려해볼 수 있습니다. 이는 가격을 하루 단위로 잘게 쪼개어 제시함으로써 소비자의 가격저항을 낮추는 방법입니다.

예를 들어, 한 달에 12만 원인 인터넷 영어교육 콘텐츠를 광고할 때, "하루 4000원으로 어학연수를 다녀오세요"라는 메시지를 사용하는 것입니다. 이러한 광고에 노출된 소비자는 다행스럽게도 기간을 생각하지 않고, 단지 4000원으로 무엇을 할 수 있을지에 대한 기회비용만 생각하는 경향이 있습니다. 즉, 커피 한 잔 정도의 가격은 부담 없이 투자할 수 있다고 생각하는 것이죠. 하지만 일 단위로 쪼 갰을 때에도 여전히 가격이 높은 경우에는 소비자가 가격과 함께 기간도 고려하게 되어 오히려 가격저항이 크게 나타날 수 있어 주 의가 필요합니다.

소비자가 구매를 주저하게 되는 이유 가운데 하나는 다른 곳에서 같은 제품을 더 싸게 판매하고 있을지도 모른다는 불안감 때문입 니다. 이는 구매 후 심리적인 불편함을 일으키는 인지부조화cognitive dissonance의 원인이 되기도 합니다. 미국은 리테일 천국이라 불릴 만 큼 장을 볼 때 선택지가 많습니다.

제가 거주하던 곳에서 차로 20분 거리에 홀푸드Whole Foods, 푸드 라이온Food Lion, 해리스 티터Harris Teeter, 퍼블릭스Publix, 알디Aldi, 리 들Lidl, 코스트코Costco, 월마트Walmart, 타깃Target 등이 있었습니다. 이 가운데 퍼블릭스는 약국이 입점되어 있어 가끔 처방받은 약을 받기 위해 방문했었습니다.

그런데 하루는 매우 흥미로운 광고물을 보았습니다. 퍼블릭스 매 장에서 푸드 라이온, 해리스 티터, 월마트 등의 경쟁 브랜드가 발행 한 쿠폰도 받아주겠다는 제안이었습니다. 이는 퍼블릭스에서 제품 을 구매할 때 느낄 수 있는 소비자의 비금전적 거래 비용, 즉 쿠폰을 이용하면 다른 마트에서 더 싸게 구매할 수 있을지도 모른다는 심 리적인 불편감을 효과적으로 낮춰줌으로써 소비자의 구매 만족도를 높일 수 있는 전략입니다.

소비자의 심리적인 가격저항을 낮추기 위해 꼭 필요한 것만 남 기고 불필요한 속성들을 모두 제거하는 것도 좋은 전략이 될 수 있습니다. 소비자가 배송과 조립을 직접 해야 하지만 가구를 저렴하게 구입할 수 있는 이케아IKEA 가 대표적인 예입니다.

저비용항공사Low Cost Carrier: LCC 도 마찬가지입니다. 물 이외의 메뉴, 원하는 자리 선택, 체크인 가방, 일정 변경 등 모든 서비스에 별도의 요금을 부과하는 대신 항공권을 매우 저렴한 가격에 판매합니다. 물론 항공권만 필요로 하는 사람에게는 이러한 가격 제안이 매력적일 수 있습니다. 하지만 저렴한 항공권의 광고를 보고 시작한 예매 과정에서 옵션으로 선택한 서비스들의 가격이 대형항공사Full Service Carrier: FSC 항공권 가격을 훌쩍 넘어서기 시작하면, 왠지 속았다는 생각을 지우기 힘듭니다.

따라서 한때 최저비용항공을 표방하던 미국의 최대 LCC인 사우스웨스트 항공Southwest Airlines 은 다른 LCC들과 벌이는 가격 경쟁에서 벗어나기 위해 '숨김 없는 투명한 가격No Hidden Cost, TransFarency'을 새로운 브랜드 포지셔닝으로, 옵션의 가격을 모두 포함한 항공료를 제시하고 있습니다. 이는 옵션 분할을 통한 가격 낮추기 전략이 마케팅의 본질인 소비자와 장기적인 관계에 해가 되지는 않는지 진중하게 고민해볼 필요가 있음을 의미합니다.

거래 비용을 낮추기 위한 노력을 할 때에는 금전적 비용만큼이나 결제 방법의 편리함도 신경 쓸 필요가 있습니다. 연말이 되면 불우한 이웃을 돕자는 구세군의 종소리가 거리에 울려 퍼집니다. 예전 같으면 추운 날씨에 고생하는 봉사자들을 위해서라도 지갑을 열어 작은 성의를 표하는 분들이 적지 않았을 것입니다.

하지만 요즘 주변을 돌아봐도 지갑에 현금을 넣고 다니는 사람들이 많지 않습니다. 카드 결제, 모바일 결제가 상용화된 지금, 현금은 서랍 속에 꽁꽁 숨어버렸습니다. 우리나라보다 모바일 결제가 훨씬 발전한 중국에서는 요즘 거지들도 위챗페이와 같은 QR코드로 구걸을 한다고 합니다.

제품을 구매할 때도 마찬가지입니다. 물건의 가격이 조금 더 비싸더라도 배송 정보와 카드 정보를 모두 사전에 등록해두고 원클릭만으로 결제할 수 있는 편리한 쇼핑몰 방식에 익숙해지면 다른 쇼핑몰로 이동하기가 쉽지 않습니다.

40대 이상 분들에게 중고거래 플랫폼을 물어보면 대부분 중고나라나 당근마켓을 먼저 떠올리겠지만, MZ 세대에게는 번개장터가 이들 못지않게 유명합니다. '취향을 잇는 거래'라는 슬로건을 가진 번개장터는 MZ 세대의 취향을 저격하는 스니커즈나 아이돌 굿즈 등의 거래가 활발히 일어납니다[23].

특히 번개장터가 인기 있는 이유는 '번개페이' 시스템을 도입하여 빠르고 안전하게 결제함으로써, 은행 계좌번호를 건네고 송금하는 번거로움과 불안함이 없기 때문이라고 합니다. 말 그대로 번개처럼 신속하고 안전하게 거래를 마칠 수 있는 것이죠. 또한 가입과 동시에 자동으로 1인마켓 세포마켓 을 생성해줌으로써, MZ 세대들이 자신의 취향을 반영한 온라인 상점을 운영할 수 있도록 한 것도 인기 비결이라 할 수 있습니다.

23　번개장터에 대한 설명은 다음의 기사를 참고했습니다. 출처: 〈'중고나라−번개장터−당근마켓' 빅3 알고 거래하면 더 쉬워〉, 방영덕·배윤경 기자 (2020.8.13.), 매일경제.

결국 번개장터의 성공은 MZ 세대들이 구매자로서뿐 아니라 판매자로서 느끼게 되는 비금전적 거래 비용을 효과적으로 줄여주고 이들의 취향을 존중해준 덕분이라 할 수 있습니다.

심리적 대기시간을 단축하는 방법

_____ 오프라인 매장에서는 물건을 결제하려고 길게 늘어선 줄도 구매를 방해하는 거래 비용이 될 수 있습니다. 국내에서 오픈 첫날 600명의 대기 줄로 화제가 되었던 햄버거 가게 '쉐이크쉑 Shake Shack'은 본점이 뉴욕 메디슨 스퀘어에 있습니다. 이곳에서는 매장 입구에 CCTV를 설치하여 매장을 방문하지 않고도 대기줄이 얼마나 긴지 인터넷을 통해 확인할 수 있습니다. 저는 줄 서는 것을 너무 싫어서 대기자 수를 앱이나 웹사이트에서 확인할 수 있으면 좋겠다는 생각을 늘 해왔습니다. 물론 매장을 찾아가는 동안 대기자 수가 변할 수는 있겠지만, 그래도 대기자 수를 어느 정도 예측할 수 있다는 점에서 여전히 매력적이라 생각합니다.

저는 코로나로 인해 독감주사에 대한 수요가 크게 늘었을 때 어린 아들과 함께 예방접종을 받기로 했습니다. 그러나 감염 위험이 높은 밀집된 곳에서 오랜 시간 대기하고 싶지는 않았습니다. 그래서 일일이 집 근처 병원들에 전화해 대기자 수를 확인했습니다. 만약 소비자 스스로 대기자 수를 확인할 수 있다면, 병원에서 저와 같은 사람들의 문의에 대답하느라 제공하는 서비스 속도가 떨어지게 되는 비효율이 어느 정도는 개선되지 않을까 싶습니다.

물론 대기시간 관리는 오프라인뿐 아니라 온라인에서도 중요합니다. 아마존은 전자책 리더기인 킨들kindle 을 이용하여 종이책을 주문하면 배송기간에 미리 읽을 수 있도록 책의 앞부분을 이북ebook 으로 보내줍니다. 이는 고객이 인식하는 심리적인 대기시간을 단축해주기 위함입니다. 아마존은 전자기기인 킨들을 판매하여 돈을 벌려는 목적이 아니라, 킨들을 이용하여 고객의 경험을 개선함으로써 장기적으로 돈을 벌겠다는 목표를 가지고 있습니다[24].

그림 4 일본 오키나와에 있는 어느 카페의 좌석 현황판

일본 오키나와에 여행 갔을 때 해변가에 위치한 분위기 좋은 카페에서 커피를 마시며 잠시 여유를 즐기고 싶었습니다. 그런데 가는 곳마다 만석이라 빈자리를 찾기가 쉽지 않았습니다.

빈자리가 있는지 확인하기 위해 여러 카페에 들어갔다 나오기를 반복하던 중 〈그림 4〉와 같이 입구에 매우 인상적인 좌석 현황판을 걸어둔 카페를 보게 되었습니다. 이 현황판은 고객이 카페에 들어오지 않고도 실내외 좌석들이 각각 비어 있는지를 확인할 수 있도록 도와주었습니다.

소비자는 기다리는 시간 동안의 무력감도 참기 힘들지만, 그보다는 얼마나 오랫동안 기다려야 하는지 알 수 없는 불확실성을 더 견디기 어려워합니다.

24   김지헌·이형일 지음, 《Day 1-18년째 지켜온 아마존 첫날의 서약》, 북스톤, 2015, p.162.

고객이 주문한 크리스마스 선물이 택배 물량 증가로 뒤늦게 도착하는 것을 막기 위해, 온라인 쇼핑몰인 아마존은 비행기를 직접 임대했습니다. 이는 고객의 심리적인 거래 비용을 높이는 불확실성을 줄이기 위한 전략입니다. 온라인 쇼핑몰은 빠른 배송이 중요하다고 하지만, 약속한 날짜를 지키는 배송이 더 중요합니다.

사실 새벽배송과 익일배송이 굳이 필요 없는 제품들이 수두룩합니다. 사흘 이내 배송 보장으로 가격을 조금 더 깎아주는 옵션이 있다면, 이를 선택하는 고객들도 적지 않을 것입니다. 거래 비용은 가격을 포함하고 있어 다른 비용 대비 금전적 비용이 가치평가에 상대적으로 중요한 영향을 미칠 수 있습니다.

하지만 비금전적 비용이 가격 못지않게 중요한 역할을 하는 순간도 분명 존재합니다. 저는 이른 아침 지방 출장을 가야 할 때 기차를 주로 이용하는데, 열차 출발 시간보다 30분 정도 일찍 도착하려다 보면 식사를 못 할 때가 있습니다. 이때 저의 구매 의사 결정을 방해하는 가장 큰 거래 비용이 무엇일까요?

네, 그렇습니다. "밥을 먹다 기차를 놓치지 않을까" 하는 불안감입니다. 저는 기차역에서 〈그림 5〉와 같은 메시지를 본 뒤 바로 식당 안으로 들어갔습니다. 그 순간 저에게는 가격이나 메뉴보다

그림 5 '모든 메뉴를 1분~3분 이내'로 빠르게 제공한다는 약속을 써붙인 어느 기차역의 식당 광고판

음식이 빠르게 나온다는 약속이 더 중요했기 때문입니다.

 네덜란드 암스테르담 중앙역에는 스멀러스Smullers 라는 햄버거 브랜드의 자판기가 있다고 합니다[25]. 시간에 쫓기는 고객이라면 패스트푸드점보다 스멀러스 자판기의 햄버거를 사 먹는 것이 열차를 놓칠까 불안한 마음을 해소하는 데 도움이 된다고 판단했을 것입니다. 자판기임에도 매장에서 만든 것처럼 따뜻하고 맛있는 햄버거를 제공하고 있어 큰 인기를 누리고 있다는군요.

비대면 거래를 선호하게 될 가능성

_____ 코로나 시대에는 대면거래 시 느끼는 신체적인 위험도 거래를 주저하게 만드는 중요한 비금전적 비용이 될 수 있습니다. 저는 배달 앱을 이용해서 음식을 주문할 때, '벨을 누르고 문 앞에 두고 가세요'라는 옵션을 늘 선택했습니다. 가능하면 배달원과 만나지 않고 언택트로 모든 것을 해결하는 것이 더 안전하다고 생각했기 때문입니다.

 비슷한 이유로 코로나 시대에는 매장 내 다른 소비자와 대면 접촉할 가능성이 낮은 드라이브스루drive-through[26] 매장이 큰 인기를

---

25 김상률 지음, 《다르게 보는 눈－팔리는 브랜드로 살아남는 한 끗 차이》, 쏭북스, 2020, p.56~57.

26 최초의 드라이브스루 매장은 1930년대 미국 미주리주에 오픈한 그랜드내셔널 은행이라고 알려져 있습니다. 당시 무장강도들이 많아 부유층들이 현금을 입금하러 은행에 가는 것을 두려워했는데, 차에서 내리지 않고 직원에게 돈을 건네주면 입금시켜주는 서비스를 제공하여 큰 인기를 끌었다고 합니다(출처: 〈뭐든지 車에서 내리지 않고 '휙'… 대세가 된 '드라이브 스루'〉, 임현우 기자 (2020.12.21.), 한국경제). 최근 미국 은행을 가보니, 직원은 없지만 ATM을 드라이브스루 방식으로 이용할 수 있어 입출금이 매우 편리했습니다.

끌었습니다. 맥도날드, 스타벅스와 같은 외식 프랜차이즈에서 주로 이용되던 드라이브스루 주문방식이 다양한 업종으로 확대된 것입니다. 코로나 선별 진료소에 드라이브스루 방식이 적용되어 K 방역의 위상이 높아졌고, 언론이 이를 집중 보도하면서 더 빠르게 확산될 수 있었습니다.

예를 들면 포항시는 코로나로 피해를 본 자영업자들을 돕기 위해 차에서 내리지 않고 저렴한 가격으로 회를 구매할 수 있는 '드라이브스루 회 판매' 행사를 사흘 동안 진행했는데, 준비한 3800개의 물량이 모두 소진되며 8000여만 원의 매출액을 올렸습니다. 이에 드라이브스루 회 판매가 전국으로 확대되었으며, 노량진 수산시장은 같은 기간에 1억 2000만 원의 매출을 올리기도 했습니다. 노량진 수산시장의 인기는 대면접촉 없이 저렴한 가격 5~10퍼센트 할인에 회를 구매할 수 있기 때문이기도 하지만, 평소 상인들의 호객행위에서 느꼈던 소비자의 심리적 부담이 줄어들었기 때문이라고 합니다.

이 밖에도 스마트폰 개통, 교과서 배부, 책 대여 등 국내외 다양한 분야에서 드라이브스루 방식을 적용했습니다. 말레이시아의 한 정치인은 아들의 결혼식을 하객들이 차를 타고 지나가면서 축하해주는 방식으로 진행하여 화제가 되었습니다[27].

비록 코로나에 의해 비대면 방식 거래가 빠르게 확산되었지만, 앞

---

27 "[이슈톡] 말레이 정치인 아들 '드라이브 스루' 결혼식," 김수산 리포터 (2020.12.22.), MBC 뉴스. 2020년 5월 연구년으로 미국에서 지내는 동안 초등학생 아들의 학교 친구가 생일 파티를 드라이브 스루로 진행해 놀란 적이 있습니다. 생일인 친구가 정해진 시간에 집 앞에 나와 있으면 다른 친구들이 차로 집 앞을 지나가며 노래를 부르고 축하해주며 선물을 건넸습니다. 그러면 생일을 맞이한 친구의 부모가 답례품으로 캔디와 과자를 차에 타고 있는 친구들에게 나눠 주는 방식으로 진행되었습니다.

으로는 코로나가 아니더라도 대면 방식 거래에 부담을 느끼는 소비자들이 이후로도 비대면 방식을 선호할 가능성이 있습니다.

지금까지 우리는 거래 비용에 대해 알아보았습니다. 구매 시점이 다가올수록 소비자는 제품의 가치를 평가할 때 다른 비용에 비해 상대적으로 거래 비용에 가중치Weight 를 높게 주는 경향이 있습니다. 특히 가격과 같은 금전적 거래 비용은 다른 비용에 비해 비교적 쉽게 정보를 얻을 수 있을 뿐 아니라, 대안들 간 직접 비교가 가능하기 때문에 소비자의 구매 의사 결정에 미치는 효과가 큽니다.

따라서 만약 우리 제품이 거래 비용이 아닌 다른 비용 측면에서 강점이 있다면, 구매 시점에 소비자에게 이를 적극적으로 홍보하여 소비자들이 전체 비용total cost 의 관점에서 가치를 평가하도록 유도할 필요가 있습니다.

자동차를 사러 온 고객과 상담할 때의 경우입니다. 일반 자동차에 비해 하이브리드 자동차가 가격은 비싸지만 소음이 적고, 저공해라 공영주차장에서 주차비를 할인받을 수 있는 점, 그리고 연비가 좋아 기름값이 적게 들기 때문에 주유소에 자주 가지 않아 편하다는 점을 강조하는 것입니다.

디테일의 차이가
말해주는 것

03

사용 비용

보기 좋아도 사용하기 어려우면
틀린 디자인

_____ 사용 비용은 소비자가 구매한 제품을 소비하는 과정에서 지각하는 비용을 의미합니다. 자동차 소모품 교체 비용과 같은 금전적 비용뿐 아니라, 국물요리를 먹을 때 여성분들의 긴 머리가 불편한 것과 같은 비금전적 비용 모두를 포함합니다. 자동차 회사가 평생 엔진오일 무상교환 쿠폰을 제공한다거나, 여대 앞 라면집에서 테이블에 고무 밴드를 놓는 등 소비자의 사용 비용을 낮추기 위해 저마다 크고 작은 노력들을 하고 있습니다. 사용 비용 중 비금전적 비용은 제품의 디자인과 관련이 높습니다.

여러분은 스타일과 디자인의 차이를 아시나요? 저는 보통 강연을 할 때 청중에게 이렇게 질문합니다.

"저는 스타일이 좋은가요? 디자인이 좋은가요?"

학생들은 둘 다 아니라는 표정으로 한참을 고민하다 마지못해 이렇게 답합니다.

"스타일이 좋습니다."

원래 사람에게는 스타일이 좋다고 하지 디자인이 좋다고 하지 않습니다. 즉, 스타일은 보기 좋은 것만을 의미하는 반면, 디자인은 보기도 좋고 쓰기도 좋은 것을 의미하기 때문입니다. 사람에게 쓰기 좋다고 말하는 것은 어색합니다.

우리가 흔히 애플의 제품을 두고 디자인이 좋다고 말하는 이유는 보기에도 예쁘지만 사용이 편하기 때문입니다. 매뉴얼이 없어도 누구나 쉽게 사용할 수 있는 사용자 친화적인 디자인 User-friendly design

을 적용한 것이 애플 제품이 가진 가장 큰 장점이죠. 다섯 살도 채 되지 않은 어린아이가 아이폰이나 아이패드와 같은 애플의 제품들을 자유롭게 가지고 노는 모습을 보면 참으로 놀랍습니다. 이는 아마도 스티브 잡스가 생전에 애플의 모든 제품을 지휘 감독할 때 매섭게 휘둘렀다는 '단순함의 매Simple Stick' 덕분일지도 모르겠습니다.

카카오의 조수용 대표는 어느 강연에서 이렇게 말했습니다.

"디자인이란 좋고 나쁘고의 문제가 아니라 맞고 틀림의 문제입니다."

아무리 보기 좋아도 사용이 불편하면 디자인이 틀린 제품이란 뜻입니다.

저는 몇 년 전 어린 아들을 목욕시키기 위해 '궁중비책'이라는 브랜드의 유아용 샴푸&바스와 로션을 구매해서 사용한 적이 있습니다. 추운 겨울에 어린아이를 씻겨본 분은 아시겠지만, 최대한 온도 변화를 줄이기 위해 욕실에서 목욕을 시킨 후 로션을 발라주고 옷을 갈아입혀 밖으로 나오게 됩니다.

그런데 미끄러운 욕실에서 아이에게만 집중하다보니 궁중비책의 샴푸&바스와 로션의 패키지가 너무 비슷해서 가끔 실수를 할 때가 있었습니다. 즉, 로션을 발라서 씻긴 뒤 다시 샴푸&바스를 바르는 일이 있었죠. 제가 예전에 이러한 궁중비책의 '틀린' 디자인 문제를 제기했었는데, 지금은 〈그림 6〉에서 보는 것과 같이 색깔과 크기를 확연히 다르게 구분한 '맞는' 디자인을 사용하고 있습니다.

일본에서 '페보라pebora'라는 보틀라이스Pet Bottle Rice 제품이 출시 1년 만에 5만 병 이상 판매되며 선풍적인 인기를 끈 적이 있습니

그림 6 **궁중비책 베이비 제품의 디자인 변화**

다[28]. 서른다섯 가지 종류의 쌀을 350밀리리터 페트 병에 담아 개당 약 3500~9000원에 판매한 이 제품은 특히 선물용으로 많이 나갔다고 합니다. 작은 페트 병에 담은 쌀은 보관하기 좋고 밥을 지을 때도 매우 편리합니다. 또한 구매해서 선물로 들고 가기에도 부담이 없습니다.

이처럼 제품의 패키지를 디자인할 때 소비자의 사용 비용을 낮춰줄 수 있는 '맞는 디자인'이 어떤 것인지 충분히 고민해야 합니다. 특히, 차별화가 쉽지 않은 쌀과 같은 일상재Commodity 의 경우에는 분명 경쟁자보다 더 나은 가치를 제공할 수 있습니다.

스마트폰 앱을 통해 쿠폰을 보내주는 한국의 리테일과 달리 미국은 여전히 우편으로 쿠폰을 보내주는 경우가 적지 않습니다. 맥도날드, 버거킹과 같은 패스트푸드점뿐 아니라 대형할인 마트와 홈 인테리어, 가구전문점에 이르기까지 종류도 다양합니다. 하지만 쿠폰을

28 〈일본서 페트 병에 담은 쌀 인기… '젊은 층 쌀 소비 촉진'〉, 김병규 특파원 (2016.11.21.), 연합뉴스.

오려서 모아두는 것이 번거롭기도 하고, 매장에 갈 때 가져가는 것을 잊어버리기도 합니다.

제가 거주했던 노스캐롤라이나주에 유독 매장이 많았던 할인 마트인 푸드 라이온의 할인 쿠폰 제공방식은 매우 독특합니다. 매장 입구에 있는 키오스크에 멤버십 카드앱카드 또는 실물카드의 바코드를 읽히면, 바로 맞춤형 전단지가 출력됩니다. 과거 구매 이력과 가입자 정보를 기반으로 제공되는 맞춤형 전단지는 제품 사진과 함께 구체적인 할인 정보가 있어 편리합니다. 또한 계산할 때 쿠폰을 따로 보여줄 번거로움이 없습니다. 계산대에서 멤버십 카드만 보여주면 쿠폰 할인이 자동으로 적용되기 때문입니다. 소비자들의 쿠폰 사용 비용을 낮춰줄 수 있는 효과적인 전략입니다.

사용 비용을 낮추는 작은 디테일

_____ 여러분은 음식점의 화장실을 이용할 때 가장 불편한 점이 무엇인가요? 물론 냄새가 나지 않는 청결도가 중요하다는 의견에 동의합니다. 하지만 저는 손을 씻고 나올 때 화장실 문의 손잡이를 잡는 것이 여간 찝찝하지가 않습니다. 기껏 깨끗하게 씻은 손이 다시 더러워지는 것은 아닌지 걱정되기 때문입니다.

저는 미국에서 골든 코럴Golden Corral Buffet & Grill 이란 레스토랑을 방문했을 때, 화장실에서 매우 흥미로운 장치를 보았습니다. 〈그림 7〉에서 보는 것과 같이 손을 쓰지 않고 손목으로 문을 열고 나올 수 있는 도어 오프너Sanitary Door Opener 였습니다. 분명 많은 사람이 화장실을 이용할 때 저와 같은 불편함을 느꼈을 텐데 이 문제를 해결하려고 노력하는 곳은 지금껏 보지 못했습니다. 저가의 뷔페 레스토랑인 골든 코럴은 음식의 품질이 다소 만족스럽지 않았지만, 이 손잡이 하나 덕분에 고객과 공감하려고 노력하는 레스토랑이라는 인상

그림 7 **골든 코럴의 화장실 도어 오프너**

을 받을 수 있었습니다. 다만 녹과 기름때를 제거해서 손목을 넣고 싶은 마음이 들 정도로 조금만 더 깨끗하게 관리했더라면 하는 아쉬움은 남지만요.

한국에서는 신세계 푸드가 운영하는 올반olbaan 한식 뷔페를 방문했을 때, 화장실에 가지 않고도 손을 씻을 수 있도록 식당 한쪽 코너에 별도의 세면대를 마련해둔 모습이 인상적이었습니다.

코로나 시대에는 소비자가 제품또는 서비스을 이용할 때 느끼는 심리적인 불편감이 더 증가했습니다. 과거에 없던 새로운 사용 비용이 발생한 것이죠. 소비자가 새로운 비용을 지각하는 것이 기업에게는 위기가 될 수 있지만 차별화를 위한 기회가 될 수도 있습니다. 소비자의 마음을 읽고 공감해주려는 브랜드의 작은 노력이 큰 감동을 줄 수 있습니다.

저는 음식점에 들어가기 전 〈방명록〉을 쓸 때 여러 사람들이 사용했던 볼펜을 잡는 것이 내키지 않았습니다. 물론 손소독제가 옆에

놓여 있기는 하지만요. 이런 제 마음을 읽었는지 어느 식당에서는 볼펜꽂이를 두 개 만들어 한쪽은 '사용 전', 다른 쪽은 '사용 후'라고 표기해두었더군요. 사실 별건 아니지만 주인의 배려심에 마음이 따뜻해졌습니다.

또한 〈그림 8〉의 왼쪽처럼 테이블 측면에 마스크 걸이를 마련해 둔 작은 분식점 주인의 배려 덕분에 편하게 식사를 할 수 있었다는 지인의 SNS 글을 본 적이 있습니다.

신라호텔 뷔페를 다녀온 또 다른 지인은 〈그림 8〉의 오른쪽처럼 발레파킹 후 차 키를 소독해서 지퍼백에 넣어준 모습에 감동했다는 글을 SNS에 올렸습니다.

이처럼 경쟁 브랜드들이 하지 않은 소비자의 사용 비용을 낮추기 위한 디테일한 노력에 감동한 소비자는 자발적으로 칭찬의 글을 확산시킵니다.

그림 8 **코로나 시대 사용 비용을 낮추기 위한 기업들의 디테일한 노력**

물어보지 말고 관찰하라

_____ 사용 비용은 소비자가 실제로 구매해서 사용해보기 전에는 알 수 없는 경우가 많습니다. 물론 제품 사용 후기 등을 검색하면 어느 정도 예상할 수는 있지만, 사람마다 감각기관의 민감도에 차이가 있어 사용 비용을 느끼는 정도가 제각각입니다. 그래서 많은 기업이 제품을 안심하고 구매할 수 있도록 무료체험 이벤트를 실시합니다. 심지어 중고 자동차도 일주일 동안 타보고 구매를 결정할 수 있는 시대가 되었습니다. 중고차 매장을 방문하지 않고도 온라인으로 엔카encar의 홈서비스를 신청하면 차를 집 앞에 가져다줍니다. 소비자는 일주일 동안 이용해본 후 구매를 결정할 수 있습니다.

물론 모든 중고차가 홈서비스의 대상은 아닙니다. 품질 검증이 끝나 고객 만족에 자신이 있는 일부 중고차만 가능합니다. 기업 입장에서 보면 체험 이벤트 후 반품이 될 경우 손해를 볼 수 있습니다. 그럼에도 체험 이벤트를 적극적으로 실시하는 까닭은 보유 효과 Endowment effect가 일어날 수 있기 때문입니다.

보유 효과는 내가 가지고 있는 경우, 타인이 가지고 있는 경우보다 동일한 제품의 가치를 더 높게 평가하는 것을 의미합니다. 체험 기간을 통해 제품이 내 소유물로 인식된 경우, 소비자는 제품의 효용가치를 높게 평가합니다. 따라서 금전적 비용을 부담하고라도 제품의 효용을 포기하지 않으려는 경향이 있습니다. 물론 물건이 만족스럽지 못하면 얘기는 달라질 수 있겠지만요. 요컨대 구매 전 체험 이벤트는 보유 효과로 인해 반품손실을 줄이면서도 소비자의 사용 비용에 대한 불안감을 해소할 수 있는 좋은 전략이 될 수 있습니다.

한편 소비자에게 제품을 사용할 때 무엇이 불편한지 물어보는 것은 생각보다 유용하지 않을 때가 많습니다. 소비자는 사용 비용을 잘 알지 못하거나 이를 말로 표현하기 어렵기 때문입니다.

예를 들어 침실 스탠드를 사용할 때 불편한 점이 무엇인지 물어보았다고 합시다. 평소 아무 생각 없이 습관적으로 사용해왔기 때문에 문제를 인식하지 못하거나, 사용경험을 바로 잊어 얘기하지 못하는 경우가 대부분입니다. 이 경우 소비자의 행동을 관찰하는 것이 사용 비용을 발견할 수 있는 좋은 대안이 될 수 있습니다.

소비자가 제품을 사용하는 모습을 현장에서 직접 관찰하기 힘든 경우에는 미리 설치된 CCTV를 사용하는 방법도 있습니다. 이마저도 여의치 않은 민감한 상황이라면 소비자가 제품 사용상황을 스스로 기록하도록 _{사진 찍고 일기를 씀} 하는 방법도 효과적일 수 있습니다.

여러분이 실험 참가자라 생각하고 오늘 밤 침대 옆 스탠드를 사용하면서 불편한 점이 없는지 스스로 관찰해보세요. 그러면 아마도 어두운 새벽 시간에 불을 켜려고 할 때 스위치가 잘 보이지 않아 더듬더듬하는 모습이 보일지도 모릅니다. 이런 문제를 해결하고자 스탠드 전면에 센서를 부착해 어디든 닿기만 하면 불이 켜지도록 만든 제품들이 있습니다.

이처럼 '관찰'은 감춰진 소비자의 사용 비용을 새롭게 발견함으로써 차별화된 아이디어를 얻는 데 도움을 줄 수 있습니다.

잘못된 공짜 제품이 가져오는 나비효과

_____ 한편 '누가' 소비자의 사용 비용을 낮추기 위한 노력을 해야 하는지에 대해 생각해볼 필요가 있습니다.

여러분은 혹시 비 오는 날 테이크아웃 커피를 마실 때 불편한 적이 없었나요? 저는 평소 짐이 많은 경우 우산과 커피를 한 손에 들 수가 없어 불편했습니다. 이는 〈그림 9〉[29]와 같이 우산 손잡이에 커피홀더를 부착하여 해결할 수 있습니다. 이는 소비자의 사용 비용을 감소시켜주는 멋진 디자인이 아닐 수 없습니다.

그런데 저는 이런 생각이 들었습니다. '사용 비용을 낮추기 위해 노력하는 주체가 우산 만드는 회사가 되어야 하는가?' 하는 의문이죠. 이건 비 오는 날 우산을 쓸 때 불편한 점이 아니라 커피를 구매할 때 생기는 불편입니다. 저는 커피 회사가 이런 제품을 출시해야 한다고 생각합니다. 해마다 발행하는 다이어리도 분명 매력적인 굿즈이지만 소비자의 불편에 공감하고 이를 적극적으로 해결하려는 자세를 보여주는 굿즈를 출시한다면 분명 더 좋은 인상을 남길 수 있을 것입니다.

비 오는 날 스마트폰을 이용하는 불편함을 해소하기 위해 KT는 〈그림 10〉[30]과 같은 '폰브렐라Phone+Umbrella' 제품을 한정판으로 출시한 적이 있습니다. 우산 만드는 회사가 아닌 통신사가 해야 할 일을 한 것이죠. 이 제품은 2015년 8월 독일의 레드닷 디자인상Reddot

---

29   출처: Technaboob.com.

30   출처: KT 공식 블로그 (https://blog.kt.com/284).

지금까지 우리는 다양한 사례를 통해 사용 비용을 줄일 수 있는 방법에 대해 살펴보았습니다. 마지막으로 한 가지 주의사항을 말씀드리면서 이번 장을 마치고자 합니다. 바로 더 나은 혜택을 제공하려는 기업의 노력이 예상치 못한 사용 비용을 증가시킬 수 있음에 유의하라는 것입니다.

기업들은 "공짜로 주는 제품인데 좀 불편하면 어때"라고 흔히 생각할 수 있습니다. 하지만 공짜로 제공되는 제품들의 사용 비용이 높아지면 메인 제품에 대한 매력도가 낮아지는 경우가 적지 않습니다.

예를 들어 빨대 없는 음료를 어린아이에게 선물로 준다면, 아이는 음료를 마실 수 없거나 마시더라도 옷을 다 버리게 될지도 모릅니다. 그러면 아이와 동행한 부모는 행복할까요? 잘못된 공짜 제품 하나가 오랜 시간 공들여 쌓아올린 브랜드 이미지를 한순간에 무너뜨릴 수 있습니다.

그림 9·그림 10 **고객의 사용 비용을 낮춰주는 우산 디자인**

재구매를 결정하는
의외의 요인에 대하여

04

처분 비용

개별 포장 없앤 리테일의 힘

_____ 처분 비용은 사용 후 불필요한 것을 처분할 때 소비자가 지각하는 금전적·비금전적 비용을 의미합니다. 혹시 넷플릭스Netflix에서 큰 인기를 모았던 '곤도 마리에: 설레지 않으면 버려라 tiding up with marie kondo'라는 프로그램을 보셨나요? '정리의 여왕'으로 큰 명성을 쌓은 일본인 여성인 곤도 마리에가 미국의 가정들을 방문하여 정리 정돈을 도와주는 프로그램입니다[31]. 몇 년간 쌓아두고 정리하지 못해 어디서부터 어떻게 시작해야 할지 모르는 사람들의 모습을 지켜보고 있으면, 처분 비용이 소비자에게 얼마나 큰 무게로 다가오는지 실감할 수 있습니다. 곤도 마리에는 정리를 시작하기 전 경건한 기도를 드리고 시작합니다. 마음의 정리가 우선되어야 함이겠죠.

저희 집에서는 치킨을 주문할 때 웬만하면 순살 치킨을 주문합니다. 패키지에 표기된 원산지를 자세히 들여다보면 국내산 닭을 주로 사용하는 일반 치킨과 달리, 순살 치킨은 브라질산 닭을 사용하는 경우가 많습니다. 국내산 닭이 브라질산 닭보다 좋다는 것은 알지만 그럼에도 불구하고 순살 치킨을 선호하는 이유는 먹기 편해서만이 아닙니다. 뼈를 모아서 버릴 필요가 없어 편리하기 때문입니다.

사실 치킨의 뼈는 음식물 쓰레기로 분류되지 않아 일반 쓰레기 종량제 봉투에 담아서 버려야 합니다. 작은 종량제 봉투가 없는 경우 꽉 차지 않은 봉투에 먹은 뼈를 넣어두면 냄새가 고약합니다. 여

---

31 미국에서는 곤도 마리에의 인기 덕분에 kondo라는 말이 '정리하다'라는 의미로 쓰인다고 합니다.

름철에 지퍼백에 넣어서 버려두었는데도 냄새를 피할 길이 없더군요. 하지만 어떤 치킨 업체에서도 작은 종량제 봉투를 함께 넣어주는 곳을 본 적이 없습니다. 고객의 처분 비용을 심각하게 생각하지 않기 때문이겠죠.

코로나 시대를 겪으면서 온라인 쇼핑몰의 성장이 눈부십니다. 덩달아 집 안에 분리수거를 기다리는 배달 박스들이 넘쳐납니다. 새벽배송으로 장을 보기 시작한 저희 집에서도 아침마다 냉장고에 물건을 옮겨 담고 나면 처리할 박스량에 한숨이 나옵니다. 집에서 재활용은 제 담당이거든요. 저는 마케팅 교수인만큼 일부러 여러 브랜드를 이용하면서 비교하는 것을 좋아합니다. 새벽배송으로는 마켓컬리, 오아시스, 헬로네이처, 쿠팡 등을 이용해보았는데, 처분 비용 관점에 보면 오아시스의 배송 시스템이 장점이 있었습니다. 오아시스에서는 소비자가 세 가지 포장 방식, 즉 최소 포장생수와 포장재를 최소한 사용, 친환경 포장생수와 드라이아이스 사용, 보냉재 추가 포장 중 하나를 선택할 수 있습니다.

저는 한여름이 아닌 경우 주로 최소 포장을 선택하는데, 불필요한 얼음팩을 최대한 줄이고 대신 생수를 얼려서 사용한 덕분에 뒷정리가 쉽습니다. 물론 환경에도 도움이 되겠죠. 재주문 시에는 박스까지 수거해줘서 분리 수거일까지 기다릴 필요가 없는 것도 장점입니다. 또한 주문 시 다른 고객이 한 번 사용한 박스 포장재를 재활용해도 되는지를 체크하도록 되어 있습니다. 코로나 기간에는 박스 수거와 재활용이 안전상의 이유로 중단되었습니다만 경쟁사 대비 포장 방식을 소비자가 디테일하게 정할 수 있다는 것은 매우 큰 장점이었습니다.

그런데 한 가지 아쉬운 점은 '디폴트 효과default effect'를 고려하지 않았다는 점입니다. 유럽 인접국가들의 장기기증 동의율에는 확연한 차이가 있습니다. 영국·독일·네덜란드·덴마크의 경우 4~27퍼센트로 매우 낮은 반면, 프랑스·오스트리아·벨기에·스웨덴은 85~99퍼센트로 매우 높습니다. 이러한 차이는 국가 간 문화적인 차이라기보다 선택 방식의 차이라 할 수 있습니다. 즉, 장기기증 동의율이 높은 나라는 동의를 하는 것이 기본이고, 동의하지 않으면 항목마다 체크하도록 되어 있습니다opt-out 방식.

반면 장기기증 동의율이 낮은 나라는 동의를 하려면 별도로 체크해야 하는 방식입니다opt-in 방식. 즉, 디폴트의 차이가 있습니다. 저역시 컴퓨터에 새로운 프로그램을 설치할 때 웬만하면 이미 설정해놓은 디폴트 값을 바꾸지 않고 그대로 동의 버튼을 클릭하는 경향이 있습니다. 이처럼 소비자가 가능하면 현상 유지를 하려는 디폴트 효과는 생각보다 큰 힘을 발휘합니다.

앞서 살펴본 오아시스에서는 포장 방식에 여러 선택지를 제공하고 있지만, 미리 최소 포장과 재활용 박스 사용에 대해 체크하게 하지 않았던 점이 아쉽습니다. 소비자의 선택 부담을 줄여주면서도, 좀 더 적극적으로 환경보호에 동참시킬 수 있는 기회였을 텐데 말이죠.

쿠팡의 로켓프레시나 신세계 쇼핑의 쓱배송과 같이 여러 번 사용할 수 있는 재활용 에코백 박스를 사용하는 것도 처분 비용을 줄이는 좋은 전략이 될 수 있습니다. 하지만 이보다 한발 더 나아가

배송 박스뿐 아니라 개별 제품의 포장을 없앤 리테일들이 등장하고 있습니다. 2014년 독일 베를린에서 두 여성이 오픈한 OU Original Unverpackt 마트가 좋은 예입니다[32].

이곳에서는 600여 가지의 좋은 식재료 유기농이 약 80퍼센트를 포장재 없이 무게 단위로 판매하고 있습니다. 소비자가 직접 식재료를 담을 용기를 집에서 가져와야 하는 불편함이 있는데도, 환경을 보호하고 처분 비용을 낮출 수 있는 장점 덕분에 큰 인기를 누리고 있습니다. 국내에서도 2020년 6월 서울시 망원동에 세제, 화장품 등을 리필해서 판매하는 '알맹상점'이 문을 열었습니다. 이곳은 20~30대 여성 고객들에게 큰 인기를 끌면서 월 매출이 최대 2000만 원까지 나오고 있다고 합니다[33].

또한 2019년 3월 출범한 그린피스의 '착한 가게 원정대'는 서울시에서 플라스틱 없이 쇼핑할 수 있는 가게들 예, 비닐 포장 없는 과일가게을 찾아 소개하는 '플라스틱없을지도'를 만들어 화제가 되기도 했습니다[34].

그림 11 그린피스의 '플라스틱없을지도'

32 출처: 〈포장지 없이 물건 파는 슈퍼마켓, 'OU'〉, 이효림, 2017.8.14., BIZION.

33 출처: 〈포장재 없이 알맹이만 팝니다… 제로웨이스트숍 '알맹상점'〉, 온다예 기자 (2020.12.19.), news1.

34 출처: 〈지구를 살리는 장보기 필수품 '플라스틱없을지도'〉, 김나현 그린피스 직원 (2019.5.28.), 그린피스.

이처럼 포장재를 줄이려는 노력은 소비자의 처분 비용을 감소시
킴과 동시에, 소비자가 불편을 감내하고라도 지속가능한 사회를 만
들기 위한 노력 즉, 타인을 위한 배려 을 할 때 느끼는 만족감을 제공함으
로써 브랜드의 가치를 높일 수 있어 앞으로도 많은 기업이 주목할
필요가 있습니다.

반품이 불편하면 사지 않는 시대

_____ 처분 비용 감소를 통한 가치제고 전략을 고민할 때
중요한 것 가운데 하나가 반품 비용입니다. 특히 온라인 구매 시 제
품을 직접 보고 구매할 수 없기 때문에 제품의 성능이 소비자의 기
대에 못 미칠 가능성이 있습니다. 때문에 오프라인 구매에 비해 반
품률이 매우 높을 수밖에 없는데, 반품 프로세스가 불편하면 소비자
는 구매 자체를 망설이게 되어 거래가 성사되기 힘듭니다.

또한 마케팅의 본질적인 목표인 장기적인 관계를 구축하기 위해
서도 반품 과정에서 소비자가 느끼는 불편을 해소하기 위해 노력할
필요가 있습니다. 하지만 모든 기업이 소비자를 만족시킬 수 있는
반품 시스템을 갖추는 것은 쉬운 일이 아닙니다. 그래서 우리 기업
을 위해 누군가 반품 처리를 대신 해준다면 참 좋을 것 같다는 생각
을 할 수 있겠죠. 이러한 기업들의 욕구를 충족시키고자 2015년 미
국 LA에 모바일 개발업자 두 명이 '해피리턴즈Happy Returns'라는 반

품 대행업체를 창업했습니다[35].

비즈니스 모델은 매우 간단합니다. 미국 대도시 쇼핑몰에 오프라인 매장을 열고 여러 브랜드의 반품제품을 수거·분류한 뒤 각 브랜드의 본사로 반품제품을 발송해주고 수수료를 받는 것이죠.

'옵토로Optoro'라는 회사는 한 발 더 나아가 자체 물류 센터를 갖추고 타 브랜드의 반품제품을 상태에 맞게 분류박스만 교체하고 수리를 한 뒤, 재판매하여 상당한 매출2017년 기준, 약 570억 원을 올리고 있습니다[36]. 또한 옵토로는 반품제품을 좀 더 효율적이고 효과적으로 처리하기 위해 자체 반품 전문 쇼핑몰B2C: BLIQ, B2B: BULQ을 운영하고 있습니다.

사실 소비자 입장에서 보면 물건을 판 기업이든 대행업체든 누가 반품 처리를 해주느냐는 크게 중요하지 않습니다. 반품을 할 때 드는 금전적·비금전적 비용이 더 중요합니다.

저는 최근 쿠팡에서 주문한 제품을 반품할 일이 있었습니다. 월 2900원을 내는 '로켓와우' 멤버십 회원인 덕분에 새벽배송으로 받은 제품을 뜯어 보고는 기대와 달라 바로 무료로 반품을 할 수 있었습니다. 반품신청 절차도 간편하고 제품 수거를 빠르게 해준다는 점이 매우 만족스러웠습니다. 그런데 반품제품을 문 앞에 내어놓으려고 보니 재포장이 쉽지 않았습니다. 진회색의 두꺼운 비닐 포장재는 뜯기 어려웠을 뿐 아니라 찢어서 뜯고 난 뒤에는 재사용할 수가 없

었습니다. 그래서 얼마 전 다이소를 방문했을 때 다음번을 대비해 반품용 비닐 포장재를 구매해두었습니다.

미국에서 지낼 때 아마존에서 구매한 제품을 반품할 기회가 있었습니다. 얼핏 보기엔 쿠팡과 유사한 비닐 포장재였지만 칼이나 가위가 없이도 손으로 쉽게 뜯을 수 있게 점선 처리를 해두어 편리했습니다. 게다가 반품 시 재포장할 수 있도록 뜯고 난 자리 아래에 양면 테이프 처리를 해두었고, '재봉인 가능한 봉투resealable bag'라고 쓰여 있었습니다.

과거에 온라인 쇼핑몰은 결제 순간까지만 고객의 쇼핑 경험을 관리했다면, 오늘날에는 빠르고 정확하며 친절한 배송을 넘어, 포장재를 뜯고 반품하는 디테일까지 챙기는 시대가 되었습니다. 지금은 시장을 주도하는 몇몇 기업의 이러한 노력이 소비자의 감동을 이끌어냅니다. 하지만 앞으로 시간이 지나면 기업의 반품에 대한 디테일이 소비자에게 당연한 것으로 인식될 것입니다. 이는 디테일을 챙기지 않는 기업에 대해 새로운 불만을 갖게 할 것입니다.

마지막 순간의 경험이 중요하다

_____ 저는 몇 해 전 프리미엄 도시락 전문점에서 디톡스 주스를 하나 구매한 적이 있습니다. 다채로운 색의 과일들이 예쁘게 담긴 투명한 병에는 여러 번 물을 넣고 우려서 먹을 수 있다는 설명이 되어 있었습니다. 건강한 음료인 데다 여러 번 먹을 수 있고, 예쁜 플라스틱 병을 재활용하면 좋겠다는 생각에 조금 비싼 가격이었

지만 지갑을 쉽게 열었습니다.

하지만 몇 번 우려먹고 난 뒤에 예상치 못했던 문제가 생겼습니다. 병의 입구가 좁아서 안에 있는 과일들을 빼내어 버릴 수가 없었다는 점입니다. 그래서 젓가락을 넣고 돌려서 빼내려고 몇 번 시도했지만, 과일 물이 옷에 튀어 결국 포기하고 말았습니다. 예쁜 플라스틱 병을 재활용하겠다는 계획이 무산된 것이죠. 시각적으로 보기 좋은 스타일리시한 제품은 소비자의 시험 구매를 유도하는 데에는 분명 효과가 있었습니다. 하지만 소비자의 재구매를 이끌어내기 위해서는 마지막 순간까지 좋은 인상을 남기는 것이 중요합니다. 기업이 소비자의 처분 비용에 주목해야 하는 이유입니다.

행동경제학자들은 특정 대상에 대한 우리의 기억이 절정의 순간과 마지막 순간의 경험에 의해 큰 영향을 받는다고 주장합니다. 이를 '절정 대미효과peak-end effect'라 부릅니다. 우리는 연인과 헤어진 뒤 그(그녀)와 가장 행복또는 불행했던 순간과 마지막 헤어짐의 순간을 가장 잘 기억합니다. 특히 헤어짐의 순간이 아름다웠다면 만남의 매 순간이 행복하지는 않았더라도 그(그녀)를 좋은 기억으로 간직할 가능성이 높습니다.

처분 비용은 고객과 헤어지는 순간의 경험을 결정합니다. 어쩌면 가장 중요해 보이지 않는 처분 비용이 여러분과 고객 간 관계의 질을 결정할지도 모릅니다. 처분 비용 감소를 통한 고객 가치제고 전략이 효과적인 이유는 상대적으로 많은 기업이 여전히 마지막 순간의 고객경험을 제대로 챙기지 못하고 있기 때문입니다. 이는 작은 노력으로도 우리 브랜드에 대한 의미 있는 기억을 남길 수 있는 기회가 될 수 있음을 의미합니다.

예를 들어 제가 회사 다닐 때를 떠올려보면 A4 용지 빈 박스가 이면지 박스로 재활용될 때가 많았습니다. 새 용지와 이면지를 혼동하는 것을 막기 위해 이면지 박스에는 '이면지'라고 매직으로 크게 써두곤 했습니다. A4 용지 박스를 주문한 고객에게 '이면지'라 적힌 스티커를 하나 넣어서 배송해주면 어떨까요? 어쩌면 복사기에 얼마나 걸림이 적은지에 따라 승패가 갈리는 품질경쟁에서 자유로워질지도 모릅니다.

오래전 매일유업의 바나나우유 브랜드인 '바나나는 원래 하얗다'에 대한 재미있는 얘기를 들은 적이 있습니다. 이 브랜드는 2007년 출시된 제품으로 바나나맛 우유에 사용된 노란 색소의 문제점을 지적하기 위해 독특한 서술형의 브랜드네임을 사용하는가 하면, 유머러스한 광고영상으로 바이럴에 성공하면서 한때 빙그레의 바나나맛 우유를 위협하기도 했습니다.

그런데 '바나나는 원래 하얗다'가 어린 남자아이를 키우는 엄마들 사이에 많이 팔린다는 소문이 있었습니다. 그 이유는 빙그레의 바나나맛 우유는 뚜껑이 일회용 은박지로 되어 있어 재활용이 불가능한 반면, 플라스틱 뚜껑이 있는 이 제품은 요긴한 용도로 사용될 수 있기 때문이라는 겁니다. 어린 아들을 둔 엄마는 외출 시 아이가 급하게 소변이 마렵다고 보채는 상황에 대비해 소변통이 필요했는데, 이 제품의 패키지가 크기와 모양 측면에서 최적화되어 있다는 것입니다.

이러한 이유로 팔린 제품의 수가 실제로 얼마인지는 알 수 없지만, 처분 비용이 소비자를 끌어들이는 강력한 구매 이유가 될 수 있음을 보여주는 사례입니다.

지금까지 우리는 처분 비용에 대해 알아보았습니다. 이제 고객 구매 여정의 마지막 단계에 해당되는 공유 비용에 대해 살펴보도록 하겠습니다.

어떻게 미래 고객에게
더 나은 경험을 줄 것인가

05

공유 비용

강요하지 않아도
스스로 공유하고 싶게 만드는 '핑곗거리'

_____ 공유 비용은 소비자가 구매 여정을 통해 경험한 것을 타인과 공유할 때 지각하는 비용을 의미합니다. 물론 자신의 경험을 공유하는 데 약간의 금전적 비용예. 통신비이 들 수는 있지만, 일반적으로 귀찮음, 불안함 등과 같은 심리적 비용이 차지하는 비중이 높다고 할 수 있습니다. 디지털 문화가 확산되면서 공유 비용이 소비자 행태에 미치는 영향력은 점점 더 커지고 있습니다. 일본의 광고회사 덴츠Dentsu는 2005년에 이미 마케팅에 대한 소비자의 반응을 분석하는 데 전통적으로 사용해오던 AIDMA 모델을 변경한 AISAS 모델을 제안했습니다. AIDMA 모델은 과거의 소비자가 마케팅에 대한 반응으로 브랜드에 주의Attention를 기울이고 관심Interest을 가진 뒤, 가지고 싶은 욕구Desire가 발생하면 해당 브랜드를 기억Memory해두었다가 필요한 시점에 구매하는Action 프로세스를 잘 설명해주었습니다.

하지만 디지털 환경이 변화되면서 소비자의 공유와 탐색활동이 중요해졌습니다. 그러면서 모델의 변화가 필요해진 것이죠. 구체적으로 AISAS 모델에서는 AIDMA 모델의 욕구Desire와 기억Memory을 제외하는 대신, 탐색Search과 공유Share가 포함되었습니다. 이는 소비자가 브랜드에 대해 주의Attention를 기울이고 관심Interest을 가진 뒤, 필요한 시점에 즉각적인 탐색Search을 통해 최적의 대안을 구매한 후Action 구매 경험을 지인과 공유Share하는 것을 의미합니다. 이는 언제 어디서든 검색과 공유가 가능하고, 공유가 다른 누군가의 정보 탐색으로 이어지는 디지털 환경의 변화를 잘 설명한다고 할 수 있습니다.

행동경제학자인 이타마르 시몬슨Itamar Simonson 은 과거와 달리 오늘날의 소비자들은 구매 전 타인이 공유한 경험정보를 통해 제품의 절대가치absolute value 를 알 수 있게 되어, 선택이 실패할 위험이 줄어들고 브랜드에 대한 의존도가 낮아졌다고 주장합니다. 이처럼 디지털 시대에 소비자의 공유행위는 구매에 막대한 영향력을 미쳤던 브랜드의 파워를 무력화할 만큼 큰 영향력을 행사할 수 있습니다[37].

소셜미디어가 확산되면서 오늘날 소비자는 자신이 직접 콘텐츠를 생산하여 공유하는 크리에이터 역할뿐 아니라, 타인이 생산한 콘텐츠를 재공유하는 큐레이터 역할을 동시에 수행하고 있습니다. 디지털 기술이 발전되면서 비록 공유 과정과 절차는 매우 간편해졌지만, 누군가에게 콘텐츠를 공유할 때 소비자가 느끼는 심리적 비용은 여전히 높습니다. 특히 "타인이 나의 공유행위를 어떻게 바라볼 것인가" 하는 사회적인 이미지에 대한 걱정이 클 수 있습니다.

우리는 음식점에서 소셜미디어를 공유하는 이벤트를 자주 목격합니다. 일반적으로 사진을 찍어 인스타그램에 공유하면 음료 등 무

---

37   저는 개인적으로 과거에 비해 브랜드의 힘이 약화된 것은 사실이지만, 시몬슨의 주장처럼 브랜드가 거의 힘을 발휘하지 못하는 시대라고 생각하지는 않습니다. 브랜드가 영향력을 미칠 수 있는 지점이 변했다고 보는 것이 더 맞을 것입니다. 즉, 소비자가 최종 구매 결정을 할 때에는 타인의 공유된 경험이 브랜드를 능가할 만한 힘을 발휘할 수 있겠지만, 구매 의사를 결정하는 초기 단계에서 타인이 공유한 경험 정보를 검색할 브랜드를 고를 때 인지도가 높고 이미지가 좋은 브랜드가 포함될 가능성이 높습니다. 즉, 브랜드가 최종 구매 결정은 아니더라도 구매 고려집합군(consideration set)의 크기와 리스트를 결정하는 데에서는 여전히 큰 힘을 발휘할 수 있습니다. 또한 최근에는 타인의 경험 정보가 정확하지 않거나 왜곡된 경우도 적지 않으며, 사람마다 평가 기준이 달라 선호이질성이 높은 제품군(예, 음악)에서는 타인의 경험 정보가 제대로 힘을 발휘하기 어려울 수도 있습니다.

료 서비스를 제공하는 방식이죠.

사실 사진을 찍어 올리는 행위 자체가 번거롭기도 하지만, 음료수 하나 먹으려고 '자본주의 표정'을 지으며 사진을 찍는 행위가 부끄럽게 느껴질 수 있습니다. 그래서 일부 소비자들은 서비스를 받고 매장을 빠져나오며 자신의 소셜미디어에 올린 사진을 지워버리기도 합니다. 음식점 입장에서 보면 얄미운 행동이지만, 소비자 입장에서는 공유 비용을 줄이기 위한 당연한 행동일 수 있습니다. 뿐만 아니라 이러한 소셜미디어의 공유 이벤트는 자발적으로 자신의 경험을 공유하는 사람의 순수한 내적 동기를 지우고 공유행위의 이유를 외적 보상과 연결시킴으로써, 향후 보상이 없으면 공유하고 싶은 마음이 생기지 않게 만들 위험도 있습니다.

그래서 저는 공유를 대가로 뭔가를 주는 행위는 큰 의미가 없다고 생각합니다. 공유를 강요하지 않아도 스스로 공유하고 싶은 디테일한 장치가 반드시 필요합니다. 이는 소비자가 작은 서비스를 받기위해 공유한 것이 아니라는 핑곗거리를 제공하는 것을 의미합니다. 즉 자신의 공유행동을 스스로와 타인에게 합리화할 수 있는 이유를 제시하여, 부끄러워하지 않고 떳떳하게 공유를 할 수 있도록 도와줄 필요가 있습니다.

관련하여 한 가지 조언을 드리자면, 공유의 대가로 서비스를 제공하는 것이 아니라 서비스를 먼저 제공하면서 공유를 부탁하는 것이 좋습니다. 이때 서비스가 공유를 자극할 만한 요소를 가지고 있어야 합니다.

오래전 아내가 신림방앗간이란 곳에서 온라인으로 곡물류를 몇 가지 주문했습니다. 이때 방앗간에서는 〈그림 12〉와 같이 볶은 참깨를 조금 담아 사은품으로 보내줬습니다. 저는 '뇌물'이라는 스티커가 재미있어 이를 인스타그램에 공유했습니다. 물론 사람들은 공짜로 뭔가를 받았을 때 보답하고 싶은 마음, 즉 상호호혜성reciprocity을 가집니다. 하지만 이것만으로는 부족합니다. '뇌물'과 같은 흥미로운 요소가 추가되어야 합니다.

여담이지만 저는 이 사은품을 포스팅할 때 어느 방앗간의 사은품인지 몰랐습니다. 아내가 주문했기 때문이죠. 신림방앗간의 사은품은 자발적인 공유를 유도할 만큼 꽤 잘 만들었지만 브랜드의 노출에는 실패한 점은 아쉽습니다. 뇌물이라는 글자 옆에 '신림방앗간'이라는 브랜드네임이 들어갔다면 어땠을까요? 브랜드를 알리는 데 훨씬 도움이 되었을 것입니다.

그림 12 소비자로 하여금 저절로 공유하고 싶게 만드는
신림방앗간의 사은품

타인과의 관계를 유지, 발전시키려는
마음을 읽어라

_____ 그렇다면 이제 소비자가 공유 비용을 극복하고 적극적인 공유행위를 하도록 만드는 조건에 대해서 살펴보도록 하겠습니다[38]. 우선 신림방앗간의 사례와 같은 의외성Unexpectedness이 높은 경우입니다. 의외성은 놀라움Surprise과 즐거움Fun이 결합된 것을 의미합니다. 즉, 예상치 못한 재미를 말합니다. 이때 재미는 말 그대로의 유머러스한 재미뿐 아니라 깨달음에서 오는 지적 즐거움과 감동적인 마음의 울림을 포함합니다.

또 다른 조건은 자신과 관련성이 높은 경우입니다. 2016년 중국의 바이트댄스가 만든 '틱톡TikTok'은 소비자의 참여를 끌어내는 데 최적화된 소셜미디어입니다. 유튜브에 공개된 가수들의 신곡 뮤직비디오는 조회수는 높지만 공유수가 저조한 경우가 많습니다. 하지만 틱톡에서 신곡으로 '댄스챌린지 캠페인'을 하면 하루에만 수만 명이 참가하여 자신의 댄스 모습을 공유하는 경우가 적지 않습니다.

이처럼 소비자가 직접 참여한 캠페인은 자신과 관련성이 높아 공유동기가 증가합니다. 공유와 확산을 목표로 한다면 고객을 직접 참여시키는 캠페인을 기획할 필요가 있습니다.

마지막으로 유용한 정보를 담은 콘텐츠는 자발적 공유가 활발히 일어납니다. 우리가 공유행위를 하는 중요한 이유들 가운데 하나가 타인과의 관계를 발전, 유지시키고 싶은 마음 때문입니다.

---

38   김지헌 지음, 《당신은 햄버거 하나에 팔렸습니다》, 중앙books, 2018, p.75~117.

예를 들어 해외여행을 곧 떠날 지인에게 인천공항의 숨겨진 편의시설을 소개하는 콘텐츠를 공유함으로써 그분과 친분을 표현할 수 있습니다. 이러한 사회적인 동기는 공유할 때 느끼는 귀찮음을 극복하는 데 큰 힘을 발휘합니다.

반면 뒷광고 논란, 가짜뉴스 등 왜곡된 정보로 인해 순수한 동기의 공유행위가 타인에게 피해를 주지 않을까 하는 또 다른 공유 비용을 발생시키고 있습니다. 따라서 소셜미디어와 온라인 쇼핑몰은 소비자들의 공유행위가 건전하게 이루어질 수 있도록 안전장치를 만드는 숙제를 지속적으로 해결해나가야 합니다.

최근에는 기업의 인사와 학교 입시 평가과정에서 개인의 소셜미디어를 모니터링함으로써 소비자의 공유 비용이 증가하고 있습니다. 소셜미디어에 회사를 비난하는 글을 올려 이미지를 실추시킨 직원의 징계 여부가 주요한 화두가 되는가 하면, 미국 전체 대학의 약 35퍼센트가 입시 과정에서 지원자의 소셜미디어 계정을 검토하는 것으로 알려져 있습니다[39].

실제로 2017년 하버드대학교에서는 인종차별과 관련된 콘텐츠와 음란물을 페이스북에 올린 열 명의 지원자를 탈락시켰다고 합니다. 따라서 소비자는 이제 소셜미디어에 게시물을 공유할 때 불이익을 당하지 않을까 하는 불안함을 느끼며 평가자들에게 보여주기 위한 콘텐츠들을 의도적으로 게시하는 사례가 증가하고 있습니다. 이는 건전한 공유 생태계를 파괴하는 것 같아 안타깝습니다.

39 Watson, M, & Lopiano, G. (2016). "Should We Fire Him for That Post" (*HBR Case Study*).

얼마 전 브랜드 서포터즈에 잘 선정될 수 있도록 소셜미디어를 운영하는 노하우를 알려주는 강의도 생겨났다고 합니다. 따라서 얼마나 잘 놀고, 잘 먹고, 잘 사는지를 뽐내고 자랑하기 위한 공간이었던 소셜미디어가 검열의 대상이 되면서 메인 계정과 별도로 보여주기 위한 부 계정을 만드는 사례도 빈번하게 발생하고 있습니다. 작은 보상을 대가로 소셜미디어의 한 공간을 쉽게 내어줄 소비자들이 점점 줄어드고 있습니다.

소비자가 자신의 구매 경험을 공유하는 것은 다른 소비자의 정보 탐색과 구매에 큰 영향을 미칩니다. 뿐만 아니라 기업이 제품의 품질을 개선하는 데 필요한 유용한 정보를 얻을 수 있는 기회를 제공합니다. 특히 부정적인 경험의 경우, 소비자 간 공유를 최소화하고 기업과는 공유를 활성화함으로써 제품과 서비스를 개선하고 미래의 고객들에게 더 나은 경험을 제공할 수 있습니다. 하지만 소비자 입장에서 기업들에게 불평행동을 하는 것이 매우 번거롭고 귀찮을 수 있습니다. 따라서 아무런 불평행동 없이 브랜드를 조용히 떠나버리는 고객이 적지 않습니다.

이러한 문제를 해결하고자 2017년 12월 '닉핏'이라는 스타트업이 설립되었습니다[40]. 닉핏의 비즈니스 모델은 사용자들의 각종 불만 정보를 수집하여 해당 기업에 판매하는 것입니다.

김준영 대표는 노량진 학원가에서 고시공부를 하던 중 근처 식당들에 대한 평가를 공유하는 커뮤니티에 가입했는데, 반찬에 관한 불

40 [인터뷰] 〈"불편함을 삽니다" 노량진 고시생 출신의 '닉핏' 스토리〉, 박현광 기자 (2018.10.31.), 비즈한국.

만을 알고 싶어하는 식당 주인을 만나면서 사업의 성공 가능성을 읽었다고 합니다. 실립한 지 채 1년이 되지 않아 가입자 수가 약 8만 명이 되었고, 그 가운데 20~30대 젊은 여성이 전체 가입자의 65퍼센트 정도를 차지한다고 합니다. 45자 이상의 글을 써도 100원밖에 보상이 주어지지 않지만 자신의 부정적인 경험을 어디에다 알려야 할지 모르는 소비자들이 모여들면서 하루 평균 500여 개의 글이 올라올 만큼 인기가 높다고 합니다.

지금까지 공유 비용에 대해 알아보았습니다. 이로써 가치함수의 분모에 해당되는 다섯 가지 유형의 비용을 모두 공부했습니다. 이제 가치함수의 분자에 해당하는 다섯 가지 유형의 혜택기능적·상징적·경험적·이타적·자존적 혜택에 대해 하나씩 살펴보도록 하겠습니다[41].

---

41   홀브루크(Holbrook) 교수는 기능적 혜택·경험적 혜택을 자기 중심적(self-oriented) 혜택으로, 상징적 혜택·이타적 혜택을 타인 중심적(other-oriented) 혜택으로 분류했습니다. 저는 여기에 자존적 혜택을 추가했는데, 이는 관점에 따라 자기 중심적 혜택으로도, 타인 중심적 혜택으로도 해석이 가능할 것으로 보입니다. 참고문헌: Holbrook, M.B. (2006). "Consumption experience, customer value, and subjective personal introspection: An illustrative photographic essay". *Journal of Business Research, 59*, pp.714~725.

혜택

소비자는
문제해결을 원한다

06

기능적 혜택

이성적인 소비자에게 가장 중요한 것

_____ 기능적 혜택은 소비자가 지각하는 현재의 문제를 해결하거나 미래의 문제를 예방하는 데 도움을 주는 혜택을 의미합니다. '문제해결'이라는 측면에서 소비자가 지각하는 비용과 관련이 높습니다. 사실 기능성이 전혀 없는 제품은 찾아보기 힘들지만, 소비자가 다른 혜택들을 상대적으로 덜 중요하게 생각하며 기능적 혜택을 이유로 구매하는 제품이 있습니다. 예를 들어 손소독제, 탈취제, 감기약 등은 소비자가 기능적 혜택을 추구하는 대표적인 제품들입니다.

《뉴욕 타임스》가 세상에서 가장 편한 신발이라고 극찬한 올버즈 Allbirds는 기능적 혜택을 극대화한 대표적인 브랜드라 할 수 있습니다. 2016년 3월 뉴질랜드 국가대표 축구선수였던 팀 브라운Tim Brown과 신재생 에너지 전문가인 조이 즈월링거Joey Zwillinger가 공동 창업한 올버즈는 머리카락의 20퍼센트 굵기인 양털을 소재로 한 가볍고 통풍이 잘 되며 따뜻한 신발을 출시하여 큰 인기를 모으고 있습니다[42]. 이 제품은 접착면이 없고 견고해 세탁기 사용이 가능하다고 합니다.

올버즈가 만든 울을 소재로 한 신발은 일반 신발에 비해 에너지 소비량이 60퍼센트나 적으며, 샌들의 밑창은 사탕수수 폐기물을 사용하는 등 지속가능한 사회를 위해 노력하고 있다는 호평을 받고 있

---

42   올버즈 관련 내용은 다음의 신문기사를 참고했습니다. 〈친환경 니트신발 '올버즈' 한국 상륙〉, 정정숙 기자 (2020.8.11.), 한국섬유신문.

습니다. 미국 실리콘 밸리 직원들을 중심으로 입소문이 나면서 버락 오바마 전 미국 대통령을 포함한 여러 셀럽들의 사랑을 받고 있습니다. 올버즈는 2020년 현재 전 세계 35개국에 진출하여 기업가치가 14억 달러1조 5000억 이상에 이르는 유니콘 기업으로 성장했고, 2020년 8월에는 마침내 한국에 온라인 매장을 오픈했습니다.

그런데 사실 올버즈의 공장이 이미 한국에 있었다는 사실은 흥미롭습니다. 부산에 있는 노바인터내쇼널 신발공장에서 생산된 제품이 전 세계에 수출되고 있었던 것이죠. 인기가 많은 글로벌 브랜드의 제품이 한국공장에서 생산된다니 뿌듯하기도 하고, 한편으로는 자체 브랜드가 없는 공장 역할만 한다는 것이 아쉽기도 합니다.

그림 1.3 기능적 혜택을 극대화한 대표적인 브랜드 올버즈.
사진 출처: 올버즈 홈페이지

한편 기능적 혜택을 추구하는 소비자는 이성적인 사고를 할 가능성이 높습니다. 따라서 제품 간 기능성의 차이를 확연히 느끼지 못할 경우 가격에 대한 민감도가 높아집니다[43]. 이는 미투제품들me-too products 의 공격을 받을 가능성이 높다는 것을 의미합니다. 가격이 비싸서 아무나 구매하지 못할 때 구매 매력도가 증가하는 상징적 혜택과는 달리, 기능적 혜택은 가성비가 중요합니다. 하지만 소비자에게 기능적 차별성을 분명히 각인시킬 수만 있다면, 소비자가 비싼 가격의 제품을 구매할 때의 상징적 혜택에 비해 자기합리화가 쉬운 장점이 있습니다. 즉, 소비자가 자기 자신과 타인에게 구매 이유를 설명하는 것이 상대적으로 쉬워, 구매 후 느끼는 심리적인 갈등이 줄어들 수 있습니다.

더 많은 사람들에게 공감 얻을 수 있다

_____ 코니바이에린 아기띠라고 들어보셨나요? 요즘 신생아를 둔 부모들 사이에서 상당한 인기를 누리고 있는 제품입니다. 2017년 티몬플러스의 김동현 대표와 임이랑 마케터는 기존 아기띠에 대한 불편함들을 스스로 해결하고자 창업을 결심했습니다. 〈그림 14〉에서 보는 것과 같이 독특한 디자인의 코니바이에린 아기띠는 일반 아기띠의 4분의 1 무게약 200그램로 매우 가벼우면서도 아기의 체중을 어깨, 허리, 골반으로 분산시켜주어 부모가 훨씬 편안함을

---

43   스위니와 수타르 교수는 소비자가 추구하는 가치 유형을 감정적 가치(emotional value)·사회적 가치(social value)·성능/품질의 가치(performance/quality)·금전 대비 가치(value for money)로 분류했으며, 이 가운데 성능/품질의 가치와 금전 대비 가치를 기능적 가치라고 주장했습니다. 이는 기능적 혜택을 추구하는 소비자가 제품의 가치를 평가할 때 가격을 중요시한다는 것을 의미합니다. 참고문헌: Sweeney, J.C. & Soutar, G. (2001). "Consumer Perceived Value: The Development of a Multiple Item Scale", _Journal of Retailing, 77_(2), pp.203~220.

느낄 수 있습니다. 게다가 밀착감이 좋아 아기가 잠을 깨지 않고 숙면을 취할 수 있으며, 아이의 고관절 발달에도 도움을 줄 수 있다고 합니다. 이러한 기능적 우수성을 인정받아 KC 마크도 획득했습니다.

이처럼 경쟁 브랜드와 확연히 다른 차별적인 기능성을 이유로 제품을 구매한다면 누구나 고개를 끄덕일 것입니다. 자신과 타인에게 구매 합리화가 그만큼 쉽다는 얘기죠. 이는 가격이 비싸더라도 돈을 낭비했다는 죄책감에서 자유롭게 해줍니다. 특히 제품의 품질을 보증해줄 수 있는 제3자의 보증third-party endorsement 이 있으면 효과는 배가될 수 있죠. 이 제품은 대형 온라인 쇼핑몰에 입점하지 않고 주로 자사몰D2C 을 통해 판매하고 있는데도, 2020년 상반기 매출액만 약 110억 원에 이른다고 합니다.

흥미로운 것은 이 가운데 약 80퍼센트가 해외에서 발생한 매출인데, 국내 고객이 일본에 있는 지인에게 이 제품을 선물한 뒤 입소문을 탄 것이 해외 진출의 성공비결이라고 하는군요. 하지만 단순히

그림 14 **코니바이에린 아기띠. 출처: 코니바이에린 홈페이지**

운이 좋았다고 평가할 수만은 없습니다. 강력한 기능적 차별화는 누군가에게 추천힐 수 있는 좋은 이유를 제시해주기 때문이죠.

최근 제품을 넘어 미디어의 콘텐츠들도 기능적 혜택에 집중하는 모습이 자주 보입니다. 기능적 혜택을 추구하는 모습이 상징적 혜택에 비해 더 많은 사람의 공감을 얻을 수 있다는 판단 때문일 것입니다.

얼마 전 뚱뚱한 연예인들의 먹방 프로그램인 '맛있는 녀석들'에서 스핀오프한 '오늘부터 운동뚱'이라는 프로그램을 본 적이 있습니다. 생전 운동이라고는 단 한번도 해본 적이 없다는 뚱보 캐릭터 캐그우먼 김민경이 필라테스, 축구 등에 도전하는 모습을 보여줍니다. 김민경의 감춰져왔던 놀라운 운동신경을 지켜보는 것도 흥미로웠지만, 그녀가 "왜 이처럼 고된 운동을 하는지에 관한 이유"가 시청자들의 큰 공감을 얻었습니다. 남에게 보여줄 예쁜 몸매를 만들기 위함상징적 혜택이 아니라 더 맛있는 음식을 오랫동안 먹기 위해기능적 혜택 그녀는 고통을 감내했던 것이죠. 그래서인지 운동을 마친 후 그녀가 맛있게 음식을 먹는 모습을 지켜보는 것이 흐뭇합니다.

이처럼 상징적 혜택이 아닌 기능적 혜택을 위한 누군가의 노력은 더 많은 사람의 공감을 얻을 수 있습니다. 따라서 저는 '공감'이 마케팅의 화두가 된 오늘날, 콘텐츠 마케팅을 하는 기업은 소비자의 기능적 혜택에 초점을 맞춘 다양한 소재의 콘텐츠를 개발하기 위해 좀 더 노력할 필요가 있다고 생각합니다.

한편 다소 아이러니하게 들릴지도 모르지만, 소비자는 차별적 기능성을 가진 제품을 반드시 기능적 혜택을 추구하기 때문에 구매하는 것이 아닙니다. 소비자는 기능적 차별성을 상징적 혜택이나 경험적 혜택으로 생각할 수도 있기 때문입니다.

정작 자신들을 타깃으로 한
제품을 원치 않는 경우

_____ 최근 제 주변에 애플워치를 구매한 분이 부쩍 늘었습니다. 이들에게 "애플워치를 쓰면 좋은 점이 뭔가요?"라고 물어보면 "그냥 예뻐서 샀어요. 특별히 매력적인 기능이 있는지는 모르겠어요"라고 대답하는 경우가 대부분입니다. 이는 소비자가 스마트 워치를 구매하는 이유가 첨단기능 때문이 아니라, 마음에 드는 디자인 때문임을 의미합니다.

그렇다면 애플은 소비자가 별로 관심을 가지지 않는 기능들을 다 제거하고 디자인에 더 신경을 쓴 저렴한 패션 시계를 출시하면 어떨까요? 이 질문에 답하기 위해 참고할 만한 제 지인의 일화가 있습니다.

여러분은 카톡폰에 대해서 들어본 적이 있나요? 카톡폰은 오래전 LG전자에서 카카오톡 이외에 다른 앱이 불필요한 노인과 어린 자녀를 겨냥해 출시한 폴더형 스마트폰인 'LG 아이스크림 스마트'의 별칭입니다. 목표 고객에게 필요한 기능만 남기고 활용도가 낮은 불필요한 기능을 뺀 덕분에 매력적인 가격으로 출시되었습니다. 저는 이 제품을 소개하는 기사를 처음봤을 때, 틈새시장을 잘 공략한 꽤나 성공적인 제품이 될 수 있겠다는 생각을 했습니다. 특히 넓은 화면과 간편설정 기능은 노인에게 매력적으로 보였습니다.

하지만 지인의 얘기를 듣고는 생각이 달라졌습니다. 그는 카톡폰 출시에 관한 기사를 보고, 60대 중반의 어머니가 오랫동안 사용해온 폴더폰을 바꿔드릴 때가 되었다고 생각했습니다. 어머니를 모시고 판매대리점에 가서 구매 상담을 받았는데, 핸드폰을 바꿔드리겠다는 말을 듣고 집을 나설 때 밝았던 어머니의 표정이 어쩐지 좋지 않아 보였다고 합니다. 그래서 구매를 포기하고 집으로 돌아와 어머니에게 다소 짜증스러운 말투로 카톡폰이 마음에 안 드는 이유가 뭐냐고 따져 물었답니다. 그러자 어머니는 예상치 못했던 대답을 했고 그는 자신의 생각이 짧았음을 반성했답니다.

어머니는 모임에 나갈 때마다 자식들이 사준 최신 스마트폰을 자랑하는 친구들이 부러웠다고 합니다. 특히 친구들이 카톡 연락이 안 된다고 제발 오래된 핸드폰 좀 바꾸라고 할 때에는 창피하기도 하셨답니다. 그래서 아들이 최신 폰으로 바꿔준다고 해서 너무나 반가웠는데, 막상 대리점에 가서 보니 아들이 사주려는 카톡폰은 지금 어머니가 가지고 있는 것과 별 차이가 없어 보였답니다. 심지어 모임에 나갔을 때 친구들에게 자랑하기는커녕 노인이나 쓸 법한 숨기고 싶은 제품으로 보였답니다.

흥미롭게도 노인 중에는 자신을 타깃으로 한 제품을 원하지 않는 경우가 많습니다. 이들에게는 젊어 보이고 싶은 욕구가 항상 잠재되어 있기 때문입니다. 핸드폰의 다양한 기능은 젊은 사람에게는 기능적 혜택일 수 있지만, 노인에게는 젊게 사는 모습을 표현할 수 있는 상징적 혜택을 충족시키는 역할을 할 수 있습니다.

이제 애플이 불필요한 기능을 제거한 저렴한 패션 시계를 출시하면 안 되는 이유를 아시겠죠? 모던해 보이고 싶고, 시대를 앞서가는 이미지를 표현하고 싶은 소비자의 욕구를 읽어야 합니다.

수심 100미터의 방수 기능을 가진 시계를 구매하는 사람은 모두 스쿠버다이버일까요? 남극과 같은 극한의 추위 속에서 일하는 사람들을 위해 만들었다는 캐나다구스Canada goose 오리털 파카를 구매한 사람을 우리 주위에서 쉽게 볼 수 있습니다. 이들은 분명 한국의 추위가 남극만큼 대단하다고 생각해서, 방한의 목적만으로 한 벌에 100만 원 가까이 되는 거액을 쓰면서 구매하지는 않았을 것입니다. 이처럼 일반 소비자에게 필요하지 않는 제품의 과도한 기능은 기능적 혜택이 아닌 다른 혜택과 관련된 경우가 많습니다.

프리미엄 아이스박스로 유명한 예티YETI라는 브랜드가 있습니다[44]. 2006년 캠핑과 낚시 등 아웃도어 액티비티를 즐기는 미국의 두 형제가 만든 브랜드로 연 매출액이 약 1조 원이나 된다고 합니다. 일반인에게 매우 부담스러운 가격입니다. 310리터짜리 아이스박스 하나가 150만 원 가까이 됩니다.

도대체 어떤 기능이 있기에 이렇게 비쌀까요? 7일간 얼음이 녹지 않는 강력한 보냉기능은 기본이고, 곰도 절대 열지 못하는 특허받은 잠금장치와 곰이 올라서도 끄떡없는 3인치약 7.6센티미터 두께의 폴리우레탄 소재로 만들었다고 합니다. 이러한 강력한 기능성은 미국 곰 위원회에서 인증을 했다고 하네요. 예티는 캠핑과 낚시 마니아를 중

---

44   예티에 대한 내용은 다음의 기사 내용을 참고했습니다. 〈냉장고보다 비싼 아이스박스로 성공한 회사〉, (2020.7.31.) 배소진 기자, TTIMES.

심으로 뛰어난 품질에 대한 입소문이 빠르게 퍼지면서, 비싼 가격에 대한 성낭성을 부여받을 수 있었습니다.

하지만 일반인이 떠나는 캠핑에 7일 동안의 강력한 보냉 기능이 굳이 필요할까요? 또 곰의 습격에 대비할 만한 캠핑 장비가 반드시 필요한 것일까요? 미국에서 낚시나 캠핑을 자주 떠나는 지인들의 얘기를 들어보면 일반 쿨러로도 별문제 없이 안전하게 다녀올 수 있다고 합니다. 그런데도 낚시, 캠핑의 초보자마저 예티를 원하는 이유는 뭘까요? 예티를 구매한 어느 고객의 인터뷰 내용이 그 이유를 잘 설명해줍니다.

"초등학교에서 일하지만 항상 책상 위에 예티를 둡니다. 지금 이 모습이 내 인생의 전부가 아님을 되새겨주기 때문입니다."

소비자는 예티의 강력한 기능이 아닌 더 나은 삶에 대한 도전을 구매하는 것입니다. 이처럼 제품의 기능에 의미가 담기면 가치는 배가될 수 있습니다.

그림 15 예티 아이스쿨러. 사진 출처: 홈페이지

남에게 뽐내고 싶은
과시욕

07

상징적 혜택

핵심은 가격이 아닌 희소성

_____ 상징적 혜택은 자아 이미지self-image, 사회적 지위 social status, 집단 소속감group membership 등을 표현하고자 하는 소비자의 욕구충족을 의미합니다. 예전에 어딘가에서 여자에게 핸드백은 가방이 아니라 자존심이라는 얘기를 들은 적이 있습니다. 그래서인지 부유한 여성들은 에르메스 짝퉁가방을 1300만 원을 주고 구매하기도 합니다[45]. 진품은 1억 원이 넘고 오랜 기간 대기를 해야 구할 수가 있다고 합니다. 이러한 고가의 명품들은 가격이 오르면 오히려 수요가 증가하는 베블런 효과Veblen effect가 나타나기도 합니다. 높은 가격이 상징적 혜택을 강화할 수 있기 때문입니다.

고가의 오토바이 브랜드인 할리데이비슨의 고객은 어떤 사람일까요? 저는 몸에 화려한 문신을 새기고 두건을 쓴 젊게 보이고 싶어 하는 자유로운 영혼의 중년 또는 노년 남성이 떠오릅니다. 할리데이비슨의 리치 티어링크 회장은 이렇게 말합니다.

"우리는 철학을 팝니다. 오토바이는 거기에 슬쩍 끼워 팔 뿐입니다."

젊음, 자유, 도전을 꿈꾸는 철학을 가진 사람들이 할리데이비슨을 구매하기 때문입니다.

이처럼 우리는 타인을 평가할 때 그 사람이 소비하는 브랜드를 보고 판단하는 경향이 있습니다. 어떤 브랜드를 입고, 먹고, 즐겨 사용하는지를 근거로 그 사람에 대한 편견을 가지기도 합니다.

오래전 《나는 왜 루이비통을 불태웠는가?》라는 책을 본 적이 있

45　〈'짝퉁' 에르메스 1300만 원에 팔아 포르쉐 즐긴 남매〉, 이미경 기자 (2020.10.7.), 한국경제.

습니다. 부제는 '한 명품 중독자의 브랜드 결별기'입니다. 영국의 패션잡지 편집자인 닐 부어맨은 2006년 9월 17일 런던의 광장에서 자신이 애지중지 아끼던 명품들을 모아놓고 불태워버립니다. 브랜드의 노예로 살아온 삶을 종식하고자 한 것이죠. 이 책은 화형식 전후의 심정을 담은 그의 일기를 주요 내용으로 합니다.

이처럼 브랜드의 상징성은 중독성이 매우 강하며 참기 힘든 인간의 욕구를 자극합니다. 그렇다고 고가의 명품만 상징적 혜택을 가지는 것은 아닙니다. 핵심은 가격이 아니라 희소성 Exclusivity 에 있기 때문입니다.

소비자는 '이상적인 나'의 이미지를 표현하고 싶어한다

_____ 티코Tico 라는 차를 아시나요? 1991년 대우자동차에서 출시한 우리나라 최초의 경차로 2001년 단종되기 전까지 국내에서 약 40만 대가 팔렸습니다[46]. 제대로 굴러다닐 수나 있을까? 하는 걱정이 무색하게도 티코는 현재 약 400여 대가 운행 중이라고 합니다. 각지 올드카 특유의 개성에 반한 20대와, 레트로 감성에 젖은 30~40대들이 티코의 매력에 푹 빠져 T.O.C.Tico Owners Club 라는 동호회를 만들고 티코에 대한 사랑을 이어가고 있습니다.

46　티코 동호회에 대한 내용은 다음의 기사를 참고했습니다. 〈'국민차 시조새' 1990년대 누비던 티코의 귀환〉, 오민지 (2020.7.16.), ChosunBiz.

현재 약 150만~400만 원에 거래되는 티코는 동호회에 판매 글이 올라오면 하루 만에 거래가 될 만큼 큰 인기를 끌고 있습니다. 회원들은 정기모임을 갖고 각자의 레어 아이템을 자랑하는가 하면, 동호회 셔츠를 맞춰 입고 티코를 일렬로 주차시킨 후 기념사진을 찍습니다. 티코는 결코 비싼 명품이 아닌데도 동호회원들은 자신들의 소속감을 드러내며 자아 이미지를 효과적으로 표현하고 있습니다.

그림 16 **티코 동호회 소속 회원들의 단합된 모습이 인상적이다.**[47]

상징적 혜택은 소비자 조사를 통해서 좀처럼 알아내기 쉽지 않은 특성이 있습니다. 특히 한국과 같은 유교주의 문화권에서는 자신을 뽐내는 것을 졸부들이나 하는 짓이라 치부할 수 있기 때문이죠. 한때 된장남, 된장녀와 같은 뽐내기 좋아하고 사치스러운 소비를 하는 사람들을 비난하는 용어가 유행했던 것도 같은 맥락입니다. 그래서 비싼 명품백을 산 이유에 대한 질문을 받으면, "견고하고 박음질이 튼튼해서 오래 쓸 수 있어"라는 실용적인 이유로 답하는 경우들이 적지 않습니다. 남들의 부러움을 받고 싶은 과시적 욕구로 구매했다

47   사진 출처: 〈작지만 큰 즐거움 티코 동호회를 가다〉, Kwanghwan Lee (2018.5.28.), CARLAB.

고 말하기가 민망한 것이겠죠.

따라서 마케터는 소비자가 타인에게 과시적 욕구 이외에 브랜드를 구매한 이유를 설명하는 데 도움을 줄 수 있는 사회적 핑곗거리를 제공할 필요가 있습니다. 예를 들어 평생 품질보증, 무상수리 등의 서비스를 제공하면 오래 쓸 수 있어 구매했다는 주장의 설득력이 조금은 높아질 수 있습니다.

저는 상징적 혜택을 추구하는 사람은 오랜 시간 정성스레 화장을 했지만 민낯으로 보이고 싶은 마음을 가졌다고 생각합니다. 소비자는 브랜드 로고의 상징성을 좋아하면서도 너무 크지 않고 안 보일 듯 보이는 절제된 뽐냄을 원하는 것 같습니다.

상징적 혜택은 기부 행위의 강력한 동기가 될 수 있습니다. 기부 행위를 하는 사람 중에는 순수하게 타인을 돕겠다는 마음을 가지기도 하지만이타적 혜택, 많은 사람은 기부를 통해 자신이 선한 사람이라는 이미지를 표현하고 싶어합니다.

2012년 멕시코에서 탄생한 '프리즌 아트PRISON ART '라는 사회적 기업이 있습니다. 설립자인 호르헤 쿠에토Jorge Cueto 는 억울한 누명을 쓰고 11개월간 옥살이를 하는 동안 수감자들이 경제적으로 어려움을 겪는 모습을 보았습니다. 그러다보니 이들에게 수감생활 중에도 돈을 벌어 가족을 경제적으로 지원할 수 있고, 수감생활을 마치고 사회에 복귀해서도 잘 적응할 수 있는 직업을 갖도록 해주고 싶은 마음이 생겼답니다. 그래서 수감자들이 일반인에 비해 뭘 잘할 수 있나를 고민하다 '문신 새기는 일'에 더 뛰어나다는 결론을 내렸습니다. 그러고는 가죽제품에 문신을 새길 수 있는 기계를 제작하여 독특한 문양의 문신을 넣은 패션잡화 제품들을 만들었습니다.

저도 멕시코의 휴양지인 간쿤에 여행을 갔을 때 공항에서 프리즌 아트의 매장을 처음 방문해보았는데요, 문신이 새겨진 가방과 우산 등 매력적인 제품이 넘쳐났습니다. 비록 해골과 같은 문양이 무섭고 불량해 보인다고 아내가 말리는 바람에 구매를 하지는 못했습니다. 하지만 저 혼자였다면 아마 제법 고가예, 백팩 가격: 590달러(약 66만 원) 임에도 지갑을 열었을지도 모릅니다. 제 마음 깊숙이 누군가를 돕는 착한 이미지를 뽐냄과 동시에, 독특한 아이템을 가지고 다니면서 주변 사람에게 자랑하고 싶은 과시욕이 있었기 때문이겠죠.

기부행동을 촉진하기 위해 때로는 상징적 혜택을 적극적으로 자극하기도 합니다. 아들이 미국 초등학교를 다닐 때 하루는 '펀 런fun

그림 17 **사회적 기업 프리즌 아트 제품들. 출처: 프리즌 아트 홈페이지**

run '이라는 학교행사에 대한 안내문을 가져왔습니다. 아이가 운동장을 한 바퀴 돌 때마다 학교에 기부금을 내는 이벤트였습니다. 먼저 아이는 기부를 해줄 사람들과 접촉해 기부 약정을 받고, 행사일 이전에 리스트를 학교에 제출합니다. 아이가 리스트를 제출하면 선생님은 다른 아이들이 보는 앞에서 선물을 주고 칭찬을 해줍니다. 기부 약정 금액에 따라 선물의 종류가 다릅니다.

예를 들면, 한 바퀴당 1달러약 1120원 기부금은 손목 밴드, 2달러약 2240원 는 연, 3달러약 3350원 는 소리 나는 팽이 등입니다. 이걸 본 아이들은 집에 돌아가서 누가 어떤 선물을 받아서 부러웠다고 얘기하며, 기부금 리스트를 늘리려고 부모, 조부모 등에게 적극적인 구애를 하게 됩니다. 그리고 펀 런 행사일에 기부금을 약정한 사람들을 초대하고 아이들은 정해진 시간에 학교 운동장을 친구들과 함께 달립니다. 아이가 달리면 달릴수록 기부금은 늘어납니다. 다행히 서른여섯 바퀴의 제한이 있어 마음 놓고 응원할 수 있었습니다. 이를 계기로 저는 또 한번 미국이 철저한 자본주의 사회라는 것을 온전히 느낄 수 있었습니다.

아이를 이용해서 기부를 종용하는 모습이 낯설기도 하고 한편으로는 교육적으로 바람직할까 하는 의문도 들었습니다. 하지만 선생님은 적어도 기부액에 따라 아이를 더 예뻐하거나 챙기거나 하지는 않는 것 같았습니다. 따라서 저는 '인간의 심리를 잘 이용해서 기부금을 모으는구나'라고 생각하며 이 일을 즐거운 추억으로 받아들일 수 있었습니다. 어쨌든 상징적 혜택이 남녀노소 할 것 없이 기부 행동 촉진에 강력한 힘을 가진다는 것을 다시 한번 확인할 수 있는 기회였습니다.

한편 상징적 혜택은 기업이 타깃으로 하는 소비자가 아닌 의외의 소비자를 끌어들이는 힘을 가지기도 합니다. 앞서 노인을 타깃으로 한 제품을 노인들은 정작 싫어한다고 얘기했었죠. 비슷한 맥락입니다.

예를 들면 빅토리아 시크릿에서, 기숙사 생활을 하는 20대 여대생들을 타깃으로 만든 핑크pink 라는 브랜드는 10대와 30대의 매출이 높다고 합니다. 10대 사춘기 소녀들은 대학생 언니들의 성숙한 섹시함을 모방하고 싶어하고, 30대 직장인 여성들은 20대 여대생의 귀여운 이미지로 돌아가고 싶은 열망이 있기 때문입니다. 싱글들을 위한 잡지를 기혼 남녀들이 즐겨 보는 이유도 이들의 삶을 동경하기 때문입니다. 따라서 상징적 혜택을 생각할 때는 메인 타깃 이외에 예상치 못한 서브 타깃이 존재할 수 있다는 생각을 가질 필요가 있습니다. 소비자는 현재 나의 이미지actual self-image 가 아닌 이상적인 나의 이미지ideal self-image 를 표현하고 싶어하는 것이죠.

플렉스, MZ 세대의 놀이문화

_____ 마지막으로 상징적 혜택과 관련해 최근 변화된 트렌드를 한 가지만 짚고 넘어가도록 하겠습니다. 과시욕을 부끄러워하고 감추고자 했던 과거의 소비자와 달리, 최근에는 자신을 적극적으로 표현하고 과시하는 문화를 긍정적으로 바라보는 시선이 늘어나고 있습니다. 특히 소셜미디어를 중심으로 돈, 인맥 등의 허세를 표현하는 것이 디지털 네이티브인 MZ 세대에게는 일종의 놀이문

화로 받아들여지고 있습니다.

2015년 7월, KFC 루마니아는 젊은이들이 여행지에서 허세를 뽐내고 싶은 욕구를 제대로 반영한 "#Fakation" 캠페인을 펼쳐 큰 호응을 얻었습니다[48]. Fakation은 가짜를 의미하는 Fake와 휴가를 의미하는 Vacation을 합성해 만든 신조어입니다. 이 캠페인은 고객들이 음식을 담아주는 트레이 종이와 매장 바닥에 붙인 스티커를 이용해 마치 유명 관광지에 온 것과 같은 가짜 사진을 찍을 수 있도록 하는 것이었습니다. 핸드폰 카메라만으로도 진짜와 같은 사진을 찍을 수 있는 방법을 웹사이트에 올리기도 했습니다.

소비자들은 자신이 마치 멋진 공간에 휴가를 온 것처럼 보이는 가짜 사진을 찍고 '#Fakation'이라는 해시태그를 달아 자신의 소셜미디어에 공유했습니다.

그림 18 KFC의 패케이션 캠페인[49]

MZ 세대들의 허세를 뽐내는 놀이문화를 잘 이해한 덕분에 이 캠페인은 큰 성공을 거둘 수 있었습니다.

국내 최대 여행사인 하나투어에서는 배낭 여행객을 대상으로 '하루만 허세' 상품을 내놓아 세간의 관심을 끌기도 했습니다. 이 상품은 이코노미 항공권을 이용해 목적지에 도착한 뒤 대부분의 숙박은

---

48   출처: Ads of the World. (https://www.adsoftheworld.com/media/ambient/kfc_fakation).

49   사진 출처: Sandra Bold (http://www.sandrabold.com/353628916383).

알뜰민박을 이용하지만, 마지막 날은 4성급 호텔에서 숙박하고 프리미엄 힝공권을 이용해 돌아오는 상품입니다. 그야말로 하루만큼은 이른바 '있어빌러티있다+ability'를 제대로 표현할 수 있게 해주는 것이죠.

이처럼 MZ 세대를 타깃으로 하는 허세 캠페인과 상품들은 가짜 허세를 즐길 수 있는 판을 깔아주고 소재를 제공하는 것을 목표로 할 때 성공 가능성이 높아집니다.

최근 MZ 세대를 중심으로 플렉스flex 라는 말이 자주 쓰입니다. 《한경 경제용어사전》에 따르면, 이 말은 원래 몸짱인 사람들이 허리를 구부려 자신의 몸매를 과시한다는 의미에서 시작되어 현재 '돈을 과시하다, 지르다'라는 의미로 사용되고 있다고 합니다. 이른바 자신을 '흙수저'라 일컫는 젊은이 사이에서 오랫동안 아르바이트를 해서 모은 돈으로 구매한 명품이나 값비싼 레스토랑에서 식사를 하는 모습을 담은 사진들이 #flex라는 해시태그를 이용해 공유됩니다. 많은 사람이 이런 사치를 비난하기보다, 금수저가 아닌 이들의 노력을 응원하고 부러워하는 모습을 보여줌으로써 이들이 더 행복할 수 있도록 응원하는 문화가 형성되고 있습니다.

한편 MZ 세대는 결과물보다 끝없이 도전하는 '챌린지 과정' 그 자체를 과시하고 지지받고 싶어합니다[50]. 아웃도어 브랜드인 블랙야크blackyak 의 산행 커뮤니티인 BACBlackyak Alpine Club 회원의 상당수

---

50   MZ 세대들의 도전정신을 보여주는 사례는 다음의 책을 참고했습니다. 출처: 대학내일20대연구소, 《밀레니얼-Z세대 트렌드 2021》, 위즈덤하우스, 2020, pp.34~42.

가 '명산 100 챌린지'에 참여하기 위해 가입한 2030세대라고 합니다. 이들은 블랙야크가 선정한 100개의 산을 차례로 오르고, 그 모습을 찍어 인스타그램에 올리는 인증 놀이를 즐깁니다.

또한 MZ 세대는 '편스토랑'이라는 프로그램에서 소개되어 큰 인기를 끌었던 '달고나 커피 만들기'에 직접 도전하는 모습을 가감없이 보여줍니다. 설탕과 커피가루를 넣고 400번은 저어야 만들 수 있다는 이 메뉴에 도전한 MZ 세대는 결과가 성공했는지 실패했는지를 중요하게 생각하지 않습니다. 이 도전의 과정을 소셜미디어에 면밀하게 기록하고 공유함으로써 자신의 도전정신을 뽐내고 타인과 소통하고 싶어합니다.

최근 완제품이 아닌 밀키트가 크게 성장하고 있는 것도 이와 무관하지 않습니다. 기업들은 귀찮음과 재미 사이의 줄타기를 잘해야 MZ 세대의 마음을 사로잡을 수 있습니다. 과거와 많이 달라진 젊은 세대의 과시욕을 제대로 이해해야 새로운 시장의 기회를 발견할 수 있습니다.

감각적 경험은 왜,
그리고 어떻게 특별함을 만드는가

08

경험적 혜택

내가 조립한 책상이 더 소중,
이케아 효과

_____ 경험적 혜택은 제품을 구매하고 소비하는 과정에서 소비자가 느끼는 오감의 즐거움sensory pleasure 을 말합니다. 소비자는 눈, 코, 귀, 혀, 피부로 받아들인 여러 감각 정보를 종합하여 경험의 가치를 평가합니다. 이케아 효과Ikea Effect 라고 들어보셨나요? 이케아 가구는 배송과 조립을 해주지 않기 때문에 소비자가 직접 해야 합니다. 더 많은 노력이 들어가는 것이죠. 이케아 효과는 자신의 노동이 들어간 결과물에 대한 가치를 더 높게 평가하는 것을 의미합니다. 소비자는 타인이 조립해준 책상보다 내가 직접 조립한 책상을 더 소중하게 생각하는 경향이 있습니다.

이처럼 오감을 통한 감각적인 경험은 제품에 대한 소비자의 지각된 가치를 높일 수 있습니다. 따라서 경험적 혜택을 제공하고자 하는 마케터는 오감 마케팅을 효과적으로 활용할 필요가 있습니다. 특히 인간에게는 다른 감각기관에 비해 눈을 통해 얻는 시각 정보가 매우 중요합니다.

몇 해 전 넷플릭스에서 〈버드박스Bird box 〉라는 영화를 보았습니다. 눈을 뜨면 환영이 나타나 자살을 하게 만든다는 내용입니다. 따라서 영화 속 등장인물들은 모두 천으로 눈을 가리고 있습니다. 이 영화는 귀신이 나오는 것도 악마의 모습이 보이는 것도 아닙니다. 그런데도 이 영화가 매우 공포스러운 것은, 앞을 보지 못하는 상황에서 위험을 헤쳐나가야 하는 상황이 얼마나 어려운지 고스란히 느껴지기 때문입니다. 인간은 눈을 통해서 외부 정보의 70~80퍼센트를 얻습니다. 따라서 오감 마케팅의 성패가 시각 정보를 얼마나 잘 활용하느냐에 따라 결정된다 해도 과언이 아닙니다.

심지어 음식을 입으로 먹지 않고 눈으로 먹는다는 말을 하기도 합니다. 눈으로 받아들인 정보를 뇌가 해석한 후, 혀에 맛있다고 전하는 것이죠. 눈꽃치즈가 잔뜩 올라간 떡볶이를 보고 있으면 먹지 않아도 침이 나오고 맛이 느껴지는 것과 같습니다.

도산공원 근처에 있는 매뉴팩트 커피manufact coffee 라는 카페를 다녀온 적이 있습니다. 여느 카페와 비슷한 줄 알고 아무 생각 없이 입구에 들어섰는데 매장 전면에 시선을 사로잡는 곳이 있었습니다. 바로 한쪽 벽면을 가득 메우고 있는 '매뉴팩트 커피 콜드브루 시스템manufact coffee cold brew system'이었습니다. 약 20가지 다양한 블렌딩을 한 커피 원두들이 4단계 과정을 통해 콜드블루 방식으로 병에 담기는 모습을 소비자가 직접 볼 수 있게 만들어놓았습니다.

그림 19 **매뉴팩트 커피 콜드브루 시스템**

저는 그 모습을 사진으로 담아 소셜미디어에 공유했고, 평소 콜드브루 커피를 즐기지 않음에도 한 병을 구매했습니다. 만약 일반적인 카페와 같이 완성된 커피를 병에 담아 놓고 팔았다면 결코 구매하지 않았을 테지만, 시각적인 즐거움에 압도되어 충동구매를 한 것입니다.

미국을 여행하면서 매력적인 커피 전문점들을 많이 가봤지만, 특히 페이스북의 CEO인 마크 저커버그가 마니아라는 필즈커피 Philz coffee 가 기억에 남습니다. 저커버그가 그 맛에 반해 페이스북 본사에 임대료를 받지 않고 입점을 시켜줬다는 얘기도 있습니다. 샌프란시스코에서 시작한 이 커피 브랜드는 핸드드립으로 만든 커피만 판매합니다.

그림 20 필즈커피 매장과 시그니처 메뉴인 민트 모히토

맛은, 음 글쎄요. 저는 이곳의 시그니처 메뉴라 불리는 민트 모히토를 주문해 먹어보았는데 제 취향은 아니더군요. 정말 '살아 있는' 큰 민트 잎을 커피 위에다 잔뜩 올려주는데요. 저와 달리 민트를 좋아하는 사람이라면 청량감이 독특한 필즈커피를 좋아했을지도 모르겠습니다. 비록 제 마음을 사로잡진 못했지만, 저커버그의 사랑을 듬뿍 받을 수 있었던 것은, 필즈커피가 원 재료의 시각적 차별화를 통해 경쟁자들이 갖지 못하는 남다른 매력을 발산했기 때문일 것입니다.

그런데 브랜드가 차별화의 수단으로 활용하려는 원 재료가 필즈커피가 사용한 민트처럼 맛과 향이 강렬하고 시각적으로 선명한 재료가 아니라면 어떻게 할까요? 미국의 3대 햄버거 브랜드 가운데 하나인 파이브 가이즈FIVE GUYS 가 답을 제시해줍니다.

오감을 통한 감각적 경험의 추억

_____ 파이브 가이즈는 땅콩 오일로 고기 패티를 굽고, 감자를 튀겨 더 고소한 맛을 느낄 수 있다는 점을 차별화의 포인트로 강조합니다. 하지만 저처럼 미각이 둔한 사람은 다른 햄버거 집의 패티나 감자와 비교했을 때 큰 차이를 못 느낄 수 있습니다.

따라서 파이브 가이즈는 이러한 문제를 해결하고자 땅콩 포대를 매장 가운데에 층층이 쌓아둡니다. 그러고는 틑어진 포대 하나에 볶은 땅콩을 가득 담아두고, 고객들이 주문한 수제 햄버거가 완성될 때까지 기다리면서 무료로 먹을 수 있도록 했습니다. 무료 시식

의 즐거움뿐 아니라 매장 내
잔뜩 쌓아놓은 땅콩들을 보
는 시각적인 즐거움이 파이
브 가이즈의 보이지 않는 원
재료의 차별화를 도드라지게
만들어주었습니다.

시각 정보 못지않게 오감
마케팅에 가장 많이 활용되
고 있는 것이 청각 정보입니

그림 21 **파이브 가이즈에 전시된 볶은 땅콩**

다. 눈에 비해 귀는 나쁜 정보를 쉽게 통제하기 힘들기 때문에 자극
에 예민하게 반응하는 경향이 있습니다. 보기 싫은 것은 눈을 감으
면 쉽게 해결되지만, 소음을 완전히 차단하는 것은 쉽지 않습니다.
층간소음과 같이 생각만 해도 몸서리치게 하는 괴로운 청각 정보들
이 있습니다. 청각 정보는 시각 정보와 결합해 소비자에게 특별한
경험을 제공할 때 자주 활용됩니다. 명품 의류 브랜드인 아르마니
Armani 가 두바이에서 운영하는 아르마니 호텔이 좋은 예입니다[51].

이곳은 디자이너 조르지오 아르마니가 모든 가구와 소품을 디자
인헌 것으로도 유명하지만, 섬세한 오감 브랜딩을 체험할 수 있는
공간으로도 잘 알려져 있습니다.

예를 들어, 객실 창문을 통해서 두바이의 명물이라 불리는 부르즈
칼리파의 멋진 분수쇼를 볼 수 있습니다. 하지만 음악에 맞춰 춤을

---

51   김지헌·김상률 지음, 《브랜드 여행-세계 여행에서 발견한 브랜드의 비밀》, 2020, KMAC, pp.136~141.

추는 이 분수대를 눈으로만 볼 수 있을 뿐, 정작 창문이 닫혀 있어 음악은 들을 수가 없습니다. 따라서 투숙객이 분수쇼를 온전히 즐길 수 있도록 하기 위해 객실에 태블릿을 비치하고 외부와 연결해 분수쇼의 음악을 들을 수 있도록 배려했습니다. 고객에게 더 나은 경험적 혜택을 제공하기 위해 노력하는 것이죠.

시리얼로 유명한 켈로그는 소리연구소를 운영하고 있습니다. 소비자가 시리얼을 주로 졸린 눈을 비비며 일어나 아침에 먹는다는 점을 감안하여, 잠에서 깨어 힘차게 하루를 시작할 수 있도록 도와주는 크런칭 사운드를 개발하고 유지하기 위해서라고 합니다.

같은 맥락에서 할리데이비슨은 소음연구소를 운영합니다. '덜덜덜' 하는 오토바이 엔진 소리가 일반인에게는 소음처럼 들릴 수 있지만, 할리데이비슨을 좋아하는 사람들에게는 자유로운 도시를 누비는 말발굽 소리처럼 들린다고 합니다. 그래서 할리데이비슨의 소음연구소에서는 전 세계 각지의 소음 규제를 피하면서도 고유한 소리를 유지하기 위해 연구하고 있습니다.

주로 시각과 청각 정보에만 한정되었던 과거의 오감 마케팅 전략과 달리, 최근에는 후각과 촉각 정보를 이용한 마케팅이 새로운 전략으로 주목받고 있습니다. 특히 후각 정보는 다른 감각 정보와 달리 개인의 정서적 감정에 직접적으로 작용한다는 특징이 있습니다. 우리는 가끔 어떤 향기를 맡을 때 과거의 경험을 자연스레 떠올리며 다양한 정서적 감정을 느끼게 됩니다.

예를 들어 SRT 수서역에 가면 문을 여는 순간 삼송빵집의 향긋한 빵 냄새가 콧속을 파고듭니다. 그리운 사람을 만나러 가는 길에 느끼는 이 빵 냄새는 자연스레 저를 계산대로 이끕니다. 이후 기차역이 아닌 다른 곳의 삼송빵집을 방문해 비슷한 빵 냄새를 맡으면 좋은 추억들이 떠올라서인지 왠지 마음이 따뜻해지는 느낌이 듭니다.

최근 밀레니얼 세대 300명을 대상으로 진행한 조사 결과에 따르면[52], 여행 시 숙소에서 좋은 냄새가 나는 것이 중요하다는 응답이 전체 인원의 85퍼센트였고, 좋은 냄새가 났던 곳을 재방문할 의사가 있다는 응답이 88퍼센트나 되었습니다. 호텔스닷컴은 이러한 조사결과를 반영해 레오엘Leoel과 협업하여 여행 기억을 떠올리게 하는 방향제인 '오 드 홀리데이Eau de Holiday'를 출시하기도 했습니다.

최근 호텔, 서점, 마트 등 대형 건물의 1층 매장에 빵집이나 커피 매장을 함께 두는 것도 바로 이런 후각 마케팅을 위한 것이라 할 수 있습니다. 후각 마케팅은 다양한 상황에서 쉽게 활용될 수 있습니다.

이사할 집을 이미 구했는데 본인의 집이 팔리지 않아 고민했던 지인이 썼던 방법은 집을 구경하러 오는 시간에 맞춰 커피를 내리는 것이었습니다. 그 덕분인지 명확하지는 않지만 어쨌든 집을 보러 오는 사람들에게 좋은 인상을 남길 수 있었고 성공적으로 집을 매매할 수 있었습니다.

교보문고가 2018년 5월 출시한 '책 향The Scent of Page'이라는 향 제품도 전형적인 후각 마케팅의 사례입니다. 고객이 오프라인 교보

---

52   〈어디 호텔서 맡았더라~〉… 밀레니얼 4명 중 3명은 향기로 여행지 추억, 방영덕 기자 (2020.12.7.), 매일경제.

문고를 방문할 때 나무 숲속을 거니는 느낌을 주기 위해 2015년에 개발했던 향이 큰 인기를 끌자, 이를 이용해 향초, 디퓨저, 방향제 등을 출시하게 된 것입니다.

한편 촉각 정보는 경험의 깊이가 깊어 오랫동안 소비자의 기억에 각인되는 효과가 있습니다. 몇 해 전 초등학생인 아이를 데리고 일본 오키나와에 있는 츄라우미 수족관에 다녀왔습니다. 매장에 들어선 지 얼마 되지 않아 얕은 물에 놓인 여러 가지 모양의 산호가 보였습니다. 아이들이 삼삼오오 모여 산호를 만져보고 사진을 찍어달라고 야단법석이었죠. 물론 조금 더 들어가다보면 매우 이국적이고 낯선 다양한 해양 생물들도 볼 수 있습니다.

하지만 그 당시 어떤 물고기를 보았는지 지금은 전혀 기억나지 않습니다. 오히려 아무 생물도 없는 물의 온도를 느낄 수 있도록 만든 빈 어항이 기억에 남습니다. "9도 시, 600미터 깊이의 오키나와 물고기들이 살고 있는 물의 온도를 느껴보세요"라는 안내문과 함께 있던 그 어항. 츄라우미를 다녀온 후 아이에게 가장 기억에 남는 것을 물어보았습니다. 압도적으로 큰 규모의 고래나 돌고래와 상어 쇼 등이 아니었습니다. 바로 입구에서 만져본 산호와 물의 온도를 느껴볼 수 있었던 어항이었습니다.

이처럼 촉각 정보는 한번 경험하면 쉽게 잘 잊히지 않습니다. 미국 여행 중 '핫 앤 주시 크로피시Hot n Juicy Crawfish'라는 루이지애나 스타일의 남부 음식을 파는 레스토랑을 방문한 적이 있습니다. 이곳은 각종 야채와 해산물을 넣고 푹 쪄서 비닐봉지에 담아줍니다. 그러고는 비닐 장갑을 끼고 손으로 뜨거운 옥수수와 새우를 꺼내 먹습니다. 선택 가능한 여러 소스 중 저는 매콤한 양념 소스를 주문했는데, 새우를 손으로 잡았을 때 느껴지는 따스함과 혀끝에서 느껴지는 알싸한 맛이 조화를 이루며 지금도 그 레스토랑이 기억에 많이 남습니다.

그림 22 **오키나와 츄라우미 수족관 물온도 체험**

글쎄요, 이곳의 음식들을 고급스러운 그릇에 담아 칼과 포크를 이용해서 먹었더라면 지금도 생생한 그날의 기억이 남아 있을까요?

제품의 무게도 소비자가 지각하는 가치수준에 영향을 미칠 수 있습니다. 연구 결과에 따르면 소비자는 음식을 먹을 때 무거운 식기를 사용하면 음식을 좀 더 긍정적으로 평가하고 더 높은 가격을 지불할 의도가 있는 것으로 나타났습니다[53].

무게를 활용한 촉감 마케팅의 대표적인 사례로 '닥터드레' 헤드폰이 자주 언급됩니다. 미국 헤드폰 시장의 약 40퍼센트 이상을 차지하고 있는 닥터드레 헤드폰을 분해해보았더니, 특별한 기능이 없는 무거운 금속 조각이 여러 개 들어 있었다는 일화는 유명합니다. 이

53   찰스 스펜스 지음, 윤신영 옮김, 《왜 맛있을까》, 어크로스, 2018, pp.170~171.

는 제품을 고급스럽게 느끼도록 하기 위해 의도적으로 무게를 조절한 것으로 보입니다.

소비자가 지적 즐거움을 느끼는 순간

_____ 한편 감각적 즐거움뿐 아니라 예상하지 못했던 참신한 아이디어를 접할 때 느끼는 '소비자의 지적 즐거움epistemic pleasure'도 넓은 의미에서 보면 경험적 혜택의 한 유형이라 볼 수 있습니다[54]. 셰스Jagdish N. Sheth 교수는 지적 즐거움을, '호기심을 유발하고 참신함을 제공하며 지식에 대한 욕구를 만족시켜주는 것'으로 정의했습니다.

우리는 흔히 고정관념을 깨는 참신한 아이디어를 접할 때 무릎을 치며 감탄하게 됩니다. 바로 지적 즐거움을 느끼는 순간이죠. 보통 경매는 어떤 방식으로 진행이 되나요? 낮은 가격에서 시작해서 가장 높은 가격을 제안한 사람에게 낙찰되는 방식입니다. 그런데 이러한 경매 상식을 깨고 최고가에서 시작해 점점 가격이 낮아지는 방식, 이른바 역경매를 이용한다면 어떨까요?

예를 들어 홈쇼핑에서 예쁜 다이아몬드 반지 다섯 개를 한 시간 동안 판매한다고 가정합시다. 시작가는 하나에 2000만 원입니다. 쇼호스트는 반지의 장점에 대해 10분 동안 자세히 설명한 뒤, 지금

---

54   경험적 혜택은 오감의 즐거움을 주로 얘기하지만 지적 즐거움(epistemic pleasure)도 결국 오감으로 받아들인 정보를 해석하는 과정에서 발생하는 즐거움이라는 측면에서 저는 경험적 혜택에 포함시켰습니다.

주문하라고 외칩니다. 하지만 주문이 없습니다. 그럼 10퍼센트 할인된 1800만 원이 됩니다. 또 10분 후 주문이 없으면 20퍼센트 할인된 1600만 원이 되죠. 지켜보는 시청자의 마음은 어떨까요? 조금만 기다리면 가격이 더 떨어지겠지만, 판매되는 제품 수가 다섯 개밖에 안 됩니다. 누군가 먼저 주문해서 가져간다면 기회를 놓칠 수 있습니다. 따라서 시청자들은 언제 주문해야 할지 망설이며, 마치 게임을 하듯 역경매의 긴장감을 즐깁니다.

제가 조금 각색을 하긴 했지만, 실제로 젬스 TV GEMS TV 라는 태국의 주얼리 회사가 사용하는 판매방식입니다. 이처럼 상식을 파괴하는 참신한 아이디어는 소비자에게 특별한 경험의 기회를 제공합니다.

해외 소비자를 주요 타깃으로 하는 온라인 쇼핑몰인 케이몰24 Kmall24 는 2016년 낮은 인지도를 극복하기 위해 케이팝 음반을 주문하는

그림 23 케이몰24의 한글이름 액자 캠페인. 출처: 유튜브 캡처

외국인을 대상으로 깜짝 선물 이벤트를 진행했습니다. 주문자의 영문이름을 소리 나는 대로 한글 표기한예, 슈콴카이 액자를 사은품으로 보낸 것이죠. 전혀 예상하지 못했던 참신한 선물에 감동한 해외 소비자들이 고객센터에 감사인사를 보내는가 하면, 주문한 제품의 포장을 뜯고 자신의 한글 이름이 적힌 액자를 보며 감동하는 모습을 담은 유튜브 영상unpacking video 을 소셜미디어에 공개했습니다. 덕분에 케이몰24는 낮은 인지도를 극복하고 자신의 이름이 한글로 어떻게 쓰이는지 호기심을 가진 여러 신규 고객을 유치할 수 있었습니다.

독일의 베를린에서 시작되어 코펜하겐, 파리, 바르셀로나, 암스테르담, 마드리드, 포르투 등 유럽의 수많은 도시를 돌며 제작되는 독특한 패션브랜드가 있습니다. 바로 '로브드루크린Raubdruckerin'입니

그림 24 **로브드루크린의 독특한 제작방식. 출처: 브랜드 홈페이지**

다. 티셔츠, 토트백 등을 판매하는데 제작 방식이 아주 독특합니다. 100퍼센트 친환경 안료를 맨홀 뚜껑이나 철도 레일 등에 바른 후 판화를 찍듯이 옷이나 면가방에 찍어내는 방식입니다. 반팔 셔츠 하나에 49유로약 6만 6000원로 저렴한 가격은 아니지만, 참신한 아이디어가 화제를 불러오며 젊은 층에게 인기가 높다고 합니다.

저는 한국에서도 한번 해보면 어떨까 하는 생각이 들었습니다. 세계 어디에서도 볼 수 없는 독특한 문양으로 전 세계 젊은이의 마음을 사로잡을 수도 있을 것입니다.

지금까지 우리는 기능적·상징적·경험적 혜택에 대해 살펴보았습니다. 이 세 가지 유형의 혜택은 브랜드의 콘셉트를 고민할 때 자주 언급되는 전형적인 혜택입니다. 그런데 최근 소셜미디어를 중심으로 '공생'과 '공정'의 가치가 중요해지면서, 새로운 두 가지 유형의 혜택이 주목받고 있습니다. 바로 이타적 혜택과 자존적 혜택입니다. 이제 이 두 가지 혜택에 대해 좀 더 구체적으로 살펴보도록 하겠습니다.

사회에 기여하는 브랜드를
더 선호한다

09

이타적 혜택

소비자의 죄책감을 자극하다

_____ 이타적 혜택은 순수하게 타인을 돕고 싶어하는 소비자의 욕구를 충족시켜주는 것을 의미합니다. 누군가를 돕는다는 사실을 과시하려는 의도가 전혀 없는 내적 동기라는 점에서 상징적 혜택과 차별됩니다.

예를 들면, 2016년 설립된 이지앤모어 ease & more 는 저소득층 아이들이 신발 깔창을 생리대로 쓰는 문제를 해결하고자 모어박스를 하나 구매하면 소녀들에게 생리용품이 담긴 이지박스를 기부하는 캠페인을 펼쳐 큰 호응을 얻었습니다. 자신의 기부 사실을 소셜미디어를 통해서 알리는 사람도 있지만 물론 단순한 과시가 아닌 더 많은 사람들이 참여할 수 있도록 독려하기도 함, 많은 사람이 소녀들의 딱한 사연을 듣고 소리 없이 기부했다는 점에서 이타적 혜택과 관련된 사례라 할 수 있습니다.

미국 올랜도에 있는 유니버셜 스튜디오 놀이공원을 갔을 때 일입니다. 놀이기구를 끔찍이도 싫어하는 저는 해리포터 공원에서 아이와 엄마가 무시무시한 기구를 타러 간 동안 잠시 거리를 거닐고 있었습니다.

이때 갑자기 작은 야외 무대에 깜짝 공연을 하기 위해 입장하는 뮤지컬 배우들의 모습을 보며 발걸음을 멈췄습니다. 물론 공연은 매우 신나고 재밌었지만 공연 내내 제 눈길을 끈 것은 매력적인 여배우가 아닌, 무대 오른쪽 구석에 파란색 셔츠를 입고 있는 건장한 남성이었습니다〈그림 25〉왼쪽 참조. 그분은 청각 장애인을 위해 수화를 하는 분이었습니다. 놀이기구를 타지 못하는 제가 비싼 입장료를 내고 들어왔다고 투덜거렸는데, 그 모습을 보니 입장료가 전혀 아깝지 않았습니다. 제가 낸 입장료가 꼭 필요한 곳에 쓰이고 있다고 느껴진 것이죠.

미국이란 나라가 사회적 약자에 대한 배려가 남달라서인지 디즈니월드에 갔을 때에도 수없이 많은 장애인이 휠체어를 타고 온 모습을 보고 놀란 적이 있습니다. 한국의 놀이동산에서는 거동이 불편한 장애인을 거의 보지 못했고 함께 놀이기구를 탄 기억이 없기 때문입니다.

저는 미국에서 동네를 산책할 때 한국에서는 한번도 보지 못한 흥미로운 도로 사인을 본 적이 있습니다〈그림 25〉 오른쪽 참조. 멀리서 볼 때는 공사 중이라는 사인인 줄 알았는데, 가까이에서 보니 "슬로 SLOW"라고 적혀 있었습니다. 근처에서 아이들이 놀고 있으니 운전자들에게 속도를 늦춰달라는 신호였습니다. 실제로 주변을 돌아보니 어린아이들이 마음껏 뛰어다니며 놀고 있었습니다. 이 사인을 본 차들이 매우 느리게 지나가는 모습을 본 저는 아이들의 안전이 걱정되지 않았습니다.

앞서 상징적 혜택의 핵심 키워드가 '희소성'이라고 얘기했는데, 이타적 혜택의 핵심 키워드는 '죄책감'입니다. 아이를 위해 'SLOW 사인'을 구매하지 않았을 때 좋은 부모가 될 수 없을 것 같은 죄책감이 강력한 구매 유인 동기가 될 수 있습니다.

이타적 혜택은 반드시 사람을 대상으로만 작용하는 것은 아닙니다. 때로는 동물이 대상이 되기도 합니다. LG U+는 반려동물에 대한 죄책감을 유발시키는 동영상 광고를 통해 IoT 서비스의 가입자

그림 25 유니버설 스튜디오 야외공연 시 수화. SLOW 사인

를 늘리고자 했습니다. 광고에는 자장가를 불러주면 잠이 드는 '히릿'이라는 강아지가 등장하는데, 주인이 늦게 퇴근하는 바람에 잠들지 못하고 꾸벅꾸벅 졸았습니다. 그러다 히릿이 디스크에 걸리게 되자 주인은 심한 죄책감에 빠집니다. 하지만 IoT 홈서비스에 가입한 뒤 주인은 퇴근이 늦더라도 히릿의 행동을 멀리서 지켜보며 자장가도 불러주고 돌볼 수 있게 되어 반려견에 대한 미안함이 줄어든다는 내용입니다. 동영상 광고[55]의 마지막 장면에는 서울특별시 수의사회 공식 추천 반려동물 IoT라는 문구와 함께 상품을 소개하고 있습니다.

2018년 출시된 애완동물 피트니스 로봇Pet Fitness Robot인 '바람Varram'도 시간이 부족해 함께 산책하고 놀아주지 못하는 주인의 죄책감을 덜어주기 위한 제품입니다. 99달러약 11만 원에 판매되는 이 로봇은 배터리 완충 시 열 시간 동안 움직이며 강아지와 놀아줄 수

55   동영상 광고의 제목: '자장가의 비밀: 반려동물을 걱정하는 반려동물주들을 위해…'.

있다고 합니다. 또한 푸드 디스펜서가 장착되어 가끔씩 강아지에게 간식을 주기도 합니다. '히릿'과 '바람'의 사례에서 알 수 있듯이, 소비자의 죄책감을 자극하면 이타적 혜택을 제공하는 브랜드들의 성공 가능성이 높아질 수 있습니다.

그림 26 펫 피트니스 로봇

모두가 잘 사는 세상을 꿈꾸는 공생의 가치

_____ 한편 이타적 혜택은 소수가 다수를 지배하는 사회가 아닌, 모두가 함께 더불어 잘 살 수 있는 세상을 꿈꾸는 공생共生: Symbiosis 의 가치와 관련이 높습니다.

영국의 슈퍼마켓 체인인 모리슨Morrisons 의 490여 개 매장에서는 매주 토요일 오전 매장의 조도를 낮추고 음악소리를 줄여 자극에 민감한 자폐증 환자의 쇼핑을 배려하고 있습니다. 얼핏 보면 일반인은 다소 불편할 수 있어 부정적인 반응을 보일 수 있다고 생각되지만, 모리슨을 방문한 고객들은 이타적 혜택을 느끼고 오히려 이를 응원합니다.

일본에서는 20여 명의 치매 노인이 종업원으로 근무하는 '주문실 수 레스토랑ᵀʰᵉ ʳᵉˢᵗᵃᵘʳᵃⁿᵗ ᵒᶠ ᵒʳᵈᵉʳ ᵐⁱˢᵗᵃᵏᵉˢ'이 문을 열어 화제가 되었습니다. 레스토랑의 이름에서 알 수 있듯이 주문에 실수가 넘쳐나지만 이를 불평하는 사람들은 거의 없다고 합니다. 요양원에 갇혀 지내던 치매 노인들이 세상 밖으로 나와, 함께 살 수 있는 공간을 만들어준 노력에 모두가 공감하기 때문입니다.

여담이지만 치매라는 용어는 어리석을 치痴와 어리석을 매呆를 결합한 것으로 의미가 좋지 않습니다. 일본은 인지증認知症, 대만은 실지증失智症, 홍콩은 뇌퇴화증腦退化症과 같이 증상에 기반한 명칭을 사용합니다. 우리나라도 오래전부터 이름을 바꾸기 위해 여러 차례 법 개정을 추진했지만, 혼란과 불편을 줄 수 있다는 이유로 번번이 기각되었습니다[56]. 개인적으로는 조속히 개명이 이루어져 환자들을 바라보는 관점이 개선될 수 있기를 희망합니다.

그림 27 **모리슨 매장의 자폐환자들을 위한 쇼핑 시간 안내**

---

56   〈어리석다는 의미의 치매, 이름 못 바꾼 이유는 뭘까?〉, 최봉영 기자 (2019.4.19.), 디멘시아뉴스.

어쩌면 진정한 공생은 사회적인 약자를 배려하는 것이 아니라 이들이 가진 강점을 온전히 발현시켜 사회에 더 이바지할 수 있는 기회를 주는 것인지도 모릅니다.

다운증후군을 앓고 있는 호주의 20대 여성인 에마 리남은 청력도 약한 데다 문맹입니다[57]. 이 여성의 부모는 자식이 과연 부모의 도움 없이도 경제적인 어려움 없이 살아갈 수 있을지 늘 걱정이었습니다. 하지만 놀랍게도 '기밀문서 파기가'로서의 역량을 발휘하며 네다섯 개 업체의 러브콜을 받고 있다고 합니다. 그녀는 다운증후군 환자들의 특성인 성실함을 갖추었으며, 비밀문서를 읽지도 듣지도 못하기 때문에 대외비의 유출위험이 낮기 때문입니다.

이처럼 순수하게 누군가를 도와주려는 이타적 혜택이 단순한 기부에 그치기보다 사회적 약자들의 장점을 끌어내 이들이 우리와 함께 잘 살 수 있는 환경을 조성해줄 때 모두가 진정 행복해질 수 있다고 생각합니다.

기업이 무엇을 만드는가 vs.
기업이 무엇에 신경 쓰고 있는가

_____ 필립 코틀러Philip Kotler 교수는 고객 가치 중심의 마케팅을 넘어서는 사회지향적 마케팅societal marketing 의 필요성을 강조

57　〈단점을 장점으로⋯ '기밀문서 파기 전문가' 된 문맹 다운증후군 여성〉, 방승언 기자 (2015.9.25.), 나우뉴스.

하면서 다음과 같이 말했습니다.

"사람들은 이제 당신이 무엇을 만드느냐가 아닌 당신이 무엇에 신경을 쓰느냐에 관심이 있다. 신경 쓰는 대상이 단기적인 이윤 증가뿐 아니라 자신, 즉 소비자이자 인류 공동체의 일원인 이웃이기를 바란다."

이는 소비자가 기업과 관계를 맺을 때 기업이 사회에 어떤 기여를 하고 있는지 평가하여, 그 평가 결과를 반영하는 것을 의미합니다. 즉, 소비자는 사회에 더 많이 이바지하는 기업과 더 긍정적인 관계를 맺고 거래를 지속함으로써 이타적 혜택을 추구하는 것이죠.

여기서 잠깐 사회지향적 마케팅과 관련된 몇 가지 용어들CSR, CSV, 사회적 기업에 관해 살펴보도록 하겠습니다. 먼저 공유가치의 창출Creating Shared Value, 즉 CSV는 기업의 사회적 책임활동Corporate Social Responsibility; CSR 이 가지는 한계를 벗어나기 위해 도출된 개념입니다[58]. CSR은 기업이 이윤을 추구하는 과정에서 직/간접적으로 사회에 미친 부정적인 영향예. 환경오염에 대한 책임감으로 수익의 일부를 기부하는 개념입니다. 물론 장기적으로는 기업 이미지 제고를 통해 더 많은 수익창출에 도움이 될 수 있죠. 하지만 CSR은 기업이 수익을 내지 못하면 지속될 수 없는 한계가 있습니다

반면 CSV는 기업이 이윤을 추구하는 '과정'에서 사회 구성원과 가치를 공유하는 것을 의미합니다. 따라서 수익 여부와 상관없이 기업이 지속적으로 비즈니스 활동을 하는 한 사회에 공헌할 수 있습

---

58   Porter, M. & Kramer, M. (2011). "Creating Shared Value", *Harvard Business Review*, pp.1~17.

니다. 포터M. Porter 교수는 코트디부아르 코코넛 농장의 사례를 들면서 이익의 일부를 현지 생산자와 나누는 공정무역fair trade의 CSR은 단지 20~30퍼센트 정도만 생산성이 향상될 수 있지만, 생산자에게 재배기술을 제공하고 설비투자를 하는 CSV는 생산성을 300퍼센트나 향상시킬 수 있다고 주장합니다. 학자들에 따라서는 CSR이 CSV를 포함하는 더 넓은 개념이라 해석하고, CSR을 적극적으로 하는 기업을 '사회적 기업'이라 언급하기도 합니다.

하지만 엄밀히 따져보면 CSR을 적극적으로 하는 기업을 전부 사회적 기업이라고 할 수는 없습니다. CSR을 적극적으로 하는 기업의 목적이 여전히 이윤 추구에 있는 반면, 사회적 기업의 목적은 사회 공헌이기 때문입니다.

이제, 잘 이해하셨는지 질문을 하나 드려볼게요. 오랫동안 새 책만 판매하던 온라인 서점이 중고서점을 오픈했습니다. 이 서점은 CSR, CSV, 사회적 기업 중 어디에 해당될까요? 중고서점은 한번 읽고 버려지는 책들을 회수하여 중고 책으로 판매함으로써 기업의

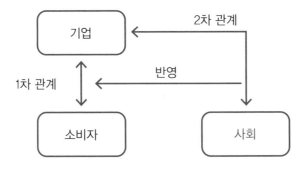

그림 28 **사회지향적 마케팅**

이윤을 추구하는 과정에서 일어나는 사회적 문제 즉, 종이자원 낭비 를 해결하고 있습니다. 수익의 일부를 사회에 환원하는 것이 아니라 이윤 추구 활동 과정에서 사회적인 가치를 공유한다는 점에서 CSR보다는 CSV에 가깝다고 할 수 있습니다. 또한 조직을 설립한 목적이 사회적인 문제를 해결하고자 하는 것은 아니기 때문에 사회적 기업이라 할 수는 없습니다.

지금까지 CSR, CSV, 사회적 기업의 차이에 대해 설명드렸습니다. 사실 용어의 차이를 구분하는 것보다 더 중요한 것은, 이제 기업이 타깃 고객에만 집중해서는 경쟁에서 도태될 수밖에 없다는 사실입니다. 〈그림 28〉에서 보는 바와 같이 마케팅의 본질인 지속적인 가치 교환을 할 수 있는 소비자와 긍정적인 관계를 형성하기 위해서는, 소비자가 기업과 관계를 맺을 때 기업이 사회와 맺고 있는 관계를 반영한다는 사실을 잊지 말아야 합니다. 소비자는 사회에 이바지하는 기업의 제품을 적극적으로 구매하면서 이타적 혜택을 충족시키고자 하기 때문입니다.

손해 보더라도 의리 지키는
소비자의 심리

자존적 혜택

경쟁 브랜드의 팬을
내 편으로 만드는 전략

_____ 자존적 혜택은 자신의 가치관과 일치하는 소비를 하기 위해 경제적 이익을 포기할 때 소비자가 느끼는 만족감을 의미합니다. 소비자는 평소 아끼고 좋아하던 브랜드가 위기에 처했을 때, 휙 돌아서는 것이 아니라, 다소 손해를 감수하고라도 마지막 순간까지 브랜드를 지켜내기 위해 노력하기도 합니다. 브랜드가 내게 준 것에 감사하며, 나도 브랜드를 위해 뭔가를 하려는 브랜드 공명 brand resonance 이 일어나는 것이죠. 이는 소비자를 브랜드의 팬으로 만드는 팬덤 마케팅의 궁극적인 목표라 할 수 있습니다.

일반적으로 충성고객이라 불리는 사람들 중에는 습관적인 구매나 마땅한 대안이 없어 불만족스러운데도 반복적으로 구매하는 사람들이 적지 않습니다. 브랜드 팬들은 이와 달리 경쟁 브랜드의 온갖 구애와 유혹을 이겨내고 해당 브랜드를 떠나지 않는 의리를 보여주는 사람들입니다. 의리는 사회적으로 존중받는 삶의 태도이자 가치라는 인식 때문에 소비자는 손해를 보더라도 의리를 지킬 때 심리적인 만족감을 얻을 수 있습니다.

그렇다면 소비자가 경쟁 브랜드에 대해 의리로 단단히 굳은 마음을 녹일 수 있는 방법은 없을까요? 사실 경쟁 브랜드의 팬을 우리 브랜드의 팬으로 바꾸는 것은 매우 어렵습니다. 하지만 그 사이를 비집고 들어갈 수 있는 틈이 보이는 타이밍을 잘 잡으면 불가능하지만은 않습니다. 사회심리학자인 로버트 치알디니 교수의 《초전설득》이란 책에 소개된 사례를 통해 이와 관련된 힌트를 얻을 수 있습니다[59].

9·11 사건 직후 붙잡힌 오사마 빈 라덴의 경호팀장이었던 아부 잔달Abu Jandal에 대한 얘기입니다. 아부 잔달은 심문을 받는 내내 서방 국가들에 대한 비난을 쏟아내며, 자신이 몸담았던 알카에다 조직에 대한 의리를 지키며 어떠한 정보도 알려주지 않았다고 합니다. 오히려 심문관들에게 자신의 종교와 조직에 대한 설교만 잔뜩 늘어놓았던 것이죠.

이때 아부 잔달의 식사하는 모습을 유심히 관찰하던 심문관은 그가 다른 음식과 달리 쿠키에는 전혀 손대지 않는다는 사실을 알게 되었습니다. 그가 오래전부터 당뇨병을 앓고 있었기 때문이죠. 이 사실을 발견한 뒤 다음 심문 때부터 아부 잔달에게 당뇨병 환자들도 안심하고 먹을 수 있는 무설탕 쿠키와 차를 제공했다고 합니다.

놀랍게도 이 작은 배려를 계기로 아부 잔달의 닫혔던 마음이 열렸습니다. 그리하여 9·11 테러의 납치범이 누구인지, 알카에다는 어떻게 운영되는지에 관한 각종 정보를 알려줬다고 합니다. 위기에 처한 상대에 대한 존경과 작은 디테일을 통한 감동이 큰 변화를 만들어낸 것이죠.

경쟁 브랜드를 소비하는 사람들을 진정으로 우리 고객으로 만들고 싶다면, 이들을 비난하지 않고 진심으로 이해하고 존경하는 모습을 보여야 합니다. 또 경쟁 브랜드가 위기에 처한 순간 달콤한 사탕

---

59   로버트 치알디니 지음, 김경일 옮김, 《초전설득─절대 거절할 수 없는 설득 프레임》, 21세기북스, 2018, pp.238~239.

으로 이들을 유혹할 것이 아니라 이들과 공감하는 태도에서 비롯된 작은 디테일로 감동을 줄 필요가 있습니다. 물론 적토마를 선물받고도 유비에게 떠나는 관우의 뒷모습을 바라보는 조조의 심정을 느낄 수도 있습니다. 하지만 이 은혜를 갚기 위해 관우가 곤경에 빠진 조조를 살려준 것처럼, 적어도 우리 브랜드가 위기에 처했을 때 기회라 생각하고 목숨을 앗아가는 일은 없을 것입니다.

불매를 통해 브랜드를 처벌하는 선택

─────────── 자존적 혜택은 구매뿐 아니라 불매를 통해 얻는 소비자의 만족감을 의미하기도 합니다. 여러분과 간단한 게임을 하나 해보도록 하죠[60]. 게임 진행방식은 아주 간단합니다.

먼저 일면식이 없는 두 명이 한 팀을 구성합니다. 제가 한 팀당 10만 원을 드리면, 상대방이 이 돈을 어떻게 배분할지를 결정해서 여러분에게 제안할 것입니다. 여러분은 이 제안을 받아들일지 거절할지만 결정하면 됩니다. 만약 여러분이 제안을 받아들이면 배분한 금액을 받을 수 있지만, 거절하면 두 사람 다 빈손으로 돌아갑니다. 기회는 단 한 번뿐이며 상대방과 사전 협상은 허락되지 않습니다.

자, 이제 상대방이 여러분에게 10만 원을 9 대 1의 비율로 나누자는 제안을 합니다. 이 제안을 수락하면 만 원을 받을 수 있지만, 거절하면 아무것도 받지 못합니다. 여러분은 어떤 선택을 할까요?

─────

60   안광호·곽준식 지음. 《행동경제학 관점에서 본 소비자 의사결정》, 2011, 학현사, pp.250~253.

사실 이 게임은 행동경제학자들이 인간의 비합리적 의사결정을 보여주기 위해 만든 '최종 통첩게임 Ultimatum Game'이라 불리는 실험 방법입니다. 고전경제학자들의 주장에 따르면 인간은 언제나 합리적인 의사결정을 하기 때문에, 상대가 제안한 금액이 0원이 아닌 이상 어떤 제안도 수락하는 것이 바람직합니다. 또한 이러한 사실을 아는 상대는 거의 0원에 가까운 제안을 하여 자신의 이익을 극대화할 가능성이 높습니다.

하지만 실험 결과는 예상과 같았을까요? 그렇지 않았습니다. 20퍼센트 이하의 금액을 제안할 경우 절반 이상의 사람들이 제안을 거절하고 한 푼도 받지 않는 선택을 했습니다. 또한 제안자는 0원에 가까운 금액이 아닌, 평균적으로 약 46퍼센트 수준의 제안을 하는 것으로 나타났습니다. 이러한 비합리적인 의사결정은 참가자들의 성별, 나이, 교육수준 등과 무관하게 발생했습니다.

다만 자본주의 문화가 발달한 서구문화권에서는 제안 금액이 다소 낮은 약 26퍼센트였고, 집단주의 공동체 문화가 발달한 동양문화권에서는 다소 높은 약 50퍼센트로 차이가 있었습니다.

왜 이런 결과가 나타났을까요? 고전경제학에서 가정하고 있는 것처럼 인간은 한결같이 합리적으로 행동하는 이성적인 존재가 아니라, 감정에 따라 의사결정을 달리할 수 있기 때문입니다. 즉, 공정하지 못하다고 인식하는 경우 자신의 이익을 포기하더라도 상대방을 처벌함으로써 만족감을 느끼는 자존적 혜택을 추구하는 것이죠.

2008년 패션 브랜드인 막스앤스펜서 Marks & Spencer 는 빅 사이즈의 여성 속옷을 구매하면 추가로 2파운드약 3060원를 지불하도록 해 소비자들의 원성을 산 사건이 있었습니다. 소셜미디어를 중심으로 막스앤스펜서가 공정하지 못한 가격정책을 쓰고 있다는 비난이 일어나 브랜드 이미지에 치명적인 손실을 입었습니다. 이에 어쩔 수 없이 이 제도를 철폐하고 사죄의 의미로 모든 사이즈의 속옷을 일정기간 동안 25퍼센트 할인 판매했습니다.

하지만 공정하지 못하다는 논란은 쉽게 가시지 않았고 소비자의 불매운동으로 오랫동안 곤욕을 치러야 했습니다. 소비자는 25퍼센트 할인된 가격에 제품을 구매할 수 있음에도 이를 포기하고 자존심을 지키고자 한 것입니다.

패션 브랜드인 아베크롬비앤피치 Abecrombie & Fitch 는 외모차별과 인종차별로 악명이 높습니다. 매장 직원도 외모가 뛰어난 백인만 채용하고, 아베크롬비앤피치 모델들이 동양인을 비하하는 포즈를 취한 사진을 소셜미디어에 올려 비난받기도 했습니다. CEO 마이크 제스프리의 인터뷰 내용은 더 충격적입니다.

"뚱뚱한 사람들이 우리 브랜드를 사지 않았으면 좋겠다. 날씬하고 예쁜 사람들만 우리 고객이 되길 원한다."

이렇게 말하며, 실제 여성옷에서 엑스라지 X-Large 이상의 사이즈를 제외했다고 합니다. 또한 팔리지 않는 재고를 기부하면 아무나 옷을 입어 브랜드의 가치가 떨어진다며 불태워버리라는 지시를 했다고 합니다.

이에 분노한 어느 영화 제작자가 아베크롬비앤피치 중고제품을 대량으로 구매한 뒤 이를 노숙자들에게 나눠주었습니다. 이후 이 모습을 촬영한 영상이 유튜브에 공개되면서 화제가 되었습니다. 그 뒤 마이크 제스프리는 브랜드의 타깃 고객을 설명하는 과정에서 불쾌감을 준 것에 대해 유감으로 생각한다는 내용으로 〈사과문〉을 발표했지만, 여전히 많은 셀럽과 소비자가 이 브랜드의 불매운동에 나서고 있습니다.

이처럼 공정하지 못한 차별행위를 하는 브랜드는 오늘날 소비자의 자존적 혜택을 추구하는 욕구에 따라 시장에서 생존할 가능성이 낮아집니다.

지금까지 우리는 가치연쇄 모형의 제1단계인 가치 분석에 대해 살펴보았습니다. 이제 소비자의 가치를 분석한 내용을 기반으로 경쟁자와 차별적인 가치를 제안하는 제2단계인 가치 제안에 대해 살펴보도록 하겠습니다.

제 2 부

지금 소비자들이 선택하는 것

value proposition

가치연쇄 모형 제2단계

가치 제안

Marketing
Brain

경쟁사와는 다른 차별적 가치

＿＿＿＿＿＿＿＿＿＿ 소비자의 가치 분석 결과를 바탕으로 경쟁자와 다른 차별적 가치를 소비자에게 제공하겠다는 약속을 하게 되는데, 이를 가치 제안이라고 합니다. 소비자가 중요하게 생각하는 여러 가치 중 소비자에게 더 의미 있고 우리가 경쟁자보다 더 잘할 수 있는 가치를 제안할 때 소비자에게 선택받을 수 있는 가능성이 높아집니다. 이는 마음에 드는 이성을 발견했을 때, 상대의 마음을 사로잡기 위해서는 그(그녀)가 소중하게 생각하는 가치 예. 성격, 건강, 돈 등가 무엇인지 분석한 뒤, 자신의 차별화된 강점을 어필하는 것에 비유할 수 있습니다. 다른 사람이 아닌 '나'를 선택해야 하는 명확한 이유를 제시하는 것이 가치 제안의 핵심이라고 할 수 있습니다.

가치 제안은 마케팅에서 포지셔닝 positioning 전략과 관련이 많습니다. 포지셔닝은 말 그대로 위치를 잡는 것인데, 소비자의 마음속 특정 공간을 차지한 뒤 점을 찍고 깃발을 꽂아 내 영역을 표시하는 활동이라 할 수 있습니다. 소비자의 마음속에 X축과 Y축이 교차하는 좌표가 존재한다고 가정하면, 수많은 경쟁 제품 속에 우리 제품은 어느 곳에 점을 찍어야 할까요? 경쟁 제품과 차별화된 의미 있는 곳을 찾아, 웬만해서는 깃발이 흔들리거나 뽑히지 않을 만큼 깊숙이 깃발을 꽂아 넣어야 포지셔닝에 성공할 수 있습니다.

그런데 한 가지 주의할 점은 소비자의 마음속에 점을 찍을 때 경쟁 제품과 멀리 떨어진 곳으로 벗어나는 데에만 초점을 두어서는 안 됩니다. 그러면 좌표 구석에서 한참을 벗어나 소비자의 눈에 띄지 않거나 공감하기 힘든 곳에 점을 찍을 수 있기 때문입니다.

운전을 하다보면 안전을 위해 만들어놓은 과속방지턱이 때로는 불필요하게 높아 천장에 머리가 쿵하고 부딪히면서 깜짝 놀랄 때가 있습니다. 평지가 이어지는 길에서 과도하게 돌출된 방지턱은 분명 강한 주의를 끌 수는 있지만, 그 이유에 공감하기 어려운 경우 오히려 불쾌감을 줄 수 있습니다. 소비자의 마음속에 점을 찍을 때에도 긍정적인 이미지를 전달할 수 있으면서 공감할 수 있는 위치인가를 생각해보아야 합니다. 돈가스 집에서 황금가루를 뿌린 피클을 제공한다거나, 한번 먹으면 속이 다 뒤집어질 만큼 매운 고기 패티를 사용하는 것은 경쟁자와 차별은 되겠지요. 하지만 소비자의 공감을 얻기가 어렵습니다.

또한 모든 소비자의 마음속, 같은 위치에 점을 찍을 수 있다는 생각을 버려야 합니다. 영국의 작가 J.K. 롤링Joanne Kathleen Rowling 은 《해리 포터Harry Potter》를 출간하기 전 수많은 출판사로부터 거절을 당했습니다. 또한 300조 원 이상의 수익을 가져다준 책이지만, 세상의 모든 사람이 이 책을 좋아하지는 않았습니다.

예를 들면 《해리포터와 마법사의 돌》 책에 달린 2만 1000개의 후기 중 평점이 별 1개 또는 2개인 것이 무려 12퍼센트나 된다고 합니다[61]. 시장에서 대단한 인기를 누린 제품이라고 해서 모든 소비자가 유사한 수준의 높은 가치를 인식하지는 않습니다. 따라서 소비자의 마음속에 점을 찍는 포지셔닝을 하기에 앞서, 제품의 가치를 유사하게 인식하는 사람들끼리 묶어서 시장을 세분화한 뒤Segmentation

이들 중 우리 제품을 가치 있게 인식해줄 수 있는 집단을 설정해야
Targeting 하고 포지셔닝Positioning 해야 합니다. 마케팅에서는 이와 같
은 3단계 전략적 프로세스를 각각의 영문 첫글자를 따서 'STP 전
략'이라고 부릅니다.

두 가지 차별화 전략

_____ 앞서 소비자에게 더 나은 가치를 제공하기 위해서
는 경쟁제품보다 비용을 낮추거나 혜택을 높여야 한다고 말씀드렸
습니다. 물론 완벽하게 시장을 지배할 수 있는 가장 좋은 전략은 비
용을 낮춤과 동시에 혜택을 높이는 것이지만, 이는 현실적으로는 쉽
지 않습니다. 따라서 경쟁자와 유사한 수준의 혜택을 더 적은 비용
으로 제공하는 비용 중심의 차별화와 유사한 수준의 비용으로 더
많은 혜택을 제공하는 혜택 중심의 차별화가 일반적입니다.

두 가지 차별화 전략에 대해 구체적으로 논하기 전에 한 가지 부
탁을 드리고 싶습니다. 혼자가 아닌 여럿이 충분한 토의를 통해 최
대한 다양한 유형의 차별화 방법을 모색하되, 아이디어를 도출하는
단계와 평가하는 단계를 반드시 구분하시기 바랍니다. 아이디어 도
출과 평가가 함께 이루어지면 아이디어를 제안하는 사람이 위축되
어 도출되는 아이디어의 수가 크게 줄어들 위험이 있습니다. 뿐만
아니라, 참신하고 독특한 아이디어들이 실행되는 방법에 대해 구체
적인 논의를 하기도 전에 빛을 보지 못하고 조기에 사라질지도 모
릅니다.

그럼, 이제부터 비용 중심의 차별화와 혜택 중심의 차별화를 고민할 때, 아이디어 도출단계와 평가단계에서 각각 유용한 팁과 유의섬에 관해 구체적으로 살펴보도록 하겠습니다.

제1단계:

차별화 아이디어 도출

기업이 아니라 소비자의 문제를
해결해야 한다

11

비용 중심
차별화 전략

소비자는 남들이 많이 하는
행동을 따라 한다

_____ 비용 중심의 차별화를 위한 아이디어를 도출할 때에는 다음과 같은 몇 가지 고려사항이 있습니다.

첫째, 마케터는 기업의 문제가 아닌 고객의 문제를 해결하기 위한 차별화 전략을 고민해야 합니다. 최근 들어 첨단 기술을 도입해 소비자가 지각하는 여러 유형의 비용을 낮추기 위한 노력이 점차 확대되고 있습니다. 그런데 첨단 기술 도입이 고객의 비용이 아닌 기업의 비용을 낮추기 위한 것은 아닌지 자문해볼 필요가 있습니다.

라스베이거스의 어느 호텔에서 머무를 때의 일입니다. 웬만한 호텔에서는 찾아볼 수 없는 첨단 기술이 돋보이는 고급호텔이었습니다. 버튼 하나만 누르면 통유리를 덮고 있던 커튼이 자동으로 걷히며 화려한 야경이 눈앞에 펼쳐졌습니다. 하지만 호텔이 내세우는 모든 첨단 기능이 고객을 위한 것이 아닐지 모른다는 의심이 생겼습니다.

특히 냉장고에 있는 음식을 꺼내 먹으면 무게의 변화를 감지해 자동으로 과금하는 냉장고 센서는 과연 누구를 위한 것인가 하는 의문이 들게 했습니다. 저는 냉장고에 잘못 손대어 큰돈을 물어주었다는 신문기사를 본 적이 있습니다. 따라서 불안한 마음에 긴 여행을 떠나며 챙겨 온 음식들을 냉장고에 넣지도 못했습니다. 심지어 어린 아들에게 아침에 주려고 호텔 앞 편의점에서 사온 우유조차 넣기가 불안했습니다. 저에게는 이 첨단 기술이 고객이 아닌 호텔을 위한 시스템으로 보였습니다. 고객에게 불안감을 유발시키면서까지 과금의 편의성을 추구하는 호텔의 모습이 실망스러웠습니다.

오늘날에는 서로 앞다투어 첨단 기술을 도입하려고 경쟁하는 기업들의 모습을 심심치 않게 볼 수 있습니다. 그런데 약이 되어야 할 첨단 기술이 때로는 독이 될 수 있습니다. 경쟁기업을 확실하게 따돌리기 위해 선제적으로 도입한 첨단 기술이 오히려 뒤따라오는 후발 주자에게 예상치 못한 역전의 기회를 내어줄 수 있기 때문입니다. 세스 고딘은 다음과 같이 말합니다.[62]

"마케터는 소비자를 이용하여 회사의 문제를 해결해서는 안 된다. 마케팅을 이용하여 소비자의 문제를 해결해야 한다."

한번쯤 곱씹어볼 만한 얘기입니다.

둘째, 소비자의 특정 비용을 낮추기 위한 기업의 노력이 새로운 유형의 비용을 발생시키는 것은 아닌지 확인해볼 필요가 있습니다.

혹시 '쓰봉'이라는 제품을 들어보셨나요? 음식물 쓰레기 봉투를 100퍼센트 자연분해되는 천연소재로 만들어, 쓰레기를 봉투째 버릴 수 있는 제품입니다. 저는 처음 이 제품을 보았을 때 음식물 쓰레기를 분리 배출할 때마다 느꼈던 번거로움을 말끔히 해결해줄 수 있는 혁신적인 제품이라 생각했습니다. 심지어 싱크대 거름망으로 사용할 수 있는 '애기쓰봉'도 있었습니다.

그런데 쓰봉을 쓸 때마다 묘하게도 불편했습니다. 바로 봉투째 버리는 모습을 남들이 보면 저를 비도덕적인 사람으로 보지 않을까 하는 불안감이었죠. 여러분 중에도 아마 이 글을 읽고 쓰봉에 대해서 처음 아신 분들이 많으실 겁니다. 쓰봉이 어떤 제품인지 모르는

---

62   세스 고딘 지음, 김태훈 옮김, 앞의 책, 《마케팅이다》, p.268.

분이 만약 누군가 봉투째 음식물 쓰레기를 버리는 모습을 보면 그런 생각이 들지 않을까요? 소비자의 이런 심리적인 불편함은 제품 사용을 주저하게 되는 또 다른 비용일 수 있습니다. 쓰봉은 물건을 팔기 위해서가 아니더라도 이러한 소비자의 심리적 불편함을 줄여 주기 위해 광고와 홍보를 적극적으로 해야 합니다. 또한 쓰레기봉투에 큼직하고 선명하게 "봉투째 버려도 된다"는 문구를 적어놓아, 소비자가 타인에 대해 '부끄러움'이 아닌 타인으로부터 '부러움'을 받게 해주었더라면 더 좋았을 것입니다.

이처럼 마케터가 소비자의 행동에 개입할 때에는 변화된 행동이 만들 수 있는 새로운 문제는 없는지 꼼꼼하게 체크해서 사전에 해결할 필요가 있습니다.

셋째, 일반적으로 비용은 내릴수록 소비자가 인식하는 가치수준이 높아지지만, 때로는 의도적으로 비용을 올리는 것이 오히려 차별화를 위한 좋은 전략이 되기도 합니다.

배우자에게 절대 빼앗기지 말아야 할 것은 집도 차도 아닌 공인인증서라는 유머를 인터넷에서 본 적이 있습니다. 요즘은 공인인증서만 있으면 숨겨둔 모든 비자금의 정보가 들통나기 때문일 것입니다. 그런데 공인인증서의 '레이더'에도 절대 걸리지 않는다고 해서 '스텔스 통장'이라는 별명이 붙여진 은행 계좌가 한때 큰 인기를 끌었습니다. '아내만 모르는 남편의 멍텅구리 통장'이라는 제목의 기사를 읽어보니, 전체 가입 계좌 수가 무려 28만 개나 되고 제목과 달리 여성 가입자의 비율도 48퍼센트나 되었습니다. 오프라인 지점들을 완전히 없앤 인터넷 은행들의 혁신이 무색하게도 이 통장의 가입자는 반드시 신분증을 들고 은행지점을 방문해야만 돈을 인출할 수 있다고 합니다.

저도 이 기사를 읽은 지 얼마 지나지 않아 아이의 학교 수업료를 지불할 은행 계좌를 만들기 위해 은행지점을 방문했을 때, 창구 직원이 계좌 용도가 무엇인지 물어보는데 괜히 제 발이 저리더군요.

이처럼 비용 증가는 오히려 고객에게 더 나은 가치를 제공할 수도 있습니다. 따라서 무조건 낮추려 할 것이 아니라 특정 맥락에서 고객이 진정 원하는 것이 무엇인지를 공감의 자세로 고민해보아야 합니다.

넷째, 평소 소비자가 크게 인식하지 못하고 있던 비용에 대한 이슈를 제기하여, 제품 구매 시 중요한 평가 기준으로 활용할 수 있게 만드는 전략도 효과적입니다[63].

맥스 부탄가스는 "안 터져요"라는 광고 메시지를 지속적으로 사용함으로써, 소비자가 부탄가스를 구매할 때 '터질 수 있는 위험'을 중요한 평가 기준으로 고려하도록 만들었습니다.

서울우유가 최초로 유통기한과 함께 제조일자를 병행 표기한 전략도 마찬가지입니다. 유통기한만 보고 우유를 사면 언제 만들어졌는지 모르는 오래된 우유를 구매할 수 있다는 불안감을 자극함으로써 소비자의 제품 평가방식을 바꾸고자 했습니다.

최근에는 정육각이라는 스타트업 온라인 정육점 브랜드가 비슷

---

63   이는 미디어를 통해 지속적으로 특정 이슈를 노출하면 해당 이슈가 중요한 판단의 기준이 될 수 있음을 설명하는 어젠다 설정이론(agenda setting theory)과 관련이 있습니다.

한 맥락으로 유통기한이 아닌 도축일자를 표기했고, '초신선 정육점'이라는 자별화된 브랜드 콘셉트로 큰 인기를 누리고 있습니다 정육각의 주장과 달리 신선육보다 숙성육의 맛이 좋다는 의견도 있습니다.

소비자 탐색 비용 줄여주는
사회적 규범 정보를 큐레이션에 이용하라

＿＿＿＿＿＿＿ 마지막으로 소비자의 탐색 비용을 줄여주는 데에는 사회적 규범social norm과 관련된 정보를 큐레이션에 이용하는 것도 효과적입니다. 사회 심리학자들은 행동에 영향을 미칠 수 있는 사회적 규범을 명령형 규범injunctive norm과 서술형 규범descriptive norm으로 구분합니다. 명령형 규범은 어떤 행위를 하거나 하지 말라고 명령하듯 강하게 얘기하는 것을 의미합니다ought norm. 반면, 서술형 규범은 '남들이 어떻게 행동하는지'에 대한 서술적인 정보를 제공함으로써 부드럽게 행동에 개입하고자 합니다is norm. 옆구리를 쿡쿡 찌르는 일종의 넛지nudge라 할 수 있죠. 우리는 누군가를 설득할 때 어떤 규범의 메시지를 사용하는 것이 더 효과적일까요? 이를 주제로 한 재미있는 연구가 있어 잠시 소개해드리겠습니다[64].

여러분은 같은 호텔방에서 이틀 이상 머무른다면 수건을 재활용하시나요? 제가 강의를 하면서 여쭤보면 대부분의 분들이 고개를

---

64   Goldstein, N.J., Cialdini, R.B., Griskevicius, V. (2008), "A Room with a Viewpoint: Using Social Norms to Motivate Environmental Conservation in Hotels," *Journal of Consumer Research*, 35(3), pp.472~482.

절레절레 흔듭니다. 호텔 투숙객은 집에서 하는 행동과 다르게 한 번 사용한 수건을 바닥에 던져 버린다거나, 바닥이 미끄러울 수 있다는 이유로 새 수건을 바닥에 까는 행동들을 합니다. 호텔 입장에서 보면 투숙객의 이러한 행동은 물, 세제, 전기, 노동력 등 각종 비용을 증가시키는 골칫거리가 아닐 수 없습니다. 물론 환경보호에 반하는 행동이기도 하고요. 따라서 호텔들은 오래전부터 "수건 재활용 운동에 동참하세요"라는 명령형 규범의 메시지를 담은 도어 행거를 욕실 문이나 수건걸이 옆에 걸어두는 캠페인을 진행해왔습니다. 하지만 크게 효과가 없었습니다.

그래서 연구자들은 미국 남서부의 한 체인호텔에서 80일 동안 190개의 방을 이용하는 1058명의 투숙객을 대상으로 서술형 규범을 적용한 메시지를 사용하면 설득효과가 달라지는지 확인해보았습니다. 즉, 수건 재활용 캠페인의 메시지를 "호텔 투숙객의 75퍼센트가 수건 재활용에 참여했습니다"로 바꾼 후 설득효과를 검증해본 것이죠. 결과는 어땠을까요? 기존 메시지에 비해 수건 재활용에 참여한 투숙객 수가 실제로 증가했습니다35.1퍼센트 vs. 44.1퍼센트.

그런데 더 흥미로운 것은 추가로 실시한 두 번째 실험결과입니다. 두 번째 실험의 목표는 75퍼센트의 대상을 변경한다면 설득효과가 달라질 수 있는지 확인하는 것이었습니다. 즉, '동일한 성별의 75퍼센트', '동일한 고향/거주지의 75퍼센트', '호텔 고객의 75퍼센트', '같은 방을 이용한 고객의 75퍼센트'로 각각 메시지를 수정한 후 결과를 비교해보았습니다. 어떤 메시지가 가장 효과가 좋았을까요?

〈그림 29〉에서 보는 바와 같이, 명령형 규범에 비해 서술형 규범

을 적용한 네 개의 메시지 모두 설득효과가 높게 나타났지만, 특히 "같은 방을 이용했던 고객의 75퍼센트" 메시지가 가장 높은 설득효과를 가지는 것으로 나타났습니다.

이는 성별, 고향 등의 사회적 정체성social identity 보다 같은 공간에 있는 것과 같은 상황적 유사성situaional similarity 을 활용해 준거집단의 행동을 제시하면 설득효과가 높아질 수 있음을 의미합니다. 특히 같은 호텔이 아닌, 같은 방과 같이 상황적인 유사성을 더 높여 준거집단의 크기를 줄여야 더 효과적이라는 걸 알 수 있습니다.

자, 이제 연구 결과를 토대로 큐레이션 전략을 이용해 소비자의 탐색 비용을 줄일 수 있는 방법에 관해 얘기해보도록 하죠. 서술형 규범의 메시지를 마케팅 전략에 활용할 수 있는 가장 쉬운 방법은 브랜드 인기도brand popularity 를 광고 단서로 활용하는 것입니다[65]. 여러분은 아마도 레스토랑에 갔을 때 어떤 메뉴를 고를지 고민하다 '인기 메뉴', '판매량 1위' 등의 광고단서가 붙은 것을 선택한 적이 있을 것입니다. 특별한 고민 없이 많은 사람이 선택한 메뉴를 주문

---

[65]　저는 오래전부터 브랜드 인기도가 소비자 행동에 미치는 영향에 관해 관심을 가지고 연구해왔습니다. 몇 가지 도움이 될 만한 제 연구의 시사점에 관해 말씀드리겠습니다. 첫째, 브랜드 인기도를 표현하는 여러 단서 중 구체적인 정보(예, 판매량)를 담고 있는 것이 설득의 효과가 높다는 점입니다. 예를 들면, '판매량 1위'가 '히트상품'보다 제품에 대한 소비자의 품질 인식을 높이고 구매 시 지각하는 위험을 낮출 수 있습니다(Kim & Min, 2014). 둘째, 해외 국가에서의 브랜드 인기도를 국내 소비자에게 광고로 노출시킬 경우, 해당 국가의 소비자가 국내 소비자와 유사함과 동시에 제품에 대한 전문성이 높을 경우 효과가 크게 나타납니다. 즉, 일본 판매량 1위 화장품(vs. 인도 판매량 1위 화장품)은 유사성과 전문성 측면에서 설득 효과가 크다고 할 수 있습니다. 단, 사람마다 선호의 차이가 큰 제품(preference heterogeneity)의 경우(예, 영화)에는 전문성이 유사성보다 중요할 수 있습니다(Kim & Min, 2016). 마지막으로 해외 관광객을 대상으로 브랜드 인기도의 광고 단서를 활용할 때 두 가지 유형을 고려해볼 수 있습니다. 예를 들어, 중국여행 중인 한국인을 대상으로 한 광고 메시지는 '중국 판매량 1위' 또는 '한국인 관광객 판매량 1위'를 사용할 수 있습니다. 이때 고관여 제품이거나 시간 압박이 큰 상황(예, 공항)에서는 '한국인 관광객 판매량 1위'와 같이 유사성이 높은 준거집단을 활용한 메시지가 더 효과적입니다(Kim, 2018).

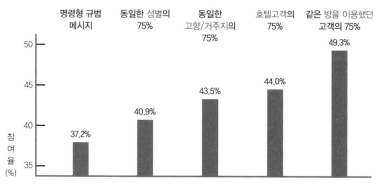

그림 29 **서술형 메시지의 준거 대상에 따른 효과 차이**

하면 실패 확률이 낮을 것이라는 믿음 때문입니다[66].

이처럼 브랜드 인기도 단서는 소비자의 탐색 비용을 줄이고 의사 결정을 쉽게 할 수 있는 지름길decisional shortcut 역할을 할 수 있습니다.

그런데 단순히 인기도를 보여주는 광고 스티커를 메뉴에 붙여놓는 것을 넘어, 수건 재활용 연구결과에서 본 '상황적 유사성'을 고려하면 좀 더 정교한 설득 메시지를 만들 수 있습니다.

예를 들어, '비 오는 날 가장 인기 있는 메뉴'라는 광고단서는 어떨까요? 예전에 어느 외식기업의 컨설팅 프로젝트를 진행할 때, 날짜별로 각 메뉴들의 매출 정보와 함께 날씨 정보가 적혀 있는 것을 보았습니다. 이 밖에도 '창가 테이블에 앉은 사람들이 가장 많이 주문한

---

66   타인의 행동을 모방하는 것이 반드시 올바른 선택을 하는 데 도움이 되는 것이 아닙니다. 심리학자인 솔로몬 애시(Solomon Asch)의 동조이론(conformity theory)에 따르면 다수의 잘못된 선택은 오히려 올바른 선택을 방해할 수도 있습니다. 애시는 불확실성이 거의 없고 누가 봐도 정답이 분명한 상황에서도 세 명 이상의 타인이 만장일치로 잘못된 답을 정답이라고 주장할 경우 이에 동조하여 잘못된 선택을 할 확률이 증가함을 보였습니다. 그는 실험연구를 통해 세 개의 길이가 다른 선들(A, B, C)을 제시하고 가장 긴 선을 고르라는 문제를 주었을 때 피험자가 혼자인 경우에는 정답인 B를 선택할 확률이 99퍼센트인 반면, 세 명 이상의 다른 피험자가 먼저 틀린 답인 C를 고른 경우에는 정답률이 63퍼센트로 낮아짐을 보였습니다.

메뉴', '세 명 방문 시 가장 많이 주문한 메뉴' 등 상황의 유사성이 높은 준거집단을 활용한 광고 메시지를 얼마든지 만들 수 있습니다.

서술형 규범을 활용한 메시지가
강력한 이유

_____ 세계 최대 온라인 서점인 아마존Amazon 이 론칭한 오프라인 서점, 아마존 북스amazon books에는 흥미로운 책 코너가 있습니다. 바로 그 지역 사람들이 많이 읽은 책들을 모아둔 '리드 로컬read local'이라는 코너입니다. 우리 동네 사람들은 주로 어떤 책들을 읽는지 궁금하지 않나요? 이웃과 얘기를 나누려면 이들이 많이 읽는 책을 나도 봐야겠다는 생각이 들지 않을까요? 아마존은 온라인으로 판매된 제품의 배송정보를 바탕으로 지역 사람들이 많이 읽은 책에 대한 큐레이션 서비스를 제공하고 있습니다.

우리나라 오프라인 서점은 분야별 베스트셀러는 안내하고 있지만 이처럼 다양한 준거집단의 유형을 활용해 고객에게 더 나은 가치를 제공하려는 노력이 다소 미흡해 보입니다. 소셜미디어 마케팅을 할 때에도 브랜드 인기도를 유용하게 활용할 수 있습니다.

브라질의 유명 의류브랜드 C&A는 '패션 라이크Fashion like'라는 페이스북 캠페인을 진행했습니다[67]. 페이스북에 업로드된 의류가 마

---

67   "Real-time Facebook 'likes' displayed on Brazilian fashion retailer's clothes racks," Sam Byford (2012.5.6.), THEVERGE.

그림 30 **아마존북스의 지역 사람들이
많이 읽은 책을 보여주는 코너 리드 로컬**[68]

음에 들어 "좋아요"를 누르면 오프라인 매장에 해당 옷을 걸어둔 전자 옷걸이 디스플레이에 "좋아요"를 누른 횟수가 올라가도록 했습니다. 소셜미디어를 활용해 사람들이 얼마나 해당 옷을 좋아하는지에 대한 사회적인 증거를 만듦으로써 큰 인기를 모았다고 합니다.

한편, 남들이 많이 하는 행동을 따라 하고자 하는 소비자의 행동은 여러 가지 상황적 요소에 영향을 받을 수 있습니다. 연구 결과에 따르면 차가운 온도보다는 따뜻한 온도에서, 각진 회의 테이블보다는 둥근 테이블에서 다수의 의견을 따르려는 동조현상 conformity 이 크게 나타납니다.

~~~~~~~~~

68   사진 출처: https://jacesky1.wordpress.com/2018/09/28/amazon-4-star/.

또한 폭력 영화를 보고 난 후가 로맨스 영화를 보고 난 뒤보다 인기도의 서술형 메시지를 이용할 때 광고의 설득효과가 높아집니다. 이는 폭력영화를 보면 타인과 어울림을 통해 위험에서 벗어나고 싶은 안전의 욕구가 강해지는 데 반해, 로맨스 영화를 보면 군중에서 벗어나 연인과 둘만의 시간을 보내고 싶은 성적 욕구가 강해지기 때문입니다[69]. 요컨대 서술적 메시지를 활용해 설득을 시도할 때에는 상대적으로 유리할 수 있는 사전환경을 미리 조성할 필요가 있습니다.

서술형 규범을 활용한 메시지가 특히 강력한 이유는 사람들은 자신의 행동이 영향을 받고 있다는 것을 의식하지 못하기 때문입니다[70]. 길거리에서 연주를 하고 있는 뮤지션이 팁을 받기 위해 모자를 놓아둡니다. 하지만 모두가 그냥 지나칠 뿐 아무도 팁을 주는 사람이 없습니다.

이때 실험 보조원이 앞서 가며 먼저 팁을 주는 모습을 보여주자 갑자기 사람들이 따라서 팁을 주기 시작합니다. 돈을 준 사람을 잡고 팁을 준 이유를 물어보자, 음악이 마음에 들었다거나, 거리의 악사가 불쌍해 보였다거나, 주머니에 잔돈이 남아 있었다는 답을 하지만, 누구도 앞서 팁을 준 다른 사람의 행동에 영향을 받았다고 얘기하지 않습니다.

이번에는 사람들에게 에너지를 절약해야 하는 네 가지 이유를 제

69   로버트 치알디니 지음, 김경일 옮김, 《초전설득-절대 거절할 수 없는 설득 프레임》, 앞의 책, p.129.

70   뮤지션, 에너지 관련 연구 출처: Cialdini, R.B. (2007), "Descriptive social norms as under-appreciated sources of social control," *PSYCHOMETRIKA*, 72(2), pp.263~268.

시한 뒤, 중요한 순서대로 말해보라고 합니다. 그러자 환경보호를 할 수 있고, 우리 사회를 이롭게 할 수 있으며, 돈을 절약할 수 있다는 응답이 나온 다음에야 "다른 사람들이 하기 때문"이라는 답이 나왔습니다. 하지만 각각의 이유를 들며 에너지 절약에 동참해달라는 도어행거 네 종류를 만들어 문에 걸어둔 후 전기 사용량의 변화를 확인한 결과, '이웃들의 에너지 절약 행동'을 서술적으로 얘기해준 설득 메시지가 가장 효과적인 것으로 확인되었습니다. 사람들은 서술형 규범 메시지의 효과를 과소평가하고 있는 것이죠.

다수의 의사 결정이 옳다는 믿음

_____ 맥도날드의 커피 브랜드인 맥카페는 〈커피 소비자들의 심리보고서〉라는 제목의 실험내용을 광고로 내보낸 적이 있습니다. 눈앞에서 똑같은 커피를 두 잔에 나눠 담는 모습을 보여주고 한 잔은 2000원, 다른 한 잔은 4000원이라고 얘기합니다. 그러고는 일곱 명에게 커피를 선택하라고 합니다. 사실 일곱 명 중 먼저 대답하는 여섯 명은 실험 보조원들입니다. 모두 4000원짜리 커피를 선택하자 의아한 표정을 지으면서도 일곱 번째 대답하는 실험 대상자도 이들과 같이 4000원짜리를 선택합니다.

이 광고는 여러분의 커피 선택도 이렇지 않느냐는 질문을 던지며 끝이 납니다. 맥도날드는 2000원짜리 맥카페가 충분히 훌륭한 맛을 가졌음에도 4000원이 넘는 스타벅스를 선택하는 사람들의 비합리성을 지적하고 싶었을 것입니다. 무의식적인 동조행위에 제동을 걸기 위함일 것입니다.

하지만 뉴로마케팅의 연구결과를 보면[71], 맥카페의 광고처럼 사람들이 잘못된 선택이라는 것을 알면서도 남들이 하니깐 어쩔 수 없이 따라 하는 것이 아닐지도 모릅니다. 실제로 남들의 선택이 옳다고 믿기 때문에 그렇게 행동할 가능성이 있습니다. 다수의 의사결정이 개인의 정보지각에 변화를 주기 때문입니다. 즉, 다수가 선택을 했다는 정보에 노출된 순간 똑같은 커피를 실제로 더 맛있다고 지각하는 것이죠. 뿐만 아니라 타인의 행동에 따르지 않을 때에는 고통을 느끼는 뇌 부위가 활성화되는 것으로 나타났습니다.

탐색 비용의 큐레이션 아이디어로 시작한 서술형 규범 메시지에 대한 설명이 다소 길어졌습니다. 하지만 서술형 규범 메시지는 워낙 마케팅 분야에 시사점이 많고 활용도가 높기에 얘기 나온 김에 주의사항에 대해서 한 가지만 더 짚고 넘어가면 좋겠습니다.

서술형 규범 메시지를 바람직하지 못한 행동들의 심각성을 부각하기 위해 사용해서는 안 됩니다. 종종 대다수 사람들의 일탈행위를 지적하는 보도기사나 광고물을 볼 때가 있습니다. 이는 일탈행위를 오히려 종용하는 매우 위험한 전략입니다.

예를 들면, "많은 사람들이 도토리를 주워 가서, 다람쥐가 먹을 것이 없습니다"라는 메시지는 등산객들이 도토리를 가져가지 못하도록 하는 데 효과적일까요? 그렇지 않습니다. 오히려 나 말고도 많은

---

71   Berns, G.S. et al. (2005), "Neurobiological correlates of social conformity and independence during mental rotation," *BIOL PSYCHIATRY, 58*, pp. 245~253.

사람이 부정적인 행동을 한다는 것이 자신의 나쁜 행동을 합리화하는 데 도움이 될 수 있습니다.

얼마 전 인터넷 무료사전인 위키피디아WIKIPEDIA의 광고를 보았습니다. 위키피디아를 이용하는 사람들의 99퍼센트가 전혀 기부를 하지 않아서 경제적으로 어려우니, 커피 한 잔 값에 해당되는 2.75 달러약 3080원를 기부해달라는 내용이었습니다. 효과를 측정해보지는 못했지만, 위키피디아의 간절한 호소는 큰 효과가 없어 보입니다. 오히려 그동안 기부를 전혀 하지 않은 사람들의 마음만 편하게 해줄지도 모르죠.

이처럼 서술형 규범의 메시지는 바람직한 행동과 그렇지 못한 행동을 모두 끌어들이는 자석효과magnetic effect가 있어 주의가 필요합니다.

그림 31 **기부를 호소하는 위키피디아 광고**

동일한 유형의 혜택을 강화하라

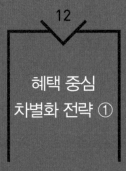

12

혜택 중심
차별화 전략 ①

기능적 혜택을 강화하는 세 가지 전략

_____ 혜택 중심의 차별화 전략은 크게 두 가지로 나눠볼 수 있습니다. 하나는 기존과 동일한 유형의 혜택을 강화하는 전략이고, 다른 하나는 기존과 다른 새로운 유형의 혜택을 추가하는 전략입니다. 먼저 기존과 동일한 유형의 혜택을 강화하는 전략을 구체적으로 살펴보도록 하겠습니다.

앞서 소비자가 추구하는 혜택의 유형은 크게 다섯 가지라고 설명 드렸습니다. 기존의 혜택 유형을 강화한다는 말은 기능적 혜택은 기능성을, 상징적 혜택은 상징성을, 경험적 혜택은 경험성을 강화하여 더 나은 가치를 소비자에게 제안하는 것을 의미합니다.

물론 이타적 혜택과 자존적 혜택의 강화도 가능하겠습니다. 하지만 일반적으로 마케팅 학자들은 소비자가 브랜드를 통해 추구하는 기본적인 혜택으로 기능·상징·경험의 세 가지 혜택을 소개하므로, 이들을 강화할 수 있는 전략을 제안합니다[72].

먼저 기능적 혜택을 강화하는 전략은 크게 세 가지입니다. 첫째는 기능적 혜택이 소비자의 문제해결을 돕는 혜택이라는 점을 감안하여, 소비자가 지각하는 문제를 현재 수준보다 더 세분화를 하여 각각의 문제를 해결해줄 수 있는 전문적인 제품을 출시하는 것입니다. 이를 문제해결 전문화 전략problem-solving specialization 이라고 합니다.

예를 들어 감기약을 증상에 따라 코 감기약·목 감기약·기침 감기

---

72   Park, C.W., Jaworski, B.J. & MacInnis, D.J. (1983). "Strategic Brand Concept-Image Management", *Journal of Marketing, 50*, pp.135~145.

약으로 구분하는 것입니다. 특정 감기 증상이 있는 경우, 종합 감기약보다 기능성이 더 좋게 인식될 수 있습니다. 또한 승상이 아니라 낮과 밤으로 구분할 수도 있습니다. 즉, 눈을 크게 뜨고 집중할 일이 많은 낮과 달리 푹 자고 싶은 밤에는 졸음을 유발할 수 있는 약의 성분을 추가할 수 있습니다. 스포츠 웨어도 축구·농구·야구 등 종목에 따라 기능성이 강화된 제품을 출시하면 소비자가 지각하는 기능적 혜택의 수준이 높아집니다.

1998년 칩 윌슨Chip Wilson이 캐나다에서 출시한 요가복인 룰루레몬Lululemon[73]의 성공 스토리는 문제해결 전문화 전략의 효과를 잘 보여줍니다. 추리닝·청바지 등 아무 옷이나 입고 요가를 할 경우, 요가의 특수한 동작들을 따라 하기가 쉽지 않습니다. 이러한 문제를 해결하고자 프리미엄 기능성 요가복을 출시한 룰루레몬은 "에슬레저Athleisure 분야의 샤넬"로 불리며, 2019년 기준 40억 달러약 4조 원 이상의 연매출을 올리고 있습니다[74].

기능성을 브랜드의 최우선 가치로 생각하는 룰루레몬은 전 세계 약 2000명의 요가 강사와 트레이너로부터 받은 신제품에 대한 피드백을 바탕으로 끊임없이 기능성을 강화하고 있습니다. 특히 룰루레몬은 소비자가 제품을 착용할 때 원하는 느낌을 그대로 전달하려는

73　룰루레몬의 'Athletically Hip'이라 불리는 로고가 매우 흥미롭습니다. 붉은 바탕에 흰색으로 쓴 오메가 모양의 글자가 여러 가지 해석을 가능하게 합니다. 혹자는 양쪽 머리끝이 올라간 여성의 얼굴을 상징한다거나, 운동하는 여성의 엉덩이를 의미한다고 얘기합니다. 어찌 됐든 요가를 하는 사람들에게 이 로고는 가슴 뛰게 하는 매력을 가지고 있음이 분명해 보입니다.

74　〈"코로나 19로 맛본 편안한 패션이 미래 이끌 것"… 애슬레저 강자 룰루레몬의 미래전략〉, 윤경희 기자 (2020.11.3.), 중앙일보.

'느낌의 과학Science of Feel '이라는 제품 디자인 철학을 가지고, 다양한 소비자의 문제를 해결하기 위해 라인업을 강화하고 있습니다.

예를 들면 여성보다 남성의 경우 격한 동작으로 옷이 찢어지거나 해지는 것을 걱정하기에, 이러한 느낌을 주지 않는 디자인의 제품을 개발하는 것이죠. 제품 개발을 진두지휘하는 총 책임자CPO 는 여섯 살에 미국으로 건너간 선 초Sun Choe 라는 한국인 여성이라고 합니다.

최근 일본에서는 워크맨workman 이라는 패션 브랜드가 오랫동안 기능성 의류의 대명사로 불리던 유니클로의 매장 수를 앞지르며, 2019년 '올해의 히트상품 1위'에 올랐다고 합니다[75].

워크맨은 브랜드 네임에서도 느껴지듯이 블루컬러 노동자의 작업복을 콘셉트로 다양한 기능성 의류를 판매하고 있습니다. 코로나 여파로 실용적인 의류에 대한 선호가 증가하고 편의성이 강화된 작업복을 일상복으로 찾는 소비자가 늘면서 극강의 가성비예, 바람막이 재킷 2900엔(약 3만 1000원) 를 자랑하는 워크맨의 인기는 갈수록 높아지고 있습니다. 이에 워크맨은 일반 소비자들이 일상에서 입어도 전혀 어색하지 않은 디자인과 색상을 적용한 '워크맨 플러스' 브랜드를 출시했습니다.

또한 등산·낚시 등 아웃도어 액티비티를 위한 '필드코어Field core ', 스포츠용 의류인 '파인드아웃Find Out ' 등의 라인을 강화했고, 2020년 10월에는 여성 고객을 공략하기 위해 '워크맨 걸'이라는 브랜드를

---

75   워크맨 브랜드에 대한 얘기는 다음의 신문기사를 참고했습니다. 출처: 〈특수복에서 일상복으로… 패스트 패션 위협하는 '작업복'〉, 김은영 기자 (2020.12.6.), 조선비즈.

출시했다고 합니다.

워크맨의 이와 같은 브랜드 라인 확장brand line extension 은 문제해결 전문화 전략을 통해 기능적 혜택을 추구하는 소비자를 효과적으로 공략하는 데 분명히 도움이 될 수 있습니다.

기능적 혜택을 강화할 수 있는 두 번째 전략은 문제해결 통합화 전략problem-solving generalization 입니다. 이 전략은 사실 문제해결 전문화 전략을 사용할 때 부작용으로 발생할 수 있는 사용 비용을 줄이면서 기능적 혜택을 강화하는 전략이라 할 수 있습니다.

예를 들어 치약의 경우 문제해결 전문화 전략을 사용할 경우 미백용, 충치 예방용, 입 냄새 제거용 등 다양한 기능적 혜택을 제공하는 제품이 출시될 수 있습니다. 그런데 만약 가족 중 누군가는 미백용을, 다른 누군가는 충치 예방용을 원한다면 두 제품을 함께 욕실에 비치해두어야 합니다. 이는 좁은 욕실의 공간을 많이 차지하게 되어 또 다른 불편함즉, 사용 비용 증가을 만들어냅니다. 따라서 모든 기능을 통합한 올인원 제품이 출시될 때 오히려 소비자가 인식하는 가치수준이 높아질 수 있습니다.

일본의 '더 타월THE TOWEL '이란 브랜드는 남녀가 원하는 수건의 기능적 특성이 다름을 감지하고, 성별에 따라 세분화된 수건을 출시하여 큰 인기를 끌었다는 글을 본 적이 있습니다. 샤워를 한 후 남성은 빠르게 물기를 제거하고 싶어하는 반면, 여성은 부드러운 수건의 감촉을 천천히 느끼고 싶어한다는군요. 따라서 더 타월은 이러한 특성에 맞는 수건을 각각 출시했습니다. 얼핏 들으면 굉장히 좋은 차별화 전략이라 생각되지만 만약 수건을 보관하는 곳의 공간이 부족하다면 또 다른 불편을 만들지도 모릅니다. 이 경우 문제해결 통합화 전략을 적용하여 수건의 두 면 중 한 면은 남성을, 다른 면은 여성을 위한 것으로 만든다면 이러한 문제가 어느 정도 해결될 수 있을지도 모릅니다.

마지막 전략은 더 섬세하게 고객의 문제를 해결해줄 수 있는 고객맞춤화customization 전략입니다. 2015년 MIT 출신 기계공학자들이 만든 바디용품 브랜드인 '펑션 오브 뷰티Function of Beauty'는 성공적인 고객 맞춤형 전략으로 창업 1년 만에 약 1258억 원의 매출을 기록할 수 있었습니다[76]. 이 브랜드의 고객맞춤화 전략은 독특한 주문방식에서 잘 드러납니다.

예를 들어 샴푸를 주문할 때 먼저 어떤 모발의 유형예, 직모, 곱슬, 건성, 지성 등인지 선택합니다. 다음으로 열일곱 가지 샴푸의 세분화된 기능예, 볼륨, 탈색방지, 탈모예방, 유분공급 중 다섯 가지를 선택할 수 있습니다. 이후 색상과 향의 종류, 강도, 용량8온스(약 227그램), 16온스(약 453그램) 등을 선택합니다. 샴푸와 컨디셔너의 색깔을 다른 색으로 구매하면 헷갈리지 않고 사용할 수 있어 편리하다고 하네요. 마지막으로 주문자가 직접 지은 상품명을 제품 패키지에 인쇄하여 발송하고, 불만족스러울 경우 30일 이내 새로운 맞춤상품으로 교환이 가능합니다.

어떤가요? '우리의 문제'가 아닌 '나만의 문제'를 확실히 해결해주기 위해 노력하는 브랜드가 더 매력적이지 않나요? 다양한 분야에서 고객맞춤화 전략을 적극적으로 도입하고 있는 이유입니다.

76　〈MIT 공학도들이 만들어 히트 친 샴푸〉, 배소진 기자 (2017.6.30.), TTIMES.

상징적 혜택을 강화하는 두 가지 전략

_____ 한편 상징적 혜택을 강화하는 전략은 크게 두 가지가 있습니다. 첫째, 소비자의 구매조건을 제한하여 희소성Exclusivity을 높이는 전략입니다. 특히 수량 한정limited-quantity scarcity과 시간 한정limited-time scarcity과 같은 구매조건의 제한은 상징적 혜택을 강화하는 데 도움이 됩니다.

전 세계에서 가장 비싼 물은 한 병에 얼마일까요? 2013년 아랍에미리트UAE에서 개최된 빅보이즈토이즈 전시회Big Boys Toys Exhibition에서 '아우룸79 한정판Aurum 79 limited edition'이란 제품이 90만 달러한화 9억 원 이상에 판매되었습니다[77]. 금의 원소기호au와 원소번호 79를 활용해 네이밍을 한 제품으로, 금으로 된 물병 속에 24캐럿의 식용 금 조각이 들어가 있다고 합니다. 말도 안 되는 가격에 딱 세 병만 출시된 이 제품을 누가 구매했을까요?

바로 영국 프리미어리그 맨체스터 시티의 구단주인 만수르의 처남이 혼자서 세 병 모두 구매했다고 합니다. 세상에 단 세 병만 존재함에도 불구하고 남들과 공유하고 싶지 않아 혼자서 다 구매한 것이 아닐까요? 수량 한정 전략은 이처럼 매우 강력한 힘을 발휘할 수 있습니다.

시간 한정은 특정기간에만 제품을 구매할 수 있도록 제약하는 것을 의미합니다. 일반적으로 복숭아는 여름에 먹는 과일로 알려져 있

77 　[슈퍼리치-럭셔리] 〈세계에서 가장 비싼 물, 만수르 처남이 산 9억 원짜리 생수〉, 홍승완·민상식 기자 (2014.7.24.) 헤럴드경제.

습니다. 하지만 첫눈이 올 때 먹을 수 있다는 의미로 이름 지어진 '설아 복숭아'는 겨울철에만 먹을 수 있는 복숭아입니다. 10월 하순에서 12월 초순까지 수확되는 설아 복숭아는 당도가 20브릭스 정도로, 일반 복숭아15브릭스 이하에 비해 훨씬 높습니다. 설아 복숭아는 맛도 있지만 겨울에만 먹을 수 있는 시간 한정의 특성으로 인해 일반 복숭아에 비해 매우 높은 가격두 개에 1만 9800원에 판매됩니다[78]. 지금 아니면 먹을 수 없다는 희소성이 소비자의 구매를 자극하는 것이죠.

참고로 마케팅 학자들은 상징적 혜택을 강화하는 데에는 수량 한정이 시간 한정보다 더 효과적이라고 얘기합니다[79]. 시간 한정은 구체적인 판매 개수를 알 수 없기 때문에 얼마나 많은 사람이 해당 제품을 함께 사용하는지 가늠하기 쉽지 않기 때문입니다. 따라서 구체적인 숫자로 표현되는 수량 한정에 비해 희소한 제품 구매를 통한 자기표현 욕구가 낮게 나타나는 것이 일반적입니다.

물론 시간 한정과 수량 한정 가운데 하나를 반드시 선택할 필요는 없습니다. 오히려 시간 한정과 수량 한정이 결합될 경우 희소성이 강화될 수 있습니다.

대표적인 것이 스타벅스의 굿즈마케팅입니다. 스타벅스의 대표적인 굿즈인 다이어리는 한정된 수량으로 제작되어 연말에 유료 미션을 달성해야 얻을 수 있습니다. 2020년 5월 23일 여의도에 위치

78   〈첫눈 올 때 먹는 '설아 복숭아'를 아시나요? 이색 과일인기〉, 김은영 기자 (2020.10.31.), 조선비즈.

79   Jang W.E., Ko, Y.J., Chang, Y., & Morris, J. (2015). Scarcity Message Effects on Consumption Behavior: Limited Edition Product Considerations, *Psychology and Marketing, 32*(10), pp.989~1001.

한 어느 스타벅스 매장에서 깜짝 놀랄 만한 사건이 벌어졌습니다[80]. 여름 동안 열일곱 잔의 스탬프 지정음료 세 잔을 포함를 찍은 소비자에게 증정하는 한정수량의 서머레디백을 받기 위해, 음료 300잔을 약 130만 원을 들여 구매한 뒤 한 잔을 제외한 모든 음료를 버리고 서머레디백만 받아 간 사건이 있었습니다.

저는 처음에는 이 굿즈가 뭐라고 저렇게까지 하나 하고 이해할 수가 없었는데, 이후에 중고 거래 사이트에서 서머레디백이 약 20만 원에 거래된다는 소식을 듣고 나니 고개가 끄덕여졌습니다. 스타벅스 본사에서는 예전 이벤트와 달리 물량을 충분히 준비했다고 했지만, 고객들은 믿지 않았습니다.

이처럼 시간 한정과 수량 한정을 결합하면 상징적 혜택을 추구하는 소비자의 욕구를 강하게 자극할 수 있습니다.

상징적 혜택을 강화하는 두 번째 전략은 제품의 존재를 널리 알리되 타깃 고객만 가질 수 있는 장벽을 만드는 방법입니다. 이를 흔히 표적집단 보호전략market shielding strategy이라 부릅니다.

저는 예전에 큰맘 먹고 70만 원짜리 독일 수제 안경테인 '마이키타MYKITA'를 구매한 적이 있습니다. 주변 사람들이 많이 알아봐주고 멋진 안경테라며 부러워해야 보람이 있을 텐데 아무도 마이키타 브랜드를 몰라봤습니다. 그러니 저 혼자 비싼 돈을 주고 구매한 뒤 자기만족에 그쳐야 했습니다.

국내에 단 세 대만 한정 판매되는 고급 외제 승용차는 타깃 고객

---

80   〈매장 갈 때마다 품절인 '서머레디백'? 스타벅스 "물량 넉넉하다"〉, 이미연 기자 (2020.6.6.), 매일경제.

인 상류층이 주로 보는 명품 잡지뿐 아니라 중상류층이 주로 보는 일반잡지에도 광고를 적극적으로 해야 합니다. 왜냐하면 구매고객이 사회적 지위를 과시하기 위해서는 알아봐주고 부러워해주는 사람이 있어야 하기 때문이죠.

경험적 혜택을 강화하는 세 가지 전략

_____마지막으로 경험적 혜택을 강화할 수 있는 세 가지 전략에 대해 살펴보도록 하겠습니다. 첫째, 본 제품main product의 소비를 더 즐겁게 해줄 수 있는 위성제품satellite product 을 적극적으로 출시하는 것입니다. 이를 브랜드 액세서리 전략brand accessory strategy이라 부릅니다.

'베이블레이드BEYBLADE'라는 장난감에 대해 들어본 적이 있으신가요? 한때 초등학생 부모라면 모르는 사람이 없을 만큼 인기 있는 제품이었습니다. 작은 원형 경기장 안에서 런처라 불리는 기구로 두 개의 팽이를 돌려 배틀을 하는 장난감입니다. 쉽게 싫증을 내는 아이들이 이 제품에 푹 빠져 헤어나오지 못하는 이유는 끊임없이 크기와 모양이 다른 새로운 팽이를 출시하기 때문입니다.

이처럼 경험적 혜택의 가장 큰 적인 '지루함'을 없애기 위해서는 오감의 즐거움을 유지할 수 있는 위성제품을 적극적으로 활용할 필요가 있습니다. 크록스 샌들이 다양한 액세서리 단추인 지비츠들JIBBITZ 을 출시한다거나, 블랙마틴싯봉이 신발 한 켤레를 구매하면 디자인이 살짝 다른 신발 하나를 추가로 제공하는 론리슈즈lonely shoes를 출시한 것도 이와 관련 있습니다.

둘째, 여러 제품 라인을 개발하여 묶음 판매를 하는 선략입니다. 이를 브랜드 네트워크 전략brand network strategy 이라고 부릅니다. 소량의 여러 제품을 묶어 '샘플러sampler'라는 이름으로 판매하는 것이 이에 해당됩니다. 대용량의 샐러드 소스 하나를 저렴하게 구매해서 오랫동안 먹는 것을 즐기는 소비자도 있지만, 소량 포장된 여러 종류의 샐러드를 묶음으로 구매해 매번 다른 샐러드 소스의 맛을 즐기려는 소비자도 있습니다.

언젠가 저는 요일별 다른 색과 향을 가진 샴푸를 쓸 수 있도록 묶음판매를 하는 제품을 구매한 적이 있습니다. 욕실의 공간을 많이 차지해서 결국 재구매는 하지 않았지만 매일 다른 제품을 쓰는 만족감은 비교적 높았습니다. 브랜드 네트워크 전략은 동일한 제품을 쓰는 지루함 때문에 경쟁 브랜드로 떠나가는 고객을 막는 데 효과적입니다. 매일 같은 시리얼을 먹으면 쉽게 질리고, 브랜드에 대한 만족도를 낮춰 다른 맛의 경쟁 브랜드로 가게 될지도 모르죠.

라스베이거스에 갔을 때 코카콜라 브랜드 스토어를 방문한 적이 있습니다. 코카콜라의 로고가 붙은 온갖 제품을 구경하는 재미도 있었지만, 2층에 위치한 카페에서 판매하는 음료 메뉴가 특히 기억에 남습니다. 미국에서 판매되는 여덟 가지 코카콜라 제품을 한 번에 맛볼 수 있게 한 메뉴Ice Cream Float Tray 와 세계 각지에서 판매되는 열여섯 가지 코카콜라 제품을 묶음 판매하는 메뉴Internation Tray 는 매우 인기가 높았습니다. 여러 개의 작은 잔에 담긴 형형색색의 음료가 하나의 트레이에 담겨 나오면, 너 나 할 것 없이 모두 사진을 찍고 조금씩 맛보는 즐거움에 흠뻑 젖어듭니다. 이러한 샘플러 제품이 브랜드 스토어를 넘어 일반 매장에서도 실제로 출시된다면 호기심이 많은 소비자에게 사랑받지 않을까 하는 생각이 들었습니다.

마지막으로 저관여 제품인 경우 예고된 불확실성을 활용하는 것도 효과적입니다. 일본에는 '가시와 미스터리'라는 다소 엽기적인 카페가 있다고 합니다. 이곳에 가면 본인이 주문한 메뉴를 먹을 수 없습니다. 이게 무슨 말이냐고요? 제가 주문한 것은 다음 사람이 먹고, 저는 앞서 온 손님이 주문한 메뉴를 먹습니다. 불확실성이 주는 묘한 긴장감과 설렘이 흥미롭습니다.

언젠가 TV에서 음료 자판기를 운영하시는 분의 인터뷰를 본 적이 있습니다. 음료 자판기의 메뉴 중 하나를 "?"로 바꾼 후 랜덤으로 음료가 나오게 했는데, 음료 리필을 가장 자주 해줘야 하는 메뉴가 되었다고 합니다. 브랜드 업체가 가끔 이벤트로 출시하는 랜덤 박스가 인기 있는 이유도 무관하지 않습니다.

이처럼 소비자가 미리 불확실성을 인지하고 스스로 이를 선택할 경우 경험적 혜택은 강화될 수 있습니다.

그런데 만약 여러분이 자동차를 계약했는데, 인도 시점에야 색상을 알 수 있다면 어떨까요? 이러한 불확실성은 결코 즐겁지 않고 불안한 마음만 커질 것입니다. 자동차와 음료는 어떤 차이가 있을까요? 관여도involvement의 차이입니다. 관여도는 구매실패 시 소비자가 부담해야 할 위험의 정도를 의미합니다. 저관여인 음료와 달리 고관여인 자동차의 불확실성은 재미가 아닌 피하고 싶은 위험입니다. 따라서 반드시 저관여 제품인 경우에만 예고된 불확실성을 활용해 경험적 혜택을 강화하는 전략을 사용해야 합니다.

지금까지 동일한 유형의 혜택을 강화할 수 있는 전략늘에 관해 살펴보았습니다. 다음 장에서는 다양한 유형의 혜택을 결합하여 가치를 높일 수 있는 전략에 관해 알아보도록 하겠습니다.

새로운 유형의 혜택을 추가하라

13

혜택 중심
차별화 전략 ②

해적들에게 안대가 소중한 이유

_____ 여러분은 해직이 안대를 하고 있는 이유를 알고 계신가요? 2007년 방영된 디스커버리 채널의 과학 프로그램인 '호기심 해결사mythbusters'에 따르면, 애꾸눈으로 보이는 해적의 안대는 집단의 동질성과 위엄을 표현하는 상징적 혜택 이외에 중요한 기능적 혜택이 있습니다. 눈부신 태양 아래 있는 갑판과 어두운 현창舷窓 사이를 오가며 전투를 할 때 눈이 적응을 잘하지 못해 적의 공격에 속수무책으로 당할 수 있기 때문에 한쪽 눈을 미리 가려둔다고 하네요. 상징적 혜택과 기능적 혜택이 결합된 안대는 해적에게 없어서는 안 되는 필수템입니다.

이처럼 여러 종류의 혜택이 결합되면 소비자가 인식하는 가치수준이 높아질 수 있습니다. 그럼 몇 가지 사례를 더 살펴볼까요?

먼저 2010년 미국 뉴욕에서 탄생한 스테인리스강 물병 브랜드인 '스웰보틀swell bottle'은 기능적 혜택에 상징적 혜택을 추가해 성공한 대표적인 사례입니다. 창업자인 세라 카우스Sarah Kauss는 자신을 물병 만드는 회사가 아닌 패션 브랜드의 대표라고 소개합니다. 스웰보틀은 24시간 보온, 보냉이 가능한 우수한 기능성 제품이지만, 패션 아이템으로 활용할 수 있는 디자인의 감성을 가지고 있습니다. 또한 판매액의 10퍼센트를 물 부족 국가에 기부하여 구매자의 착한 소비를 표현할 수 있도록 도와줍니다. 덕분에 셀럽들이 핸드백처럼 스웰보틀을 팔에 끼고 다니는 모습이 자주 노출되었으며, 2017년 2월 스타벅스와 컬래버한 보틀은 출시 하루 만에 동이 날 만큼 큰 인기를 누렸습니다. 물병은 기능적 콘셉트여야 한다는 고정관념을 버리자 새로운 시장이 창출된 것이지요.

1856년 스코틀랜드의 에든버러에서 시작한 부츠 브랜드인 '헌터hunter'는 미끄럼이 적고 방수기능이 뛰어난 제품으로 오랫동안 영국왕실의 사랑을 받아왔습니다. 우리가 농촌 봉사활동을 갈 때 신는 기능적인 콘셉트의 제품이 아니라, 오랜 정통성에 다채로운 색상의 감각적인 디자인을 더해 상징적 혜택이 추가된 제품입니다.

그런데 흥미로운 점은 헌터가 여기서 그치지 않고 헌터와 함께 착용할 수 있는 웰리삭스WELLY SOCKS라는 양말을 이용해 소비자의 경험적 혜택마저 충족시키고 있다는 점입니다. 헌터 부츠 속에 어떤 웰리삭스를 신는지에 따라 소비자가 완전히 다른 느낌의 부츠를 신는 것과 같은 재미를 제공합니다〈그림 32〉.

네이버 지식검색에 웰리삭스에 대한 재미있는 글이 있어 캡처해 두었습니다. 제목은 "웰리삭스 영국 직구 사이즈 질문이요:)"였지만 내용은 하소연에 가까웠습니다.

"여자친구가 헌터를 사더니 웰리삭스란 걸 갖고 싶다고 하더군요. 거참 양말을 이렇게 큰돈 주고 사는 게 뭐하는 건지 잘 모르겠지만 애초부터 이해 안 되는 게 한두 가지도 아니고 그냥 원래 그런 거라고 생각하고 있어요 ㅋㅋ."

질문자는 왜 여자친구의 마음을 이해하지 못했을까요? 그것은 기능적 혜택의 관점에서만 사고를 하고 있기 때문입니다. 여자친구가 추구하는 혜택은 기능적 혜택을 넘어 상징적 혜택과 경험적 혜택입니다. 따라서 이성적 사고를 하며 가성비를 따지는 기능적 혜택을 추구하는 소비자남자친구의 모습과 확연히 차이가 나는 것이죠.

그림 32 네이버 지식검색에 올라온 웰리삭스[81]에 관한 질문

2011년 작성된 이 글의 주인공들은 지금 어떤 관계가 되었을지 궁금하네요. 제보를 해주시는 분께 이 책을 선물해드리고 싶습니다.

때로는 전략적인 희생이 필요하다

_____ 국민 볼펜 모나미 153은 기능적 혜택에 초점을 둔 전형적인 브랜드입니다. 몽블랑처럼 셔츠에 꽂고 다니면서 자신의

---

81   출처: http://www.bugaboots.com/hunter-welly-socks-habiliment.htm

지위를 뽐낼 수 있는 상징적 혜택이 없을 뿐 아니라, 똑딱똑딱 소리를 내며 재미를 느끼는 경험적 혜택을 추구하다가는 선생님께 혼나기 일쑤입니다.

하지만 2014년 모나미 153은 출시 50주년을 기념하여 1만 개 한정으로 2만 원짜리 모나미 153 리미티드 제품을 출시했습니다. 리필이 가능한 독일산 고급 볼펜 심을 사용한 데다 플라스틱이 아닌 크롬 도금 처리가 된 바디에 레이저로 로고를 각인한 제품이었습니다. 수량 희소성을 강조한 덕분에 큰 인기를 모으며 순식간에 절판되었으며, 제품을 구하지 못한 사람들이 중고거래 사이트에 몰리면서 한때 30만 원대에 거래되기도 했습니다. 모나미 153 리미티드의 예상치 못한 큰 인기에 고무된 모나미는 유사 제품 모나미 153 ID를 1만 5000원에 출시해 10만 개 이상을 팔았습니다. 이는 2년 동안의 적자를 흑자로 전환하는 계기가 되었습니다.

이 사례는 물론 기업에 큰 수익을 가져다주며 재정부담을 줄여준 선택이었겠지만, 브랜드 전략 관점에서 보면 여러모로 조금 아쉬움이 남습니다. 먼저 모나미 153 리미티드를 구매한 1만 명의 고객들이 희소성을 통해 누릴 수 있는 상징적 혜택을 지켜주지 못했습니다. 저는 심지어 모나미 153 ID가 변호사 개업 문구를 새긴 판촉물로 활용되는 모습도 보았는데, 이 모습을 지켜본 모나미 153 리미티드 구매고객의 마음이 어떨지 충분히 상상이 됩니다.

그런데 이들 고객이 느끼는 부정적인 감정도 문제이지만, 더 불행한 것은 그 과정을 지켜본 다른 고객들이 이제는 모나미에서 한정판으로 출시하는 제품에 대해 지금처럼 열광적으로 반응하지 않을 수 있다는 점입니다. 즉, 전략 카드 하나를 잃어버린 것인지도 모릅니다. 누구나 단기적인 매출 유혹을 벗어나기가 쉽지 않습니다. 하지만 100년 이상 가는 브랜드가 되기 위해서는 때로는 전략적인 희생이 필요합니다.

태국 치앙마이chiangmai에 여행을 갔을 때 초등학생 아들을 데리고 '엘리펀트 푸푸 페이퍼 파크elephant poopoo paper park'라는 곳을 방문한 적이 있습니다. 이름에서 느낌이 오시나요? 네, 코끼리 똥으로 종이 만드는 체험을 할 수 있는 공원입니다. 입장료를 내고 입구에 들어서면 가이드의 안내에 따라 코끼리 똥이 종이제품으로 만들어지는 전 과정을 체험할 수 있습니다. 건초 덩어리로 보이는 코끼리 똥을 직접 만져보고 냄새를 맡아본 후, 솥에 넣고 끓이는 공정에서는 국자를 저어볼 수 있습니다. 또한 천연색소를 입힌 후 캔버스에 고르게 펴서 말리는 과정에도 참여할 수 있습니다. 똥이 종이로 바뀌는 신기한 모습을 지켜보는 과정도 흥미로운데 직접 체험할 수 있는 프로그램을 운영하는 덕분에, 일반 공원에 비해 관광객이 얻을 수 있는 경험적 혜택이 많습니다.

그런데 흥미롭게도 이 공원에서 가장 인기 있는 곳은 기념품 가게입니다. 일반적으로 우리가 관광지에서 기념품을 사는 이유는 추억을 간직하기 위해서이기도 하지만, 아무나 갈 수 없는 희소성이 높은 곳에 다녀온 것을 과시할 수 있는 상징적 혜택을 얻을 수 있기 때문입니다. 하지만 이곳은 관광지 이름이 들어간 티셔츠, 모자 등을 단순 판매하는 것을 넘어, 코끼리 똥으로부터 얻은 종이를 이용해 직접 제품을 제작할 수 있도록 다양한 재료를 판매하고 작업 공간도 제공합니다.

저는 아들과 함께 종이지갑을 만들어보았습니다. 종이로 만든 여러 색깔의 알파벳을 이용해 지갑에 이름을 넣어서인지, 한국에 돌아온 후에도 한동안은 저희 집을 방문하는 사람이 있으면 늘 제품을 가져와서 자랑하곤 했습니다.

이처럼 서비스의 일부 공정이 아닌 전체 공정을 거시적인 관점에서 바라보며 다양한 혜택을 조합하고 가치를 극대화할 수 있는 전략에 대해 고민해볼 필요가 있습니다.

빙그레의 캠페인이 반향을 일으킨 요인

─────── '전 국민 목표달성 프로젝트'를 슬로건으로 하는 '챌린저스CHLNGERS'라는 앱을 알고 계신가요? 챌린저스는 목표 달성에 가장 필요한 것은 의지가 아니라 환경이라고 주장하며, 오랫동안 해결할 수 없었던 고질적인 문제예, 이른 기상, 운동, 책 읽기 등를 게이미피케이션을 적용하여 효과적으로 해결할 수 있도록 도와주고 있습니다[82].

앱을 이용하는 방식은 간단합니다. 먼저 반드시 지키고 싶은 스스로의 약속을 정한 후, 약 2주 동안 같은 결심을 한 사람들끼리 모여 예치금을 내고, 목표 달성률에 따라 예치금을 나눠 가지는 방식

달성률 100퍼센트는 상금 획득, 85퍼센트 이상은 전액 환급, 85퍼센트 미만은 벌금을 차

---

82   챌린저스 내용은 홈페이지(https://www.chlngers.com)를 참고했습니다.

감한 뒤 환급입니다.

챌린저스가 큰 인기를 끌자, 국내 100여 개 이상의 기업이 이 앱을 소비자의 참여를 유도할 수 있는 프로모션에 활용하고 있습니다. 챌린저스는 소비자에게 기능적 혜택과 경험적 혜택을 동시에 제공함으로써 특히 MZ 세대로부터 큰 사랑을 받고 있다고 합니다.

2020년 2월 빙그레는 글로벌 환경기업인 테라사이클, 김해시와 함께 '분바스틱' 캠페인을 실시하여 화제가 되었습니다[83]. 분바스틱은 '분리배출이 쉬워지는 바나나맛우유 스틱'이라는 말의 약자로 김해시청에서 수거한 2160개의 바나나맛우유 공병을 100퍼센트 재활용하여 만든 분리배출을 도와주는 도구입니다. 분바스틱을 이용하면 페트 병에 붙은 스티커를 제거하고 뚜껑에 있는 플라스틱 링을 쉽게 제거할 수 있습니다.

빙그레는 분바스틱 캠페인을 온라인 크라우드 펀딩 방식으로 진행했는데, 오픈 2주 만에 1455퍼센트 목표 초과 달성을 했으며, 3921만 원을 모금하며 펀딩이 조기 종료되었습니다. 캠페인의 수익금은 전액 NGO 단체에 기부했다고 합니다. 분바스틱 캠페인은 항상 재미있고 참신한 액세서리 제품으로 경험적 혜택을 강화해왔던 빙그레가 사회의 지속성을 생각하는 이타적 혜택을 추가하여 소비자의 긍정적인 반응을 끌어낸 것으로 해석할 수 있습니다.

빙그레는 같은 해 7월에는 성수동에 있는 '할아버지 공장'이라는

---

83   분바스틱과 단지 세탁소 사례는 다음의 기사를 참고했습니다. 출처: [탄소 없애는 기업 3] 〈'분바스틱' 등으로 탄소 1300톤 줄인 빙그레〉, 옥송이 기자 (2020.12.16.), 문화경제.

카페 안에 '단지 세탁소'를 설치하여 큰 관심을 모았습니다. 노란색의 예쁜 세탁기에 뚱뚱한 단지 모양의 바나나맛우유 패키지를 거꾸로 넣고 버튼을 누르면 깨끗하게 씻깁니다. 이는 물이 아닌 우유와 같은 내용물이 담긴 패키지를 잘 씻어서 버리지 않아 재활용 참여율이 높음에도 재활용율이 떨어지는 것에 대한 경각심을 심어주기 위한 캠페인이었습니다.

기발한 캠페인에 지적 자극을 받은 소비자들의 소셜미디어 인증이 이어지면서 바나나맛우유가 오랫동안 구축해온 경험적 혜택에 상징적 혜택과 이타적 혜택을 추가로 부여한 성공적인 캠페인으로 평가받고 있습니다. 빙그레는 2020년 2월 이러한 노력을 인정받아 '저탄소 생활 실천' 대통령 표창을 수상했습니다.

그림 33 분바스틱과 단지 세탁기 모습. 출처: 빙그레 홈페이지

한편 여러 유형의 혜택을 결합할 때, 때로는 더하는 방법보다 빼는 방법이 효과적인 때가 있습니다. 특히 기능적 혜택의 가치를 온전히 누릴 수 있게 하기 위해, 부정적인 상징성을 제거하는 전략이 효과적일 수 있습니다.

예를 들면 유니클로에서 출시한 히트텍HEATTECH은 탁월한 보온 효과에도 불구하고 내복을 입는 것을 부끄러워하는 젊은 세대의 부정적인 정서를 극복해야 했습니다. 따라서 광고모델들이 히트텍 위에 어떤 셔츠도 입지 않고 바로 재킷을 입는 모습을 보여줌으로써 내복의 부정적인 상징성을 효과적으로 극복할 수 있었습니다.

유사한 사례로 유한킴벌리의 요실금 패드인 '디펜드 스타일'은 중년 이상 여성들의 제품 구매에 대한 부끄러운 감정 즉, 부정적 상징성을 줄여주기 위해 패키지에 '요실금 패드'라는 용어 대신 '언더웨어'라는 용어를 썼습니다. 그리고 약국이 아닌 속옷 판매 코너에서 판매했다고 합니다.

지금까지 우리는 비용 중심의 가치 차별화와 혜택 중심의 가치 차별화를 위한 아이디어 도출 전략에 관해 살펴보았습니다. 이제 물망에 오른 여러 후보전략을 평가하고 선택하는 데 필요한 기준과 절차에 대해 간단히 살펴보도록 하겠습니다.

제2단계:

아이디어 평가

어떤 아이디어를 선택해야 할까

14

평가 기준

'바람직함'과 '전달 가능성'

_____ 앞서 상소한 바와 같이 아이디어 도출 단계에서는 평가 기준을 생각하지 않고 최대한 다양한 아이디어를 이끌어내는 것이 중요합니다. 참신하고 기발한 아이디어들이 초기에 걸러지지 않고, 함께 얘기를 나누는 동안 다른 누군가의 생각과 언어로 정제되어 더 세련된 전략으로 발전될 수 있습니다. 마침내 서로의 생각을 공유하면서 꼬리에 꼬리를 물며 도출한 전략적 아이디어를 평가하고 선택해야 할 시간입니다. 아이디어를 평가할 때에는 일반적으로 고객 관점에서 얼마나 의미가 있는지를 판단하는 '바람직함desirability'과 기업 관점에서 얼마나 현실성이 있는지를 판단하는 '전

고객 관점의 평가 기준		기업 관점의 평가 기준	
타깃 고객에게 의미 있는 차별화 전략인가?		기업에게 현실성 있는 차별화 전략인가?	
세부 항목	의미	세부 항목	의미
관련성	타깃 고객과 관련성이 높은 의미 있는 가치를 제공할 수 있는가?	실행 가능성	실제로 기업이 구현 가능한 차별화 전략인가?
차별성	우리가 제안한 가치를 타깃 고객이 경쟁자와 차별화되었다고 인식할 수 있는가?	소통 용이성	오감을 통해 차별화된 가치를 느낄 수 있게 전달할 수 있는가?
신용성	타깃 고객이 차별화된 가치를 제공할 수 있는 이유와 방법에 대해 신뢰할 수 있는가?	지속 가능성	시간이 지나도 유지 가능한 차별화 전략인가?

표 1 **전략적인 아이디어의 평가 기준**

달 가능성deliverability'이 유용한 판단기준이 될 수 있습니다.

이 두 가지 평가 기준은 각각 세 가지 세부항목들로 구성됩니다. 즉, 바람직함은 관련성relevance, 차별성distinctiveness, 신용성believerability으로, 전달 가능성은 실행 가능성feasibility, 소통 용이성communicability, 지속 가능성sustainability으로 평가됩니다. 각각의 구체적인 의미는 〈표 1〉과 같습니다.[84]

비용 중심 차별화 전략의 아이디어를 도출하고 평가하는 데 유용한 템플릿을 하나 소개할까 합니다. 〈표 2〉에서 보는 것과 같이 현

비용 유형	현재 소비자가 지각하는 비용		비용감소 전략							
				평가점수						
				바람직함			전달 가능성			
	금전적 비용	비금전적 비용	해결방안	관련성	차별성	신용성	실행 가능성	소통 용이성	지속 가능성	총점
탐색 비용										
거래 비용										
사용 비용										
처분 비용										
공유 비용										

표 2 비용 중심 차별화 전략의 아이디어 도출 및 평가

84   Kevin Lane Keller, *Strategic Brand Management*, Pearson Education, 2008(3rd Ed.), pp.114~115.

재 소비자가 우리 브랜드가 속한 제품군에서 지각하는 다섯 가지 유형의 비용을 금전적·비금전적 항목으로 분류한 뒤, 각각을 해결할 수 있는 다양한 전략을 도출합니다. 이후 바람직함과 전달 가능성을 구성하고 있는 세부 항목들로 평가한 뒤, 집계하여 가장 높은 최종점수를 받은 전략을 선택하여 소비자에게 차별적 가치로 제안합니다.

이때 각 항목의 가중치를 반드시 동일하게 둘 필요는 없으며 조직의 특성과 제품 카테고리의 특성을 고려하여 유연하게 설정할 수 있습니다. 다만, 평가하는 과정에서 특정 전략을 선택하는 논리를 만들기 위해 가중치를 변경하는 것은 지양해야 합니다. 이 경우 평가 자체가 의미 없어집니다.

다음으로 혜택 중심의 차별화 전략의 아이디어를 도출하고 평가하는 데 유용한 템플릿은 〈표 3〉과 같습니다. 현재 우리 브랜드가

혜택 유형	현재 소비자가 지각하는 혜택		혜택 강화 전략						
			평가점수						
			바람직함			전달 가능성			총점
			관련성	차별성	신용성	실행가능성	소통용이성	지속가능성	
예) 기능적 혜택	동일한 유형 강화 전략								
	새로운 유형 추가 전략	상징적 혜택 추가							
		경험적 혜택 추가							
		이타적 혜택 추가							
		자존적 혜택 추가							

표 3 혜택 중심의 차별화 전략의 아이디어 도출 및 평가

제공하는 혜택과 동일한 유형의 혜택을 강화할 수 있는 전략과 새로운 유형의 혜택을 결합하는 전략을 고민하여 가치 제안의 후보안들을 도출한 뒤 동일한 평가 기준을 적용하여 최종안을 선택할 수 있습니다.

이때 동일한 템플릿을 경쟁 브랜드를 기준으로 작성해보면 경쟁 브랜드가 향후 추진할 수 있는 전략 방향에 대한 예측을 하거나, 이들과 차별화된 전략을 도출하는 데 유용한 아이디어를 얻을 수 있습니다.

"우리 제품이 더 좋은데
왜 안 팔리지?"

15

가치 제안을
할 때 유의할 점

누구를 타깃으로
가치를 제안할 것인가

_____가치 제안을 할 때 기억해두면 유용할 만한 몇 가지 팁과 유의사항이 있습니다. 첫째, 누구를 타깃으로 가치를 제안할 것인지 먼저 결정해야 한다는 것입니다. 당연히 고객을 대상으로 가치를 제안해야지 이게 무슨 말인가 생각하실지도 모르겠습니다. 그런데 구매 의사 결정에 참여하는 사람이 한 명이 아닐 수 있습니다. 또한 동일한 제품에 대해서도 서로가 지각하는 비용과 혜택 수준이 달라 가치를 느끼는 정도에 차이가 있을 수 있습니다.

예를 들면 차를 살 때 가족과 상의 없이 아빠 혼자 어느 날 갑자기 차를 계약하는 경우는 흔치 않습니다. 아내 또는 자녀들과 어떤 차를 어디서 어떻게 구매할지 함께 얘기하고 고민하는 경우가 일반적입니다.

미국에서 〈겨울왕국 2〉가 개봉할 무렵 바나나를 구입했더니 주인공들의 모습이 들어간 광고 스티커가 떡하니 붙어 있는 모습을 보고 신기해한 적이 있습니다. 아침으로 바나나를 먹으려고 껍질을 까던 어린 아들은 〈겨울왕국 2〉가 언제 개봉하는지 알아보고 같이 보러 가지고 하더군요. 실제로 영화를 보러 갈지 결정하고 돈을 쓰는 사람은 저이지만, 제 의사결정에 강력한 영향을 미친 것은 아들이었죠. 이 광고는 이러한 구매 의사 결정 구조를 잘 이해했다고 할 수 있습니다.

일반적으로 구매 여정에 참여하는 사람들의 역할을 크게 다섯 가지로 구분합니다. 이는 구매 필요성을 인식하고 제안하는 사람

initiator, 구매 결정에 영향을 주는 사람influencer, 최종적으로 구매 결정을 하는 사람decider, 구매금액을 지불하는 사람purchaser, 구매한 물건을 실제로 사용하는 사람user 입니다. 이들을 흔히 구매 의사 결정을 하는 집합, 즉 DMUDecision-Making Unit 라 합니다. 제품 카테고리와 구매상황에 따라서는 한 명이 다섯 가지의 역할을 모두 다 수행하기도 하지만, 여러 사람이 역할을 분담하여 수행하는 경우가 적지 않습니다. 이때 우리는 다섯 가지 역할을 하는 사람 중 누구에게 가치 제안을 할지를 정하는 것이 매우 중요합니다.

저는 아들이 다섯 살쯤 되던 해에 감기에 걸리면 집 근처에 있는 소아과를 데려가곤 했습니다. 병원 근처에는 약국이 하나 있었고 약사는 늘 뽀로로, 폴리 등의 캐릭터가 그려진 비타민을 아이에게 세 개씩 주었습니다. 덕분에 아이가 병원과 약국을 가는 것을 아주 싫어하지는 않았습니다. 오히려 조금만 아파도 병원에 가자고 보채기도 했죠.

그런데 어느 날 소아과 근처에 또 다른 약국이 하나 생겼습니다. 집과 반대 방향에 위치했던 예전 약국과 달리, 이 약국은 소아과에서 집으로 오는 방향과 같아 훨씬 편리했습니다. 하지만 아이는 예전 약국의 약사가 준 비타민에 길들여져 새로 생긴 약국에 가기를 거부했습니다. 똑같은 비타민을 줄 거라고 설득해서 간신히 데리고 갔습니다. 하지만 비타민을 한 개만 주었고 실망한 아이는 다시는 가지 않겠다고 떼를 썼습니다.

이후 저는 새로 생긴 약국에서는 예전 약국과 달리 스틱 모양의 가루약 봉지를 사용한다는 사실을 알게 되었습니다. 보통 아이들 약은, 가루약을 물약 용기에 넣고 물약과 잘 섞어서 먹이게 되는데 가로 세로의 길이가 비슷한 사각형 모양의 기존 약봉지보다 스틱 모양의 약봉지는 훨씬 가루를 흘리지 않고 옮겨 담는 것이 편했습니다. 봉지 입구가 물약통에 완전히 들어갔기 때문이죠. 특히나 아들을 돌봐주시던 눈이 좋지 않은 할머니가 손자에게 약을 먹여보고는 이렇게 좋은 가루약 봉지가 있냐며 감탄하셨습니다. 이 모습을 보니 어떻게든 아이를 설득해 새로운 약국으로 가야겠다는 생각이 들었습니다.

그럼, 이제 누가 어떤 역할을 수행했는지 분석해보도록 하죠. 저는 병원에서 처방전을 받고 약이 필요하다고 느꼈습니다initiator. 저는 약을 먹이는 데 편리한 스틱 모양의 약봉지를 사용하는 약국이 좋다며 그쪽으로 갈 것을 주장합니다. 하지만 아이 1st influencer는 비타민을 많이 주는 기존 약국으로 가자고 합니다. 꼭 스틱 모양의 봉지로 된 약을 사오라는 할머니의 부탁이 있어 2nd influencer, 저는 비타민을 한 통 사주겠다는 약속을 한 뒤, 아이와 새로운 약국으로 가는 것에 합의했습니다decider. 저는 카드로 약값을 결제하고 약을 구매했으며purchaser, 아이는 집에 돌아와 그 약을 먹었습니다user. 새로 생긴 약국의 차별화 진략스틱 가루약 봉지은 약에 대한 구매 필요성을 인식하고 구매 결정을 한 뒤 실제로 구매대금을 지불하는 저와, 구매 결정에 영향력을 행사한 할머니에게는 매우 매력적인 가치를 제공하고 있었지만, 또 다른 영향력을 행사하고 약을 소비하는 아들에게는 전혀 매력적인 가치를 제공하지 못했습니다.

여담이지만 얼마 후 새로운 약국에서 이를 눈치챘는지 아이에게 여러 개의 비타민을 제공함과 동시에 인형으로 만든 물약 뚜껑을 사용하여, 저는 아들과 아무런 갈등 없이 새 약국으로 옮겨 갈 수 있었습니다.

이처럼 구매 의사 결정에 참여하는 사람들의 역할을 제대로 이해하지 못하면 기업은 왜 경쟁제품보다 가치가 높은 우리 제품을 구매하지 않는지에 대해 알 수 없는 고민에 빠지게 됩니다. 따라서 기업이 분석해야 할 소비자는 한 명이 아닐 수 있으며, 누구를 타깃으로 할지 사전에 정하는 것이 필요합니다.

소비자가 더 높이 평가하는 가치는?

_____ 둘째, 우리가 제안하는 차별적 가치를 강화하기 위해 특정 집단을 유사 타깃팅pseudo targeting 하는 전략을 고려해볼 수 있습니다. 이는 브랜드 이미지를 강화할 목적으로 실제 타깃 고객 집단과 다른 집단을 공공연하게 타깃팅한다고 선언하는 것을 의미합니다. 예를 들어, 존슨즈베이비 로션은 아기들을 타깃으로 한다고 얘기하지만, '아이들이 써도 될 만큼 순하고 피부에 좋다'는 메시지를 전달함으로써 더 넓은 고객층을 끌어들일 수 있습니다. 저 역시 고등학교 때까지 분홍색 용기에 담긴 이 제품을 사용했던 기억이 있습니다.

기사식당은 어떤가요? 기사들만을 위한 식당일까요? 그렇지 않습니다. 바쁘고 까다로운 입맛을 가진 운전기사들을 유사 타깃팅함으로써, 일반인에게 '음식의 가성비가 좋고 신속하게 제공된다'는 차별적 가치를 효과적으로 전달하고 있습니다.

셋째, 차별화 방향이 기존 제품에 새로운 속성을 더한 것으로 인식되기보다, 기존 제품에서 일부 속성을 제거한 것으로 인식될 때 소비자는 더 높은 가치를 가진 제품으로 평가하기도 합니다.

예를 들어, 탄산수가 물에 탄산만 넣은 것으로 인식될 때보다 탄산과 몸에 해로운 각종 성분이 들어간 콜라, 사이다 등의 탄산음료에서 물과 탄산만 남기고 다 제거한 것으로 인식될 때 더 가치가 높아질 수 있습니다. 사실 탄산수가 처음에 높은 가격 저항에 부딪혔던 것도 어쩌면 준거 제품이 탄산음료가 아닌 생수였기 때문인지도 모릅니다.

이처럼 소비자에게 매력을 어필할 수 있는 가치 제안을 하기 위해서는 우리 제품의 가치수준이 확연히 높게 인식될 수 있는 준거 제품을 선택하여 이와 다른 차별적인 강점이 무엇인지 적극적으로 커뮤니케이션 할 필요가 있습니다.

후발 브랜드가 선택할 수 있는 전략

_____ 넷째, 시장에 먼저 진입한 브랜드가 해당 카테고리에서 가장 중요한 차별적 가치를 선점하고 있는 경우_{예. 풀무원의 바른}먹거리, 후발 브랜드가 고려해볼 수 있는 몇 가지 전략이 있습니다. 먼저, 경쟁 브랜드가 선점한 핵심 연상들의 의미를 재해석함으로써 가치를 희석시키는 전략입니다.

예를 들어 대한항공은 국적기로서 오랜 전통을 가지고 있습니다.

이러한 정통성은 소비자에게 믿을 수 있는 안전한 항공사라는 생각을 갖게 합니다. 이는 후발 브랜드로 시장에 진입한 아시아나 항공으로서는 결코 넘보기 힘든 핵심 연상입니다.

하지만 아시아나 항공은 똑똑한 광고로 소비자의 마음을 돌려놓습니다. 기장과 승무원이 비행기 앞에 서서 비행기의 나이에 대해 생각해본 적이 있냐고 물어봅니다. 대한항공보다 훨씬 최신 비행기를 쓰고 있는 아시아나항공의 장점을 부각시킴과 동시에 대한항공이 가진 정통성의 장점을 약점으로 돌려놓은 것이죠. 오래된 정통성은 신뢰감을 주지만 노후화라는 약점이 될 수 있습니다.

펩시가 코카콜라를 제치기 위해 시도했던 펩시챌린지 캠페인도 코카콜라는 나이 든 사람이, 펩시는 젊은 사람이 마시는 콜라라는 점을 강조했습니다. 요컨대 핵심 연상의 의미를 재해석하는 전략은 경쟁 브랜드의 차별적 가치가 오래된 정통성이라면 한 번쯤 시도해볼 만한 전략입니다.

또 다른 전략은 경쟁 브랜드가 선점한 핵심 연상을 세분화한 뒤더 유리한 연상을 선점하는 방법입니다. BMW가 경쟁 브랜드인 벤츠Benz를 공략할 때 이 방법을 사용한 것으로 알려져 있습니다.

벤츠는 부유한 사람들이 타는 럭셔리 승용차로 오랫동안 소비자의 사랑을 받아왔습니다. BMW는 벤츠의 이러한 핵심 연상에 대응하기 위해 럭셔리 자동차의 종류를 자수성가한 부자가 타는 차와부모 재산 덕분에 부자인 사람이 타는 차로 구분했습니다. 그리고는전자를 자신의 고객으로, 후자를 벤츠의 고객으로 소구함으로써 더매력적인 핵심가치를 선점할 수 있었습니다.

생각해보니 국내 럭셔리 자동차도 의도한 것인지는 모르겠지만, 기업의 임원들이 타는 차와 부동산 투기로 부자가 된 사람이 타는 차로 이미지가 구분된 브랜드들이 있는 것 같군요.

오래전 강연이 끝난 후 금융회사의 직원 한 분이 질문을 했습니다. 금융 분야에서 마케팅을 할 때 '신뢰'라는 핵심가치가 가장 중요한데 경쟁 브랜드가 이미 선점하고 있어 어려움이 많다는 것이었습니다. 저는 신뢰의 의미를 더 작게 쪼개어서 생각해보라고 조언했습니다. 신뢰의 사전적인 의미는 '믿고 의지할 수 있다'는 것입니다. 경쟁 브랜드를 믿을 수 있는 브랜드로, 우리 브랜드를 의지할 수 있는 브랜드로 분류하는 것입니다. 제 느낌인지 모르겠지만 누군가에게 의지한다는 것은 믿음 그 이상으로 느껴집니다.

마지막으로, 가치 제안을 위한 차별화 전략수립 시 '과락이 되는 불운을 피해야 한다'는 것입니다. 총점이 아무리 높아도 특정 과목의 점수가 기준점을 통과하지 못할 경우 불합격 처리되는 고시처럼, 아무리 차별적 가치가 분명한 제품이라도 특정 속성이 기준 이하이면 소비자의 선택을 받기가 어렵습니다[85].

예를 들어 학교 앞에 총알배송을 하는 중국집이 있습니다. 배달앱을 이용해 결제를 하자 5분 만에 문을 두드립니다. 이런 일이 어떻게 가능할까요? 중국집의 배달원들은 점심시간에 맞춰 인기 메뉴를 철가방에 넣고 학교 캠퍼스를 미리 돌아다니고 있었던 것입니다.

---

[85] 대부분의 소비자는 모든 속성에 대한 평가점수의 총합이 가장 높은 대안을 선택하는 보완적인 방식(compensatory rule)이 아닌 특정 속성들의 평가점수가 높은 대안을 선택하는 비보완적 방식(non-compensatory rule)을 이용하는 경우가 적지 않습니다. 보완적 방식의 경우 낮은 점수를 받은 속성의 한계를 높은 점수를 받은 다른 속성들이 보완해줄 수 있지만, 비보완적 방식은 약점을 상쇄할 수 없습니다.

이런 빠른 배송은 정말 매력적이지 않을 수 없습니다. 하지만 그렇게 빨리 도착한 짬뽕의 면이 너무 불어 있다면 어떨까요? 아무리 빨라도 다음에 재주문을 하고 싶은 생각이 들지 않을 것입니다.

따라서 어떤 차별적 가치를 제공할까를 고민함과 동시에 과연 그 가치를 전달하는 과정에서 소비자가 요구하는 최소한의 기준들을 충족시키고 있는지 면밀하게 검토해볼 필요가 있습니다.

소비자가 인식하는 가치는
상대적이다

16

경쟁자의
포지셔닝 변경

눈여겨볼 만한 카멜레온의 전략

_____ 카멜레온은 어떻게 주변 환경에 따라 다양한 색깔로 변신할 수 있을까요? 피부에 수많은 색소를 가지고 있기 때문일까요? 스위스 제네바대학UNIGE의 밀린코비치 교수가 네이처 커뮤니케이션Nature Communication에 발표한 연구결과에 따르면 그렇지 않습니다[86].

카멜레온은 어떠한 색소도 가지고 있지 않지만 '광간섭'이라 불리는 물리적인 메커니즘을 이용해 피부색을 빠르게 변화시킴으로써 천적으로부터 자신을 보호하고 짝짓기에 성공할 수 있습니다. 즉, 카멜레온은 자신의 피부를 당기거나 느슨하게 함으로써 세포의 결정구조를 변화시킬 수 있으며, 이를 통해 특정 파장의 빛만 선택적으로 반사되도록 하여 피부색을 변화시키는 것입니다. 결국 카멜레온은 자신이 가진 색이 없음에도 불구하고 타인의 빛을 이용해서 자신만의 독특한 색깔을 만들 수 있었던 것입니다.

뜬금없이 과학서적에나 나올 법한 카멜레온 얘기에 당황스러워하셨을지도 모르겠습니다. 하지만 카멜레온의 광간섭 전략은 마케팅 전략에 의미 있는 시사점을 제공합니다. 구체적으로 소비자가 우리의 가치 제안을 더 매력적으로 느낄 수 있게 경쟁자를 이용하는 방법이 효과적일 수 있음을 의미합니다. 소비자가 인식하는 가치는 상대적인 개념입니다. 나의 가치수준을 높이지 않더라도 경쟁자의 가치수준을 낮추면 소비자가 우리 브랜드에 대해 인식하는 가치수

---

86 〈카멜레온의 화려한 피부색 변화 수수께끼 풀렸다〉, 이주영 기자 (2015.3.11.), 연합뉴스.

준은 높아질 수 있습니다. 앞서 가치 분석 단계에서 가치함수는 분자의 혜택과 분모의 비용으로 구성된다고 설명드렸습니다$_{가치\,=\,혜택\,\div\,비용}$. 따라서 소비자가 경쟁 브랜드에 대해 인식하는 혜택수준을 낮추고 비용수준을 높이는 전략을 고민해볼 필요가 있습니다. 마치 카멜레온과 같이 내가 가진 색소가 없더라도 남의 색을 이용할 수 있다는 얘기입니다.

경쟁사가 짜파구리를 출시한다면

＿＿＿＿＿＿＿ 먼저 경쟁 브랜드가 제공하는 혜택에 대한 소비자의 인식 수준을 낮출 수 있는 방법은 짜파구리의 사례로 설명할 수 있습니다. 농심의 두 라면 브랜드인 짜파게티와 너구리를 섞어 먹는 재미는 경쟁사가 두 제품을 완벽한 비율로 섞어서 만든 제품을 출시할 경우 귀찮음으로 변화할 가능성이 있습니다. 이미 제대로 섞어 놓은 제품이 있는데 구태여 번거로운 수고를 할 필요가 없다고 느끼게 되는 것이죠. 즉, 경쟁 브랜드가 제공하는 경험적 혜택을 비용으로 인식하게 함으로써, 경쟁 브랜드가 제공하는 가치의 매력도를 낮추고 우리 제품의 가치를 상대적으로 더 돋보이게 할 수 있다는 말입니다. 실제로 이러한 전략이 성공한 사례가 있습니다.

1998년 11월 빙그레는 기존 라면들이 팜유로 면을 튀긴 것과 달리 100퍼센트 콩기름으로 튀긴 '매운콩'이라는 제품을 3년간 연구한 끝에 출시했습니다[87]. 콩기름은 팜유에 비해 비타민E의 함량이 아홉 배나 높고 콜레스테롤을 낮출 수 있는 기능적 혜택이 있어 국내외 기업들이 라면에 사용되는 기름을 콩기름으로 대체하기 위해 부단히 노력했지만 모두 실패한 바 있습니다. 콩기름의 고소한 맛은 살리면서 비린 냄새를 제거하는 것이 쉽지 않았기 때문입니다. 빙그레 매운콩은 독보적인 기술력을 앞세워 농심의 신라면에 강한 도전장을 냈지만 농심의 마케팅 전략 앞에 결국 무릎을 꿇게 되었습니다.

농심이 매운콩이 출시된다는 정보를 사전에 입수하여 매운콩 출시 3일 전에 '콩라면'을 먼저 출시했기 때문입니다[88]. 흥미롭게도 콩라면은 100퍼센트 콩기름으로 튀긴 것이 아닌, '콩펩타이드'라는 콩성분이 함유된 라면으로, 매운콩과는 완전히 다른 종류의 라면이었습니다. 하지만 소비자는 이러한 차이를 명확하게 인식하지 못했기 때문에 매운콩 라면이 출시되었을 때 기존의 라면과 차별화된 기능적 혜택을 잘 인식하지 못했습니다.

게다가 파격적인 프로모션에 현혹되어 콩라면을 잔뜩 구매해서 오랜기간 쌓아두고 먹고 있던 소비자들은 이미 콩이 들어간 라면에 싫증이 났을 수도 있습니다. 따라서 이들에게는 새롭게 출시된 매운

---

87   빙그레의 매운콩 사례는 다음의 책을 참고했습니다. 출처: 곽준식 지음, 《마케팅 리더십－1등 마케팅에서 배우는 리더의 12가지 전략》, 살림, 2005, pp.95~110.

88   농심이 주력 브랜드(flagship brand)인 신라면을 보호하기 위해 출시한 콩라면과 같은 브랜드를 방패 브랜드(flanker brand)라고 부릅니다. 방패 브랜드는 수익을 얻기 위한 목적보다는 경쟁 브랜드로부터 주력 브랜드를 보호하기 위한 목적으로 출시하는 브랜드라 할 수 있습니다. 예를 들면, 인텔은 펜티엄이라는 주력 브랜드를 위협하는 저가의 AMD 제품에 맞서기 위해 셀러론이라는 방패 브랜드를 출시한 바 있습니다.

콩의 매력이 더 떨어졌을 가능성도 있습니다.

다음으로 소비자가 경쟁 브랜드에 대해 인식하는 비용수준을 높일 수 있는 방법에는 어떤 것이 있을까요? 계약형 서비스 상품에서 자주 활용되고 있는 위약금 제도가 대표적입니다. 이는 경쟁 브랜드로 이전 시 부담해야 하는 금전적 거래 비용을 효과적으로 높일 수 있습니다. 또한 가족 멤버를 묶어 요금할인을 받은 통신 상품의 경우에는 경쟁 브랜드로 이전 시 다른 멤버들에게 피해를 줄 수 있다는 심리적인 부담감을 높일 수 있습니다. 장기 이용고객 할인 혜택과 같은 로열티 프로그램 또한 경쟁 브랜드로 이전 시 포기해야 하는 기회비용을 증가시킬 수 있는 효과적인 방법입니다.

이처럼 기업들은 자사 브랜드에 대해 소비자가 지각하는 혜택 수준을 높이고, 비용 수준을 낮추려는 접근 방식과는 반대로, 경쟁 브랜드에 대해 소비자가 지각하는 '혜택 수준을 낮추고 비용 수준을 높이려는 접근 방식'이 새로운 전략적인 대안이 될 수 있음을 기억할 필요가 있습니다.

Marketing
Brain

제 3 부

지금 소비자들이 진짜 욕망하는 것

value delivery

가치연쇄 모형 제3단계

가치 전달

Marketing
Brain

핵심은 마케팅 믹스의 일관성이다

─────────── 이제 드디어 가치연쇄 모형의 마지막 단계인 가치 전달value delivery에 대해 살펴보도록 하겠습니다. 가치 전달 단계는 소비자에게 약속한 가치를 제대로 이행함으로써, 소비자의 가치 교환에 대한 만족도를 높이고 장기적인 거래에 필요한 긍정적인 관계를 형성하는 과정이라 할 수 있습니다.

이 단계에서는 가치 제안 단계에서 도출한 포지셔닝 '전략'을 구체적으로 실현할 수 있는 '전술'로, 마케팅 믹스marketing mix에 대한 설계가 필요합니다. 마케팅 믹스를 설계한다는 말은 〈표 4〉와 같이 제품Product, 가격Price, 유통Place, 판매촉진Promotion의 4P를 기획하는 것을 의미합니다[89].

마케팅 믹스	구체적인 설계 항목
제품(product)	상품의 다양성(variety), 품질수준, 디자인, 사양(features), 상표(brand), 패키지, 서비스
가격(price)	판매가(list price), 지불기간, 지불방법, 신용조건, 요금제
유통(place)	유통경로, 유통범위(coverage), 상권분석(location), 재고, 물류, 유통매장 설계
판매촉진 (promotion)	광고(ad), 홍보(PR), 인적 판매(personal selling), 판족(sales promotion)

표 4 **마케팅 믹스의 설계**

~~~~~~~~
89   유형의 제품과 달리 서비스에서는 유형적 증거(Physical evidence), 사람(People), 프로세스 (Process)의 3P를 추가한 7P의 마케팅 믹스를 설계합니다. 예를 들면 직접 경험해보지 않더라도 호텔의 화려한 로비를 보면 서비스 수준이 매우 높을 것으로 추정할 수 있습니다(유형적 증거). 또한 호텔 직원의 친절한 태도와 언행은 서비스 만족도를 높이는 데 매우 중요합니다(사람). 뿐만 아니라 호텔의 체크인, 체크아웃 프로세스가 편하다면 고객에게 더 사랑받을 수 있겠죠(프로세스).

개별 마케팅 믹스들을 어떻게 설계해야 하는지에 관해 구체적으로 살펴보기 전에 가치 전달 단계에서 반드시 기억해야 하는 중요한 개념 하나를 소개하고자 합니다. 바로 통합적 마케팅 커뮤니케이션Integrated Marketing Communication; IMC 입니다. IMC는 소비자에게 약속한 가치를 제대로 전달하기 위해 소비자가 브랜드와 만나는 모든 접점에서 일관된 가치를 경험하도록 한목소리를 내야 한다는 것을 의미합니다. 즉, 마케팅 믹스의 일관성이 핵심입니다. 이는 소비자에게 브랜드의 핵심가치를 강력한 고정관념으로 각인시킬 수 있기 때문입니다. 고정관념은 만들기도 어렵지만 잘못된 고정관념은 바꾸기도 매우 힘듭니다. 제가 그림을 하나 준비했습니다.

그림 34 애매모형 1

여러분은 〈그림 34〉가 무슨 동물로 보이세요[90]? 아마 어떤 분은 오리라고, 다른 분은 토끼라고 하실 수 있을 겁니다. 오리의 부리 모양이 반대 방향으로 보면 토끼의 귀로 보일 수 있거든요. 관점에 따

90   오스트리아 출신의 20세기 가장 위대한 철학자 가운데 한 명으로 손꼽히는 루트비히 비트겐슈타인 (Ludwig Josef Johann Wittgenstein)이 '대상과 해석의 분리'가 필요하다는 철학적인 메시지를 전달하기 위해 제시했습니다.

라 다르게 보이는 이 애매모형 ambiguous configuration 은 다른 동물을 그린 것이라고 아무리 얘기해도 처음 우리가 본 동물의 모양이 자꾸 보이게 됩니다.

이번엔 비슷하지만 조금 다른 〈그림 35〉를 한번 보시죠.

어떤 동물의 그림인가요? 처음 본 사람은 아마 대부분 오리라고 얘기할 것입니다. 앞서 본 그림과는 확연히 오리에 가까운 그림이죠. 그럼에도 불구하고 앞서 토끼를 본 사람들 중에는 이 그림을 여전히 고개를 젖힌 토끼로 볼 가능성이 있습니다. 적어도 오리와 함께 토끼가 보일 테죠. 이처럼 한번 형성된 고정관념은 바로잡기가 매우 어렵습니다.

그림 35 애매모형 2

따라서 처음 마케팅 미스를 설계할 때부터 완벽하게 오리만 볼 수 있도록 한목소리를 내는 것이 중요합니다. 점 하나만 잘못 찍어도, 각도만 조금 조정해도 소비자는 오리가 아닌 토끼로 볼 수 있습니다. 이후에 잘못을 바로잡으려 해도 결코 쉽지 않습니다. 그래서 가치 전달 단계에서는 '일관성' 있는 마케팅 믹스의 설계, 즉 IMC의 관점을 가지는 것이 중요합니다[91].

알디, 좋은 제품을 가장 싸게 판다

_____ 아직도 감이 잘 오지 않는 분들을 위해 독일의 국
민마트인 '알디Aldi'에 대해 한번 알아보죠. 2020년 알디는 시장 조
사기관인 마켓 포스 인포메이션Market Force Information이 미국인을 대
상으로 실시한 가장 저렴한 식료품 매장value leader을 뽑는 투표에서,
10년 연속 월마트를 제치고 1위를 차지했습니다. 실제로 제가 연구
년으로 미국에서 지내는 동안2019.7.~2020.7. 집 앞에 있는 알디를 몇
차례 방문해보니 다른 마트에서 일반 제품을 살 가격으로 알디에서
는 유기농 제품을 구매할 수 있을 만큼 가격 경쟁력이 높았습니다.
알디는 1948년 설립된 이래 '좋은 제품을 가장 싸게 판다'는 가치를
제안하겠다는 약속을 지키기 위해, 일관된 마케팅 믹스를 설계하고
실천해오고 있습니다.

여러분이 만약 알디의 마케터라면 제품product, 가격price, 유통
place, 판촉promotion을 각각 어떻게 설계해야 할까요? 알디가 초저가
전략을 달성하기 위해 치밀하게 설계한 마케팅 믹스 전술을 하나씩
살펴볼까요?

---

91   IMC는 넓은 의미에서는 일관성 있는 마케팅 믹스의 설계를 말하지만, 좁은 의미에서는 마케팅
믹스 중 하나인 프로모션(Promotion)을 구성하는 네 가지 유형의 촉진 믹스(Promotional mix), 즉 광고
(advertising), 홍보(public relation), 인적 판매(personal selling), 판촉 활동(sales promotion) 등을 일관성
있게 설계하는 것을 의미하기도 합니다.

먼저 제품 설계입니다[92]. 알디는 가격을 낮추기 위해 전체 제품의 약 98퍼센트를 자체 개발한 PB로 판매합니다. 알디에서는 켈로그, 스팸, 하이네켄 등 유명한 브랜드를 전혀 찾아볼 수 없습니다. 하지만 PB 브랜드의 많은 제품이 유기농 원재료를 쓸 만큼 품질이 뛰어납니다. 또한 최저가와 고품질을 동시에 보장하는 이중보장제도 double guarantee를 실시하여 불만족 제품에 대해 100퍼센트 환불해주고 있습니다.

한편, 알디는 가격을 낮추기 위해 잘 팔리는 제품 위주로 최소한의 구색만 갖추고 있습니다. 월마트와 같은 대형 마트의 매장에서는 약 3만 개의 품목을 취급하는 것과 대조적으로, 알디의 매장은 그의 10퍼센트도 되지 않는 3000개 미만의 품목만 취급합니다. 쇼핑의 즐거움보다는 효율성을 중시하는 저 같은 사람에게는 어떤 브랜드를 선택할지 고민하지 않아도 되어서 쇼핑 시간이 줄어들어 오히려 마음이 편하다는 생각이 들었습니다.

다만 매장에서 직접 만든 치킨, 샌드위치, 수프 등의 간편식을 팔지 않는 것은 조금 불편하더군요. 인건비가 높은 항목을 줄여 가격을 낮추려고 한 것이 아닌가 추정됩니다.

다음은 가격 설계입니다. 국내 언론에서는 알디가 가격을 낮추기 위해 카드를 받지 않고 현금 결제만 가능하다고 보도했습니다. 또한 구매 포인트를 별도로 적립해주지 않고 그 금액만큼 바로 할인해주

---

92   알디의 제품 설계에 관한 내용은 다음의 기사를 참고했습니다. 출처: [Biz Trend] 〈알디의 유통혁명… 판매상품 98% PB, 無인테리어, 無광고〉, 임기훈 기자 (2011.3.17.), 한국경제.

는 가격정책을 쓰고 있다고 했습니다. 하지만 제가 미국의 매장을 직접 방문해보니 카드 결제가 가능한 대신 포인트 할인제도는 없더군요. 미국매장과 유럽매장의 차이인지, 그사이 가격 정책에 변화가 있었던 건지는 잘 모르겠습니다.

저는 개인적으로 알디의 가격할인 표기방식이 마음에 들었습니다. 가격할인율에 따라 붉은색과 검은색으로 된 제품 네임 태그를 붙여두어 멀리서도 할인 상품이 있는 곳을 쉽게 찾을 수 있었습니다. 또한 우유와 계란처럼 소비자가 자주 구매하여 제품 가격을 비교적 정확히 알고 있는 품목들미끼 상품의 가격을 경쟁 브랜드에 비해 절대적으로 낮게 책정하여 매장에서 판매하는 전체 제품 가격이 전부 쌀 것이라는 기대감을 갖게 합니다.

알디의 유통 설계도 매우 인상적입니다. 알디 매장의 규모를 정확히 확인해보지는 않았지만 제 느낌으로는 월마트의 10분의 1도 안 되는 작은 규모였습니다. 종업원의 수도 매장당 세 명에서 다섯 명 정도이며, 이들이 제품 진열, 계산, 청소 등 모든 일을 담당하고 있습니다. 따라서 제품 진열의 효율성을 높이기 위해 박스째 진열대에 올려놓고 판매를 합니다. 국내 노브랜드No Brand 매장과 비슷한 형태로 진열하고 있다고 생각하시면 됩니다. 또한 매장을 직렬로 설계하여 종업원들이 핸드카를 이용해 부족한 물건을 쉽게 채울 수 있도록 했습니다.

계산대 방식도 매우 독특합니다. 고객이 카트에 싣고 온 물건을 계산대에 올리면 카운터의 직원이 하나씩 계산을 한 뒤 미리 옆에 준비해둔 새로운 카트에 옮겨 담습니다. 계산이 완료되면 고객은 자신의 빈 카트를 종업원에게 주고 새롭게 물건들이 담겨 있는 카트를 밀고 빠져나오는 시스템입니다. 종업원 수가 적어 몇 개 안 되는 계산대에서 많은 고객을 빠르게 응대할 수 있도록 고안된 시스템입니다.

물론 계산대를 빠져나오면 장바구니에 정리해서 담을 수 있는 별도의 공간이 마련되어 있습니다. 리테일의 천국이라 불리는 미국에서 정말 다양한 마트들을 가봤지만, 알디가 유일하게 25센트약 275원 동전을 넣고 카트를 이용하는 시스템을 가지고 있습니다. 미국에 있는 다른 마트의 주차장을 가면 한국과는 비교도 되지 않게 엉망으로 곳곳에 내팽개쳐진 카트들을 볼 수 있습니다. 알디의 카트 시스템은 인건비를 줄이기 위해 고객이 스스로 카트를 제자리에 정리할 수 있게 만든 것입니다.

마지막으로 프로모션 설계입니다. 알디는 전단지 광고를 빼고는 어떤 광고도 하지 않습니다. 광고를 전혀 하지 않더라도 저처럼 좋은 품질의 제품을 저렴하게 구입한 고객이 자발적으로 사람들에게 알디를 홍보해주기 때문입니다. 미국에서 지낸 1년 동안 수많은 유통매장으로부터 이메일과 우편을 통해 쿠폰북을 받았지만, 단 한 번도 알디의 쿠폰을 받아본 적은 없습니다. 어쩌면 쿠폰을 더 이상 적용하지 않아도 될 만큼 저렴한 가격에 이미 제품을 판매하고 있기 때문일 것입니다.

이제 소비자에게 약속한 가치를 일관성 있게 제공하는 IMC 전략의 의미를 이해했으리라 믿습니다. 마케팅 믹스의 전술이 가치 제안을 실현하기 위한 목표를 가지고 한 방향으로 움직일 때, 소비자는 브랜드가 약속을 지키는 진정성_{authenticity} 있는 브랜드라고 믿게 됩니다.

자, 그럼 이제 네 가지 마케팅 믹스 설계 방법에 대한 구체적인 내용을 살펴보도록 하죠.

어떤 고객 가치를
중요하게 생각하는가

17

제품 설계

나이키의 자물쇠 효과

_____ 제품을 설계한다는 말은 반드시 단일 제품의 품질, 디자인, 패키지, 서비스 등을 설계하는 것을 의미하지 않습니다. 하나의 기업이 시장에서 다양한 역할을 수행하는 여러 제품을 출시하는 경우가 적지 않기 때문입니다. 따라서 제품 포트폴리오를 설계한다는 거시적인 관점을 가지는 것이 필요합니다.

지금부터는 단일제품뿐 아니라 포트폴리오 관점에서 제품 설계를 할 때 고려해야 할 몇 가지 중요한 이슈와 팁에 대해 조언해드리고자 합니다.

먼저 신제품을 기획할 때 고객의 욕구를 반영하는 것이 바람직한지를 고민해보아야 합니다. 애플의 전 CEO였던 스티브 잡스Steve Jobs는 고객 조사를 통해 숨겨진 욕구를 파악하고 이를 충족시켜줄 새로운 제품을 출시하는 '고객 중심 마케팅customer-driven marketing'이 바람직하지 않다고 지적했습니다. 왜냐하면 고객은 기업이 알려주기 전에는 자신의 진정한 욕구를 알 수 없기 때문입니다. 자동차를 이용하는 고객의 불만을 조사하는 것으로는 완전히 새로운 형태의 전기자동차 또는 수소자동차를 개발할 수 없다는 것이죠.

따라서 시간과 돈을 낭비하는 시장조사를 멈추고, 연구개발에 더 많이 투자하여 소비자가 미처 깨닫지 못한 욕구를 효과적으로 채워줄 수 있는 방법을 선제적으로 제안하는 '고객 선도 마케팅customer-driving marketing'이 필요하다고 주장합니다.

그렇다고 고객 선도 마케팅이 고객 중심 마케팅보다 고객 가치를 덜 중요하게 생각한다는 의미는 아닙니다. 두 관점은 "고객 가치를 얼마나 중요하게 생각하는가"가 아닌 "어떤 고객 가치를 중요하게 생각하는가"에 차이가 있습니다. 즉, 고객 중심 마케팅은 고객의 현재가치를, 고객 선도 마케팅은 고객의 미래가치를 각각 중요시하는 관점이라 할 수 있습니다. 애플과 같이 소비자의 제품 이해도가 다소 낮은 하이테크 산업에서는 미래가치를 중요시하는 고객 선도 마케팅이 효과적일 수 있습니다. 하지만 생필품과 같이 소비자에게 익숙한 산업에서는 현재가치를 중요시하는 고객 중심 마케팅이 여전히 효과적입니다.

다만 고객 중심 마케팅을 할 때에도 소비자에게 직접 욕구를 물어보기보다는 이들의 행동을 관찰하는 것이, 더 많은 전략적 인사이트를 얻을 수 있는 기회를 제공하기도 합니다.

둘째, 제품 설계 시 고객의 생애주기를 고려할 필요가 있습니다. 특히 미래의 고객을 미리 선점할 수 있는 제품라인을 포트폴리오에 추가하는 것은 효과적인 전략이 될 수 있습니다.

2019년 8월 나이키는 두 살에서 다섯 살 아이를 대상으로 운동화 구독 서비스인 '나이키 어드벤처 클럽Nike Adventure Club'을 론칭했습니다[93]. 매달 20달러약 2만 2000원, 30달러약 3만 3600원, 50달러약 5만 6000원를 내면 100여 개의 운동화 모델 중 선택하여 1년에 네 켤레, 여섯 켤레, 열두 켤레를 각각 받아볼 수 있도록 했습니다. 또한 발 사이즈를 측정하는 키트를 지급하여 자주 발 사이즈가 변하는 아이의 신발 사이즈를 비교적 쉽게 알 수 있습니다. 1년에 두 차례 사이

---

93 〈나이키도 어린이 운동화 구독 서비스 가세〉, 홍석윤 기자 (2019.8.13.), 이코노믹리뷰.

즈가 작아져 신지 못하는 신발을 회수하여 기부에 활용한다고 합니다. 나이키 어드벤처 클럽은 부모들이 사이즈가 자주 변하는 아이들의 신발을 구매할 때 지각하는 금전적·비금전적 비용을 효과적으로 줄여줌과 동시에, 나이키의 오프라인 매장이 없는 시골지역까지 유통망을 확대한다는 장점이 있습니다.

하지만 이 서비스는 무엇보다도 나이키가 소비자를 어릴 적부터 브랜드 생태계에 가두는 자물쇠 효과Lock-in effect를 기대할 수 있다는 점에 주목해야 합니다. 일단 구독 서비스를 신청하면 아이는 자라면서 나이키 운동화만 신게 되고 성인이 되어서도 습관적으로 자신에게 익숙한 나이키를 지속적으로 구매하게 될 가능성이 높습니다.

실제로 나이키는 이 구독 서비스의 반응이 좋을 경우 성인용 구독 서비스를 론칭할 계획이라고 합니다. 이처럼 고객의 생애주기를 고려하여 제품을 설계하는 것은 단기적으로는 큰 수익을 창출하지 못하더라도 장기적인 관점에서 보면 미래를 미리 준비하는 의미 있는 전략이 될 수 있습니다. 아모레퍼시픽이 20~30대 초반의 여성을 타깃으로 하는 저가의 한방 화장품인 한율을 판매하는 것도 어쩌면 이들이 언젠가 경제적인 여유가 생겼을 때 자사의 고가 브랜드 한방 화장품인 설화수를 구매할 것이라는 믿음 때문인지도 모릅니다.

미국에서 지낼 때 독일계 저가 마트인 리들Lidle에서 다른 곳과는 다른 매우 인상적인 광경을 볼 수 있었습니다. 〈그림 36〉에서 보는 것과 같이 어린아이들이 '미래의 리들 고객Future Lidler'이라 새겨진 깃발을 꽂은 작은 카트를 밀고 다니며 마치 성인처럼 물건을 담고 있는 모습이었습니다. 저는 아이를 태우고 다닐 수 있게 자동차 모양으로 만들어진 성인용 카트를 본 적은 있지만, 아이들이 독립적으로 자신의 카트를 가질 수 있도록 한 곳은 본 적이 없었습니다.

평소 마트 가는 것을 탐탁지 않아 하던 초등학생인 아들도 리들 매장 입구에 놓인 자신의 카트를 가지고 매장을 돌아다니며 원하는 물건을 담는 것을 매우 좋아했습니다. 물론 카트에 담긴 물건들 중 일부는 다시 원 위치에 돌려놓느라 실갱이를 한참 벌여야 했지만요. 그럼에도 불구하고 혼자 왔을 때보다는 확실히 카트가 두 개가 되니 구매량이 많아졌습니다. 리들은 카트 하나로 현재와 미래의 고객을 동시에 사로잡고 있는지도 모릅니다.

그림 36 **미래의 고객을 생각한 퓨처 리틀러 카트**

비대칭적으로 열등한 새로운 대안

_____ 셋째, 제품 포트폴리오 관점에서 주력제품의 매력도를 증가시킬 수 있는 미끼 대안decoy 을 출시해보는 것을 고려할 수 있습니다.

미끼 대안을 설계할 때에는 행동경제학자들이 주장하는 유인효과attraction effect [94]라는 개념을 이해하면 도움이 될 수 있습니다. 유인효과는 기존 대안들에 비대칭적으로 열등한 새로운 대안이 추가되면 유사한 대안의 선택확률이 증가하는 효과를 말합니다. '비대칭적으로 열등한asymmetrically dominant '이란 말이 조금은 어렵게 느껴지시죠? 〈그림 37〉을 보면서 설명드리면 이해가 빠르실 겁니다.

시장에 품질은 좋지만 가격이 비싼 A와 가격은 저렴하지만 품질이 좋지 않은 B가 있다고 가정합시다. 우리는 A, B 중 어느 것이 더 낫다고 얘기하기 힘듭니다. 각각 품질과 가격에서 장점이 있기 때문입니다.

따라서 A와 B를 연결하는 선을 그으면 선 위에 있는 점들은 소비자들에 따른 선호 차이가 존재할 뿐, 하나가 다른 하나를 압도하는 지배 관계에 있는 대안이 아닙니다. 이런 의미에서 이 선을 무차별곡선indifferent curve 이라 부릅니다.

---

94 유인효과는 소비자의 선택 행동을 설명할 때 고전경제학에서 가정하는 두 가지 기본원칙인 정규성의 원리(regularity principle)와 유사성 효과(similarity effect)가 깨질 수 있음을 보여줍니다. 정규성의 원리는 선택대안 A, B가 있을 때 새로운 대안 C가 추가되면 기존대안(A 또는 B)을 선택할 확률은 결코 높아질 수 없다는 원칙입니다. 유사성 효과는 C가 추가될 때 A, B 중 C와 유사한 대안의 선택 확률이 더 낮아진다는 것을 의미합니다. 얼핏 생각하면 선택지가 늘어났으니 기존 선택지를 선택할 확률이 낮아지고(정규성의 원리), 직접 경쟁관계에 있는 대안의 선택 확률이 낮아진다(유사성 효과)는 이 두 원칙은 너무 당연한 것처럼 보입니다. 하지만 행동경제학자들이 이러한 원칙이 깨질 수 있는 조건들을 제시하며 유인효과를 설명합니다.

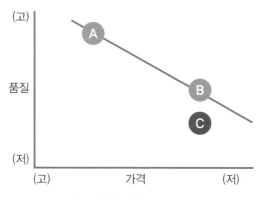

그림 37 **미끼 대안을 활용하는 유인효과 전략**

자, 이제 새로운 대안 C가 추가됩니다. C는 무차별 곡선 위에 있는 B 바로 아래에 존재합니다. B보다 품질은 낮으면서 가격은 동일한 대안입니다. 이 경우 C는 B보다는 확실히 열등하지만, A와는 우월관계를 직접적으로 비교하기가 어렵습니다.

이처럼 하나의 대안에는 확실히 열등하지만 다른 대안과는 그 관계를 알기 힘든 경우를 "비대칭적으로 열등하다"고 말합니다. 유인효과는 비대칭적으로 열등한 새로운 대안 C가 추가될 경우 소비자가 유사 대안인 B를 선택할 확률이 기존보다 높아지는 현상을 설명합니다.

그렇다면 유인효과는 왜 발생하는 것일까요? 첫째는 소비자가 대안들의 속성을 평가할 때 지각적인 편향이 발생하기 때문입니다. 즉, C가 존재하지 않을 경우에는 A와 B의 품질 차이가 매우 크게 느껴졌던 반면, C가 추가되면서 품질 차이가 상대적으로 작게 느껴질 수 있습니다. 따라서 C는 A와 B 사이의 가격 비교에는 영향을 미치지 않으면서 품질 차이를 작게 느끼게 함으로써 B의 매력도를 증가시킵니다[95]. 유인효과는 소비자의 구매 합리화justification 관점에서도 설명이 가능합니다. 새로운 대안 C가 추가되면 소비자는 B를 구매할 때 같은 가격에 더 좋은 품질의 제품을 구매한다는 합리적인 이유가 생기기 때문에 자신과 타인에게 구매 이유를 설명하는 것이 A에 비해 더 쉬운 장점이 있습니다.

이제 제품 설계 시 포트폴리오 관점에서 미끼 대안을 활용하는 전략으로 돌아가서 얘기해보도록 하죠. 우리가 만약 B를 판매하는 기업이라면 A와의 경쟁에서 승리하기 위해, 의도적으로 B에 열등한 C를 시장에 출시하는 전략을 고려해볼 수 있습니다. 합리적인 소비자라면 C를 선택할 이유가 없을 것이니 C는 팔기 위한 제품이라기보다 B의 매력도를 증가시키기 위한 미끼 상품입니다. 소비자의 선택을 돕기 위해 경쟁제품 없이 우리 제품들 간에도 유인효과를 활용해볼 수 있습니다.

예를 들어, 족발을 판매하는 식당에서 소, 중, 대의 가격을 각각 1만 5000원, 1만 8000원, 2만 5000원으로 한다면 족발 소자는 중자를 팔기 위한 미끼 대안이 될 수 있습니다. 중자와 대자에 비해 소자와 중자의 가격 차이가 크지 않아 상대적으로 중자의 매력도가 높아질 수 있기 때문입니다.

하지만 소비자가 가격과 품질 정보만을 놓고 제한된 조건에서 선택을 해야 하는 실험상황과 달리, 현실에서는 다양한 정보에 대한 접근

---

95 소비자가 양극단의 대안을 피하고 중간대안을 선호하는 타협 효과(compromise effect)와도 관련이 있습니다. 가장 품질이 좋은 A와 가장 품질이 나쁜 C가 아닌 중간 정도의 B를 선택하는 것이죠.

성이 높아 유인효과가 일어나지 않을 가능성이 있습니다. 연구 결과 20달러약 2만 2000원와 50달러약 5만 5000원의 제품만 있을 때 95달러약 10만 5000원의 제품을 추가하자 유인효과가 발생하여 50달러약 5만 5000원 제품의 선택이 증가했습니다. 하지만 인터넷쇼핑몰에서 추가 정보예, 사용 후기를 검색하도록 허용하자 유인효과는 사라졌습니다[96]. 따라서 유인효과를 고려한 미끼 대안을 설계할 때에는 소비자의 정보 접근가능성, 정보 탐색 동기 등을 고려하여 신중하게 접근할 필요가 있습니다.

하지만 기존 대안의 속성을 조금 변경하면 미끼 대안을 쉽게 만들 수 있어 시간적·금전적 비용이 높지 않으므로 한번쯤 시도해볼 만한 전략이라 할 수 있습니다.

마케팅 마이오피아를 경계하라

_____ 넷째, 신제품을 설계할 때에는 마케팅 마이오피아marketing myopia를 경계해야 합니다[97]. 마케팅 마이오피아는 소비자의 니즈needs가 아닌 원츠wants에 집중하는 근시안적인 사고를 의미합니다.

그럼 니즈와 원츠는 어떤 차이가 있을까요? 니즈는 '현재 상태

---

96   이타마르 시몬슨·엠마뉴엘 로젠 지음, 고영태 옮김, 《절대가치—완벽한 정보의 시대, 무엇이 소비자를 움직이는가?》, 청림출판, 2015, pp.26~183.

97   마케팅 마이오피아는 1975년 하버드대학교의 래빗(Theodore Levitt) 교수가 《하버드 비즈니스 리뷰》에서 처음 소개한 개념입니다.

present state 와 이상적인 상태ideal state 간에 차이가 발생했을 때 소비자가 느끼는 결핍감'입니다. 즉, 배가 고플 때 뭔가 먹고 싶다는 생각을 가지는 것이 니즈이죠.

반면 원츠는 '니즈를 채워줄 수 있는 구체적인 대상에 대한 바람'입니다. 배가 고플 때 오뚜기 진라면을 먹고 싶은 욕구가 원츠입니다. 그렇다면 왜 니즈가 아닌 원츠 중심의 사고를 하는 것이 근시안적 사고이며, 이를 경계해야 한다고 말하는 것일까요?

저는 오래전 지인에게 벽걸이용 시계를 하나 선물받았습니다. 시계를 걸기 위해 익숙하지 않은 망치질을 하다 손가락을 조금 다쳤습니다. 만약 못과 망치를 만드는 기업이 저한테 제품의 개선점에 대해 묻는다면, 저는 아마도 손을 다칠 위험이 없는 안전한 못과 망치를 만들어달라고 얘기했을 겁니다.

소비자의 목소리를 들은 기업의 R&D 팀에서는 1년 동안 노력한 결과, 보조도구를 이용해서 손으로 못을 잡지 않고도 망치질이 가능한 제품을 마침내 개발했습니다. 이에 전 직원이 시장을 제패할 수 있다는 설렘으로 가득 차 있었습니다.

하지만 기대와 달리, 스티커로 한번 붙이면 결코 떨어지지 않는 행거가 시장에 출시되어 더 이상 못과 망치가 필요 없어졌습니다. 이 회사는 안타깝게도 비극적인 운명을 맞이하게 될 것입니다. 그 이유는 '벽에 안전하게 무언가를 걸고 싶다'는 소비자의 본질적인 욕구가 아닌, 이를 채워줄 수 있는 구체적인 대상에 대한 바람, 즉 '안전한 못과 망치'를 만들기 위해 노력했기 때문입니다. 마케팅 마이오피아를 벗어난 제품 설계를 하기 위해서는 업의 본질을 고객니즈 중심으로 정의할 필요가 있습니다.

예를 들면 보험회사는 업의 본질을 소비자에게 보험상품을 판매하는 것이 아니라 '미래의 안전과 행복'을 판매하는 것으로 정의해야 장기적인 관점에서 경쟁사의 위협에서 벗어나고 영속적인 성장이 가능합니다. 마케팅 마이오피아를 경계해야 한다고 조언할 때 "소비자가 원하는 것은 구멍이지 드릴이 아니다"라는 표현을 자주 씁니다. 마케팅 구루인 세스 고딘은 여기서 한 발 더 나아갑니다. 소비자가 진정으로 원하는 것은 구멍이 아니라 아내에게 칭찬을 받고 느끼는 우쭐함과 일을 안전하고 확실하게 끝냈다는 만족감이라고 주장합니다.

이처럼 제품을 설계할 때에는 피상적으로 보이는 소비자의 갈망이 아닌, 내면 깊숙이 자리 잡고 있는 소비자의 본질적 욕구를 들여다보기 위한 노력이 필요합니다.

다섯째, 제품의 차별적 특성을 소비자의 오감으로 느낄 수 있도록 표현하는 것이 중요합니다. 특히 인간이 가장 많은 정보를 받아들이는 감각기관이 눈이라는 점을 감안할 때, 시각 정보를 제품 설계에 반영하면 매우 효과적으로 제품의 가치를 전달할 수 있습니다.

예를 들면, 아쿠아프레시Aquafresh 치약은 세 가지 차별적 장점 충치 예방, 미백, 좋은 향을 강조하기 위해 치약에 빨강, 흰색, 파랑의 세 가지 색의 줄을 넣어 표현했습니다. 물론 세 가지 색상이 치약의 특성과 직접적인 관계는 없지만 시각 정보를 통해 소비자의 기억 속에 브랜드의 강력한 연상을 심어줄 수 있습니다.

유사한 사례로 동국제약의 소화제인 다제스 캡슐은 소화불량, 복부 팽만감, 과식/체함의 세 가지 증상에 도움이 되는 소화제임을 시각적으로 보여주기 위해, 캡슐을 3등분해 녹색, 흰색, 주황색으로 각각 표현했습니다.

여러분이 만약 다섯 가지 몸에 좋은 한약재를 넣은 삼계탕을 판매하는 음식점을 운영한다고 할 때, 어떻게 하면 시각 정보를 활용해 우리 음식의 가치를 높일 수 있을까요? 바로 다섯 가지 한약재를 각각 하나씩 병에 담아 매장 입구나 테이블 위에 놓아두는 것입니다. 소비자가 눈으로 직접 보고 먹는 것과 그냥 먹는 것에는 확연한 차이가 있습니다. 눈은 맛을 느끼는 코나 혀보다 우리 뇌와 더 가까이 있다는 것을 잊지 마시기 바랍니다.

완제품을 팔 것인가,
중간재를 팔 것인가

_____ 마지막으로 제품 설계를 할 때에는 완제품을 팔 것인지, 중간재를 팔 것인지에 대한 의사결정도 중요합니다. 소비자를 생산과정에 참여시키면 경험의 질이 개선되어 제품의 가치가 높아질 수 있습니다. 단, 소비자의 참여가 어쩔 수 없이 감내해야 하는 귀찮은 과정이 아니어야 합니다.

미국에 있을 때 아이와 함께 '블루다이아몬드 젬스톤 마이닝Blue diamond gemstone mining'이란 곳을 다녀온 적이 있습니다. 〈그림 38〉에서 보는 것과 같이 다양한 보석돌이 섞여 있는 모래 주머니Gem Bag를 약 10~25달러약 1만 1000원~약 2만 7500원에 구입한 후, 체에 넣어서

흐르는 물속에서 흔들어 보석을 찾는 경험을 할 수 있는 곳입니다. 종업원은 돌아다니며 아이가 발굴한 보석의 이름을 알려주고 이렇게 큰 보석은 보기 드물다며 과장 섞인 칭찬을 해줍니다.

또 시설 한쪽 코너에는 작은 동굴을 만들어놓고 아이들이 삽으로 모래를 떠 갈 수 있도록 해두어, 채굴하는 재미를 극대화하고 있습니다. 마지막에는 자신이 찾은 보석들을 지퍼백에 넣은 후 보석돌의 이름을 알려주는 설명서를 한 장 받는 것으로 체험이 끝나죠.

만약 이곳에서 아무런 체험활동 없이 예쁜 보석들을 포장지에 담아 팔았다면 어땠을까요? 매 시간 예약자가 꼭 찰 만큼 매장을 방문하는 사람들이 많았을까요? 또 아이들이 집으로 가져온 보석을 친구들에게 자랑하고 애지중지 아낄까요? 아마도 그렇지 않을 것입니다.

이처럼 소비자에게 최종적으로 건네지는 결과물이 아닌, 그 결과

그림 38 블루다이아몬드 젬스톤 마이닝의 체험활동

물을 얻을 때까지의 다양한 경험을 최적화할 수 있는 관점으로 제품을 설계해야 소비자에게 더 나은 가치를 제공할 수 있습니다. 소비자를 생산과정에 참여시키기 위해서 반드시 젬스톤 마이닝과 같은 화려한 설비를 갖출 필요는 없습니다.

예를 들어 레스토랑에서 수프 위에 크루통을 올려주지 않고, 소비자가 직접 올려 먹을 수 있도록 따로 제공하는 것만으로도 소비자가 수프에 대해 지각하는 가치가 높아질 가능성이 있습니다[98].

또한 메기 매운탕집에서 밀가루 반죽과 비닐장갑을 주고 직접 수제비를 만들어 먹을 수 있게 하는 것도 좋은 방법입니다. 실제로 제 아들은 생선 매운탕이라면 질색을 하지만 자신이 직접 만든 수제비는 아무 말 없이 곧잘 먹습니다.

하지만 닭갈비를 먹고 볶음밥을 만드는 과정처럼 소비자의 생산과정에 참여하기가 부담스러운 경우에는 그 과정을 나눌 필요가 있습니다. 예를 들어 종업원이 직접 볶음밥을 만들어주고, 손님이 그 위에 토핑예, 김, 치즈만 직접 올리도록 하는 방식이죠. 요컨대 소비자의 귀찮음과 재미 사이에서 줄타기를 잘해야 성공할 수 있습니다.

---

98   이는 행동경제학자들이 주장하는 '이익은 나누라'라는 쾌락적인 편집의 원칙으로도 설명이 가능합니다. 소비자는 크리스마스 선물을 한 박스에 담지 않고 여러 박스로 나눠서 줄 때 더 행복감을 느낍니다. 한 상에 모든 메뉴를 올려놓은 것보다 메뉴가 하나씩 제공되는 코스 요리의 가치가 더 높게 인식되는 것도 같은 이치입니다. 어쩌면 수프와 크루통을 분리해서 제공하는 것은 경험적 혜택이 추가될 뿐 아니라, 쾌락적 편집의 원칙에 따라 소비자의 지각된 가치가 높아질지 모릅니다.

원가보단 높고 실제 느끼는
가치보다는 낮아야

18

가격 설계

분당 1만 건 이상의 트윗이 발생한 순간

_____ 2012년 3월 7일 애플은 아이패드 3 iPad3를 처음 세상에 선보이는 이벤트를 열었습니다. 스티브 잡스가 사망한 이후 팀 쿡 Timothy Donald Cook이 처음 신제품을 소개하는 프리젠테이션이라는 점에서 세상의 이목이 집중되었습니다[99]. 프리젠테이션을 하는 내내 수없이 많은 트윗들 tweets이 생성되었는데, 분당 1만 건 이상의 트윗이 발생한 가장 주목받은 순간이 언제였을까요? 제품의 모습이 처음 노출되었을 때도 아니고 기술적인 사양을 소개할 때도 아니었습니다. 바로 오전 10시 41분, 499달러 약 55만 원라는 가격이 공개되었을 때였습니다. 이후 또 한번 트윗량이 증가했던 순간이 있었는데, 이는 기존 아이패드 2 iPad2의 가격을 399달러 약 44만 원로 조정한다는 내용을 발표한 순간이었습니다.

이처럼 소비자는 제품의 어떤 정보보다도 가격정보에 민감하고 관심이 높습니다. 따라서 여러 마케팅 믹스 중 가격 설계는 특히 신중하게 접근할 필요가 있습니다.

가격 설계는 신제품을 출시하면서 최초로 가격을 결정하는 최초 가격설정 전략과 이후 가격을 인상하거나 인하하는 가격변경 전략으로 구분됩니다. 일반적으로 가격설정은 하한 price floor인 원가와 상한 price ceiling인 소비자의 지각된 가치 사이에서 결정됩니다. 원가보다는 높아야 기업이 손해를 보지 않고 소비자의 지각된 가치보다는

---

99 가격의 중요성을 보여주는 애플의 사례는 다음의 논문을 참고했습니다. 참조: Bertini, M. & Gourville, J. (2012). "Pricing to create shared value", *Harvard Business Review*.

낮아야 판매가 일어날 수 있기 때문이죠[100]. 따라서 최초 가격설정 전략은 원가기반의 가격설정 cost-based pricing 과 가치기반의 가격설정 value-based pricing 으로 구분해볼 수 있습니다.

먼저 원가기반의 가격설정은 '신제품'을 개발하고, 제품 개발에 소요된 '비용'에 마진을 추가하여 '가격'을 설정한 뒤, 그 가격에 '가치'를 느낄 수 있는 '고객집단'을 찾아 공략하는 방법입니다. 정리하면 '제품 product → 비용 cost → 가격 price → 가치 value → 고객 customer'의 순서를 따른다고 할 수 있습니다.

예를 들어, 주변 3미터 반지름 안의 세균 수를 감지하고 박멸할 수 있는 공기청정기가 개발되었다고 가정합시다. 생산원가는 20만 원이고 마진 10만 원을 추가하여 출시가격을 30만 원으로 정했습니다. 이제 이 가격을 매력적이라고 판단하는 고객집단을 찾아내어 공략하면 됩니다.

반면 가치기반의 가격설정은 프로세스가 이와 정반대입니다. 고객 customer 가치 분석 결과를 토대로 가치 value 를 느낄 수 있는 수준의 가격 price 을 먼저 정한 뒤, 그 가격에서 원하는 마진을 얻기 위해 제품 개발에 쓸 수 있는 비용수준 cost 을 도출한 뒤 이에 맞는 제품을 개발하는 것이죠. 정리하면 '고객 customer → 가치 value → 가격 price →

---

100   가격이 총 원가(total cost)보다 높아야 판매자가 이익을 얻을 수 있겠지만, 손실보존을 목표로 하는 경우 총 원가에서 고정비(fixed cost)를 뺀 변동비(variable cost)를 가격의 하한선으로 정하기도 합니다. 고정비는 판매량에 상관없이 고정적으로 지출되는 비용을, 변동비는 판매량에 연동되어 변하는 비용을 의미합니다. 예를 들어, 코로나로 인해 손님이 급감해 손실이 계속해서 발생하고 있는 음식점이 있다고 가정합시다. 어차피 매달 발생하는 임대료는 고정비인 반면, 식재료비는 매출에 연동된 변동비입니다. 이 식당의 입장에서는 손님이 없어 식당을 놀리는 것보다는 임대료의 손실을 조금이라도 줄이기 위해 식재료비보다 조금 높은 가격으로 음식을 판매하는 전략을 고려해볼 수 있습니다.

비용$_{cost}$ → 제품$_{product}$'의 순서를 따른다고 할 수 있습니다.

예를 들어, 주변에 있는 세균$_{菌}$을 박멸해줌으로써 아이들이 안심하고 놀 수 있게 도와주는 공기청정기에 대한 구매욕구가 어린 자녀를 둔 가정을 중심으로 높아지고 있음을 감지했습니다. 이러한 가정에서 구입하는 일반 공기청정기가 20만 원대이며, 세균박멸의 기능성이 강화된 덕분에 소비자는 30만 원을 지불해도 충분히 가치가 있다고 생각하는 것으로 확인되었습니다. 따라서 기업의 마진을 10만 원으로 설정하면, 20만 원 이하의 원가수준을 고려한 제품을 개발해야 할 것입니다.

소비자들은 우리 제품의 어떤 부분을
가치 있게 생각하는가

_____ 한편 신제품을 출시하기 전 시장조사에서 타깃 소비자에게 제품의 콘셉트를 설명하고 최대로 지불 가능한 금액Willingness To Pay; WTP이 얼마인지를 물어보는 경우가 일반적입니다. 소비자가 지각하는 가치수준을 알아야 신제품의 수요를 어느 정도 예측할 수 있기 때문입니다. 그런데 WTP를 측정하는 것은 몇 가지 한계가 있습니다[101].

우선 소비자는 WTP를 실제보다 10퍼센트 정도 낮게 부르는 경

---

101   WTP 조사 관련 내용은 다음의 책을 참고했습니다. 출처: 리 칼드웰 지음, 권오열 옮김, 《9900원의 심리학-소비자를 유혹하는 가격 결정의 비밀》, 갈매나무, 2014, pp.42~58.

향이 있습니다. 신제품이 싸게 출시되면 더 유리하기 때문이죠. 더욱 심각한 문제는 WTP를 측정하기 전 설명하는 제품 콘셉트가 실제 소비자가 구매하는 맥락과 완전히 동일할 수는 없다는 것입니다. 또한 소비자에게 제시한 콘셉트와 완벽히 동일한 제품이 출시된다 해도, 경쟁기업의 대응 전략에 따라서 WTP는 달라질 수 있습니다. 예를 들어, 경쟁 기업이 우리 브랜드의 초기 시장 진입을 막기 위해 마진을 남기지 않고 저가판매를 하게 되면 WTP는 조사결과보다 훨씬 낮아질 수 있습니다.

또한 소비자 스스로가 모든 소비상황을 상세하게 고려해 WTP에 응답하지 않습니다[102]. 예를 들면 동일한 아메리카노 커피 한 잔도 혼자서 먹을 때와 동행자가 있을 때, 아침에 먹을 때와 저녁에 먹을 때 WTP가 달라질 수 있습니다. 하지만 이런 구체적인 상황까지 측정 문항에 포함시키지는 않기 때문입니다.

그렇다면 WTP 조사는 아무 짝에도 쓸모없는 데이터를 모으는 의미 없는 조사일까요? 꼭 그런 것은 아닙니다. 몇 가지 분석이 추가되면 꽤 의미 있는 방향으로 활용할 수 있습니다. 특히 소비자에게 WTP 수준을 정한 근거를 물어보는 것이 중요합니다.

예를 들면 WTP를 낮게 말하는 소비자는 우리 제품의 여러 가지 속성 중 일부만 가치 있게 생각할 가능성이 있습니다. 따라서 해당 속성에만 집중하고 다른 불필요한 속성을 제거한 낮은 가격의 제품

102　소비상황이 매우 다양한 제품이라면, 설문문항을 만들 때 여러 소비상황을 구체적으로 제시한 뒤 WTP를 측정하는 것이 필요합니다.

을 출시하여 이들을 효과적으로 공략할 수 있습니다.

요컨대 WTP 조사를 가격결정을 위한 조사로 활용하기보다, 소비자가 우리 제품의 어떤 부분을 가치 있게 생각하는지 분석함으로써 다양한 라인의 제품을 출시하는 데 필요한 데이터를 확보하기 위한 조사로 활용할 필요가 있습니다.

가격 전문가인 라피 모하메드Rafi Mohammed 는 하나의 기업이 출시하는 여러 제품의 가격을 책정할 수 있는 효과적인 방법으로 GBB Good-Better-Best 전략을 제안합니다[103]. 이는 제품 포트폴리오를 저가 제품Good, 보통 제품better, 프리미엄 제품best 으로 등급을 나누는 전략입니다. 이때 보통 제품의 가격을 기준으로 저가 제품은 보통 제품 가격의 75퍼센트 이하로 설정하고, 프리미엄 제품은 보통 제품 가격의 150퍼센트를 초과해서는 안 됩니다.

또한 각 등급별 추가 혜택을 제공하는 속성의 수가 네 개를 초과하지 않아야 합니다. 이러한 예는 코스 요리 전문점을 가면 가격별로 A메뉴, B메뉴, C메뉴 등으로 구분하고 가격등급이 올라갈수록 몇 가지 메뉴가 추가되는 것에서 확인할 수 있습니다. 이와 같은 제품 포트폴리오의 가격을 설정하고 속성을 구성할 때 GBB 전략은 유용한 가이드라인이 될 수 있습니다.

한편 피자와 같이 기본제품과 옵션으로 구성피자도우+토핑된 제품의 가격을 설계하는 경우, 두 가지 유형의 가격전략을 고려해볼 수 있습니다. 첫 번째는 옵션을 모두 포함한 제품을 기본가격으로 제시

---

103   Rafi Mohammed (2018). "The Good-better-best approach to pricing", *Harvard Business Review*.

하고 소비자가 불필요하다고 생각하는 옵션을 제외함으로써 가격이 낮아지는 옵션 제거 방식의 가격 설계subtractive option framing method입니다. 즉, 모든 토핑이 올려져 있는 피자의 가격을 제시하고 싫어하는 토핑을 빼면 가격할인을 해주는 방법입니다.

두 번째는 옵션이 전혀 없는 기본제품만의 가격을 제시하고 소비자가 필요한 옵션을 추가함에 따라 가격이 올라가는 옵션 추가 방식의 가격 설계additive option framing method입니다. 이는 기본 피자도우 가격을 제시하고 토핑을 추가할 때마다 가격을 높이는 방법입니다.

연구결과에 따르면 옵션 제거 방식의 가격 설계가 옵션 추가 방식의 가격 설계에 비해 소비자가 더 많은 옵션을 선택하도록 유도함으로써 평균 구매가격이 높아지는 효과가 있습니다[104]. 열두 개의 토핑을 모두 추가한 피자를 11달러약 1만 2000원에 판매하는 가격전략을 사용하면, 기본 피자가격이 5달러약 5500원이고 토핑당 0.5달러약 550원의 가격으로 최대 열두 개까지 토핑을 추가할 수 있는 가격 전략을 사용할 때보다 더 많은 토핑을 선택하는 것으로 확인되었습니다. 이러한 결과는 미국뿐 아니라 피자의 본고장인 이탈리아에서도 동일하게 나타났습니다.

하지만 옵션 제거 방식의 가격 설계의 초기 가격이 너무 높으면 소비자의 가격 저항이 커져 애초에 구매고려 집합군에서 배제될 가능성이 있어 주의가 필요합니다. 예를 들어 풀옵션의 자동차 가격이 너무 높게 제시되면, 소비자의 예산범위를 초과하여 아예 해당 자동

---

104   석관호 지음, 《가격의 심리학》, 한국문화사, 2016, p.237.

차를 판매하는 대리점에 차를 보러 가지 않을 수도 있죠.

가격 저항을 줄이는 방법

＿＿＿＿＿＿＿＿ 다음으로 최초 설정한 가격에 변화를 주는 가격변경 전략에 대해 알아보도록 하겠습니다. 가격변경을 할 때 가장 중요한 것은 소비자가 가격의 변화를 공정하다고 판단할 수 있어야 한다는 점입니다. 차량 공유 서비스인 우버uber 는 같은 거리를 가더라도 택시에 대한 수요가 높은 비 오는 날 저녁 퇴근 시간에는 가격이 훨씬 높습니다. 소비자가 이러한 가격변화를 공정하지 못하다고 생각할 경우 브랜드 이미지가 나빠질 수 있습니다.

실제로 뱅크오브아메리카Bank of America 가 2011년 9월 체크카드 debit card 사용자에게 매월 5달러약 5500원 의 수수료를 부과한다고 선언하자, 소비자의 불공정한 가격 변화에 대한 불만이 증가하여 같은 해 12월에는 전년도 대비 은행계좌 해지율이 20퍼센트나 증가했습니다[105].

이처럼 가격을 인상할 때에는 소비자가 그것을 불공정하다고 생각하지 않을지 사전에 모니터링하고 점검할 필요가 있습니다.

1999년 코카콜라는 콜라의 수요가 기온에 비례한다는 점에 착안하여, 열감지기와 컴퓨터 칩을 이용해 기온이 올라가면 가격도 올라

105   Bertini, M. & Gourville, J. (2012). "Pricing to create shared value", *Harvard Business Review, 90*(6), pp.96~104.

가는 스마트 자판기를 출시할 계획이었습니다. 하지만 소비자의 반응은 매우 부정적이었습니다. 일부 소비자는 향후에 X-ray를 부착한 스마트 자판기가 출시되어 소비자의 주머니 속 잔돈을 들여다보고 가격 제안을 할 거냐며 비아냥거리기도 했습니다. 따라서 결국 코카콜라는 스마트 자판기 출시 계획을 철회했습니다[106].

소비자의 가격 공정성 인식을 높이기 위해서는 투명한 가격정책이 효과적일 수 있습니다. 2011년 미국 샌프란시스코에 설립된 에버레인Everlane이라는 패션 브랜드가 대표적입니다. 에버레인은 모든 제품의 세부원가 항목을 철저히 공개하며 가격의 거품을 뺀 실용성을 강조합니다.

예를 들어 365달러 약 40만 원에 판매되고 있는 '페트라 토트백'이란 제품은 생산원가 205달러 약 22만 7000원에 마진 160달러 약 18만 원가 더해진 가격이라 설명합니다. 똑같은 제품을 백화점에서 구매한다면 유통 마진이 1095달러 약 121만 원나 붙어 1300달러 약 144만 원에 살 수 있다는 설명도 곁들입니다. 따라서 에버레인을 구매하는 사람들은 공정한 가격에 제품을 샀다는 만족감과 함께 자신이 실용적인 구매를 하는 사람이라는 것을 표현할 수 있는 상징적 혜택을 얻을 수 있습니다. 덕분에 에버레인은 안젤리나 졸리를 비롯한 많은 셀럽에게 큰 사랑을 받으며 투명성이 부족한 패션업계에서 시장 파괴자가 되고 있습니다.

---

106 "Lessons From a "Smart" Vending Machine: When is it OK to Raise Prices?", *Mihir Kittur* (2014.8.11.), ugam.

최근 보험상품에도 소비자의 가격에 대한 공정성 인식을 고려한 제품들이 연이어 출시되고 있습니다[107]. 예를 들면 2020년 2월 캐롯손해보험은 차량 시거잭에 꽂아둔 '캐롯플러그'를 이용해 매월 운행거리를 정산해 후불로 보험료를 청구하는 '퍼마일 자동차 보험'을 출시했습니다. 비록 기존 다이렉트보험이 운행거리가 짧은 고객에게 선납한 보험료의 일부를 환급해주기도 하지만, 소비자는 이 상품과 같이 사용한 만큼 정확히 계산해 후불로 청구하는 가격책정 방식이 훨씬 공정한 방식이라 생각합니다. 가격공정성의 힘을 받아 이 상품은 출시 8개월 만에 가입자 수가 5만 명을 넘으며 자동차 보험 시장의 새로운 다크호스로 부각되고 있습니다.

뿐만 아니라 이륜 자동차의 경우 소유기간이 아닌 배달시간사용시간 동안만 보험료를 부과하는 KB손해보험의 '배달업자 이륜자동차 보험'이나, 반려동물을 데리고 산책 나간 횟수만큼만 보험료를 부과하는 캐롯손해보험의 '스마트온 펫산책 보험'과 같은 온디맨드형 보험상품이 가격공정성을 무기로 큰 인기를 끌고 있습니다.

소비자가 묶음상품의 가격인상에 대해 공정하다고 느끼도록 하기 위해서는 어떤 노력이 필요할까요? 오래전 태권도장의 관장인 지인이 저에게 자문을 구한 적이 있습니다. 임대료가 많이 올라 도장 운영에 어려움이 있어 학부모의 저항을 최소화할 수 있는 학원비 인상 방법에 대해 알고 싶다고 하더군요. 이미 학원비를 1만 원 인상해야 한다고 결정했지만, 레슨비를 1만 원 올릴지 무료로 운행

---

107 〈#주말드라이버 #주차장불박이… 아까운 보험료? "탄 만큼 내세요"〉, 김평화 기자 (2020.12.12), 머니투데이.

하는 통원차량 요금에 1만 원을 부가할지를 고민하고 있었습니다. 사실 대부분의 아이들이 통원차량을 이용하고 있었기에 결과적으로 1만 원을 인상하는 것은 동일했습니다.

고전경제학자들의 주장에 따르면 이 경우 가격인상분을 어디에 반영하든 소비자의 판단은 달라지지 않습니다. 하지만 행동경제학자들은 똑같은 정보라 할지라도 정보를 제시하는 방법에 따라 반응이 달라지는 프레이밍 효과framing effect가 발생할 수 있다고 주장합니다. 이는 가격 인상분을 어디에 반영하는지에 따라 학부모들의 가격인상에 대한 공정성 인식에 차이가 날 수 있음을 의미합니다.

다행히도 지인의 고민을 해결해줄 수 있는 연구결과[108]가 있습니다. 태권도 학원비와 같은 묶음 상품레슨비와 차량이용 요금이 결합의 가격을 인상할 때 소비자의 가격 저항을 줄일 수 있는 방법에 대한 연구입니다.

먼저 원가상승으로 묶음 상품의 가격을 인상해야 하는 경우에는 묶음상품 전체의 가격을 인상하는 '통합가격 전략'보다는 묶음상품을 분리해 특정 상품의 가격을 인상하는 '분할가격 전략'이 효과적입니다.

예를 들어, 이사를 하면서 에어컨의 이전 설치를 신청하는 것은 파이프 원재료와 설치 서비스로 구성된 묶음 상품을 구매하는 것으로 볼 수 있습니다. 이때 파이프의 원재료비 상승으로 가격을 인상

---

108   에어컨의 가격변경 전략과 관련된 내용은 다음의 논문을 참고했습니다. 참조: 주우진·임미자(2011), 〈서비스 & 제품 묶음상품의 공정성 지각 제고를 위한 가격인상 제시 전략〉, 《마케팅연구》, 26(2), pp.1~23.

해야 하는 경우, 에어컨 이전설치비를 인상한다는 메시지_{통합가격 전}략가 아닌 파이프의 원재료비를 인상한다는 메시지_{분할가격 전략}를 전달할 경우 소비자는 더 공정한 가격인상으로 받아들입니다.

하지만 만약 태권도장의 사례와 같이 가격인상이 원가배분이 불가능한 임대료와 같은 비용에 기인한다면 어떻게 해야 할까요? 이 경우 묶음 상품 중 부가상품이 아닌 메인 상품에 가격인상분을 반영한다는 메시지를 전달하는 것이 소비자의 가격인상에 대한 저항을 줄이는 데 도움이 됩니다. 즉, 태권도장의 메인 상품은 통원차량 이용이 아닌 태권도 레슨이기 때문에 임대료 상승에도 불구하고 통원차량은 계속 무료로 제공하지만, 레슨비는 만 원 올라간다는 메시지를 전달하는 것이 좋습니다.

부정적인 감정이 느리게 형성되게 하라

_____ 행동경제학자들은 가격전략에서 금액 자체만큼이나 이를 표현하고 전달하는 방식이 중요할 수 있다고 주장합니다. 이들은 다양한 실험연구를 통해 현업에서 유용하게 활용할 수 있는 의미 있는 시사점들을 도출했는데, 몇 가지만 소개해드리도록 하겠습니다.

우선 가격을 인하할 때에는 금액으로 표기하는 것이 비율로 표기하는 것보다 효과적인 반면, 가격을 인상할 때에는 반대로 하는 게 효과적입니다. 이는 금액이 비율보다 정보를 받아들이는 소비자의 초기 감정에 더 강하게 영향을 미치기 때문에, 가격하락의 경우 금액으로 표기하여 긍정적인 감정을 빠르게 형성할 필요가 있는 반면,

가격상승의 경우 비율로 표기하여 부정적인 감정이 느리게 형성되도록 할 필요가 있습니다[109].

예를 들어 A4 용지 한 묶음의 가격이 14.2퍼센트 인상되었다고 말하는 것이, 6000원에서 7000원으로 인상되었다고 말하는 것보다 소비자의 부정적인 감정이 느리게 형성되어 유리할 수 있습니다. 초기에 부정적인 감정이 빠르고 강하게 형성되면, 가격인상 이유를 제시할 때 이성적인 판단을 하지 못하고 감정에 치우친 판단을 해 더 나쁘게 해석될 가능성이 있습니다.

다음으로 단수가격 전략odd pricing 을 고려해볼 필요가 있습니다. 단수가격은 달러로 표기 시 2.99달러와 같이 '9'자로 끝나는 것을 의미하지만, 원화로 표기하면 '9900원'과 같이 9와 0의 결합으로 표기하게 됩니다. 소비자는 가격의 앞자리에 더 주의를 기울이고 잘 기억하여 단수가격으로 표기 시 좀 더 저렴하다고 느낄 수 있습니다. 또한 9자로 끝나는 경우 0으로 끝나는 라운드 수 표기보다 좀 더 정확하게 계산되어 합리적으로 책정된 가격이라는 인식을 줄 수도 있습니다.

단수가격 전략과 관련해 의미 있는 시사점을 주는 연구가 있어 소개해드리고자 합니다[110]. 이는 준저가 여성복을 우편 카탈로그로 판매하는 기업의 가격전략에 대한 소비자의 반응 연구입니다. 제품

---

109   똑같은 가격의 변화라 할지라도 이처럼 소비자의 초기 감정이 달라져서 소비자의 태도와 행동에 차이가 있을 수 있는데, 행동경제학자들은 이를 감정 휴리스틱(affective heuristic)이라 말합니다

110   Anderson, E. & Simester, D. (2003). "Effects of $9 price endings on retail sales: evidence from field experiments". *Quantitative Marketing and Economics*, 1, pp.93~110.

의 가격표기를 9자로 끝나게 할 경우예, 49달러와 이보다 5달러 낮거나 높은 가격44달러 또는 54달러으로 표기할 경우의 판매량을 비교했습니다. 흥미롭게도 끝자리를 9자로 표기할 경우, 5달러를 높인 가격뿐 아니라 낮춘 가격보다도 판매량이 높게 나타났습니다[111]. 이는 9자로 끝나는 가격의 경우 실제로 가격할인이 적용되지 않은 경우에도 가격할인이 적용되었다는 착각을 불러와 판매에 도움을 줄수 있기 때문입니다. 실제로 미국에서는 할인판매 하는 제품의 가격을 9자로 표기하는 경우가 80퍼센트 이상이 된다는 조사결과도 있습니다.

그렇다면 모든 제품의 가격을 9자로 끝나는 단수표기를 하는 것이 바람직할까요? 그렇지 않습니다. 먼저 프리미엄 제품의 경우 단수표기는 오히려 할인을 자주 한다는 인상을 주어 소비자가 인식하는 제품의 가치를 떨어뜨릴 가능성이 있어 주의가 필요합니다. 또한 가격의 단수효과는 소비자에게 자주 노출된 제품보다는 새롭게 출시하는 제품의 경우 더 크게 나타납니다.

우리가 판매하는 여러 제품들의 가격을 소비자에게 오름차순으로 보여주느냐, 내림차순으로 보여주느냐도 소비자의 선택에 영향을 줄 수 있습니다. 연구결과에 따르면 가격제시 순서Price presentation order는 소비자의 지출금액에 영향을 미칠 수 있습니다[112]. 서울의 어

111   현장 실험연구(field experiment)에서는 39달러(약 4만 3000원), 49달러(약 5만 4000원), 59달러(약 6만 5000원), 79달러(약 8만 7000원)의 네 가지 가격을 5달러(약 5500원) 낮출 때와 높일 때의 판매량을 비교하는 연구를 실시했습니다. 9자로 끝나는 가격을 제시한 경우 총 66개의 드레스가 판매된 반면, 5달러 낮은 가격에서는 46개, 5달러 높은 가격에서는 45개의 드레스가 판매되었습니다.

112   가격의 내림차순 정렬효과가 나타나는 것은 소비자의 손실회피 성향(loss aversion)으로 설명할 수

느 맥주바에서 진행한 현장실험의 결과에 따르면, 가장 비싼 가격의 제품을 먼저 보여주고 다음으로 그보다 싼 가격의 제품을 보여주는 내림차순으로 정렬한 메뉴판을 사용할 때가 그 반대인 오름차순으로 정렬한 메뉴판을 사용할 때보다 평균 주문금액이 높은 것6020원 vs. 5780원으로 확인되었습니다. 이러한 내림차순 가격정렬의 매출증가 효과는 음식 메뉴뿐 아니라 호텔, 디지털 카메라와 같은 다양한 상품군에서도 동일하게 나타났습니다.

물론 저렴한 가격 이미지를 차별화의 무기로 생각하는 판매자에게는 고가의 제품을 먼저 노출시키는 내림차순 가격정렬이 다소 부담일 수 있습니다. 하지만 대부분의 판매자에게 내림차순 가격정렬은 큰 노력을 하지 않고도 1인당 평균매입액인 객단가를 높일 수 있는 좋은 가격전략이 될 수 있습니다.

소비자의 숫자 계산 오류를 활용하는 법

_____ 일시적인 가격할인은 프로모션의 판촉 활동sales promotion으로 보는 것이 더 타당할 수 있지만, 이왕 가격 얘기가 나왔으니 여기서 함께 논의하는 것이 더 좋을 것 같습니다. 여러분은

있습니다. 행동경제학자들이 주장하는 전망이론(prospect theory)에 따르면 소비자는 같은 크기의 이익(gain)이 주는 가치의 증가분보다 손실(loss)이 주는 가치의 감소분을 크게 인식합니다. 가격이 내림차순으로 정렬되면 아래로 내려올수록 가격은 저렴하지만 좋은 품질을 포기해야 한다는 손실의 인식이 더 강해지고, 가격이 오름차순으로 정렬되면 아래로 내려올수록 품질은 좋아지지만 비싼 가격을 지불해야 한다는 손실의 인식이 더 강해집니다. 따라서 먼저 제시된 제품을 구매할 가능성이 높아집니다. 참고한 논문은 다음과 같습니다. Suk, K., Lee, J., & Lichtenstein, D. (2012). "The influence of price presentation order on consumer choice". *Journal of Marketing Research, 49*(5), pp.708~717.

어떤 제품을 40퍼센트 할인하는 프로모션과 20퍼센트 할인에 추가 25퍼센트 할인하는 프로모션 중 어느 것이 더 매력적인가요? 아마 단순히 20퍼센트와 25퍼센트를 더하는 방식으로 계산하여 후자라고 얘기할 수 있을 텐데요. 실제로 계산해보면 후자의 할인율은 전자와 동일한 40퍼센트100*0.8*0.75 할인입니다.

실제로 미국의 부엌용품 판매점에서 두 가지 프로모션 방법으로 도마Totally Bamboo cutting boards를 총 8주 동안 판매한 후 매출을 비교했더니 후자의 매출이 더 높은 것으로 확인되었습니다[113].

이처럼 가격할인 시 소비자의 숫자 계산 오류를 활용하면 더 매력적인 가격제안을 할 수 있습니다.

가격할인에 대한 정보처리 용이성deal processing fluency도 소비자 반응에 영향을 줄 수 있습니다. 연구자들은 소셜커머스 그루폰Groupon에서 미국의 어느 레스토랑Sun Tavern의 메뉴를 판매할 때 〈표 5〉와 같이 세 가지 서로 다른 조건의 프로모션으로 제안한 뒤 소비자들이 느끼는 프로모션 매력도와 구매의도를 비교했습니다[114].

그 결과 프로모션C가 할인금액72달러(약 8만 원)과 할인율71퍼센트이 가장 높음에도 불구하고 정보처리 용이성이 낮아 프로모션의 매력도

---

113   행동경제학자들은 소비자들이 이중정보처리 시스템을 가진다고 주장합니다. 시스템 I이 빠르고 직관적으로 정보를 처리할 때 발생하는 오류를 체계적으로 분석하는 시스템 II가 바로잡아줘야 오류가 발생하지 않습니다. 20%+25% 할인을 45% 할인으로 착각하는 것은 시스템의 오류라고 할 수 있으며, 인간이라면 대부분 이러한 시스템 I의 오류를 벗어나기 힘듭니다. 따라서 마케터는 이러한 소비자 오류의 행동 패턴(systematic error)을 잘 이용할 필요가 있습니다. 도마 판매와 관련된 연구는 다음의 논문을 참고했습니다. 참조: Chen, H. & Rao, A. (2007). "When two plus two is not equal to four: errors in processing multiple percentage changes". *Journal of Consumer Research, 34*(3), pp.327~340.

114   Coulter, K & Roggeveen, A. (2014). "Price number relationships and deal processing fluency: The effects of approximation sequences and number multiples", *Journal of Marketing Research, 51*(1), pp.69~82

와 구매의도가 낮게 나타났습니다.

참고로 프로모션B의 경우 정확한 할인율의 계산은 어려울 수 있으나 할인가가 정상가의 3분의 1로 할인의 크기를 쉽게 가늠할 수 있습니다. 여기서 우리는 앞서 얘기한 가격의 단수표기 전략의 또 다른 단점을 알 수 있습니다. 프로모션B와 같은 방식으로 정보처리 용이성을 높이지 않으면 프로모션A와 같은 라운드 수 표기방법에 비해 소비자가 지각하는 프로모션의 매력도와 구매의도가 낮아질 가능성이 있습니다.

	프로모션A	프로모션B	프로모션C
정상가	$100	$99	$101
할인가	$30	$33	$29
할인금액	$70	$66	$72
할인율	70%	66%	71%
프로모션 매력도	3.53	3.61	2.88
구매의도	3.87	3.66	2.90

표 5 **정보처리 용이성에 따른 소비자 반응차이 분석**

가격할인을 표기할 때 정상가와 할인가 가운데 어떤 것을 왼쪽에 표기하는 것이 좋을까요? 최근 연구결과에 따르면 소비자들이 일반적으로 시간의 흐름을 왼쪽에서 오른쪽으로 진행된다고 지각하는 것처럼 가격의 표기 방식도 이와 일치하게 왼쪽에 정상가, 오른쪽에 할인가를 표기하는 것이 더 긍정적인 소비자의 반응을 유도할 수 있습니다[115]. 실험 참가자들에게 빈 박스 두 개를 나란히 제시한 뒤, 과거와 미래를 의미하는 단어 예, before-after, present-future 로 각각의 박스를 채우라는 미션을 주면 80퍼센트 이상이 과거시점의 단어를 왼쪽에, 미래시점의 단어를 오른쪽에 배치하는 것으로 나타났습니다. 이를 반영하여 의자의 정상가 23만 3500원을 왼쪽에 표기하고, 할인가 16만 3600원을 오른쪽에 표기한 광고를 제시하면, 반대 방향으로 표기할 때에 비해 소비자가 인식하는 제품의 품질수준이 높고 프로모션의 매력도가 증가하여 구매의도가 높아지는 것으로 나타났습니다. 그리고 할인가보다 큰 수인 정상가를 왼쪽에 표기하면 할인금액 정상가-할인가 의 계산이 상대적으로 쉬워, 정보처리 용이성이 증가하는 장점도 있습니다. 또 다른 연구에서는 정상가의 폰트 크기를 할인가보다 크게 할 경우 프로모션의 매력도가 증가하고 구매의도가 높아지는 것으로 확인되었습니다[116]. 이는 작은 숫자의 물리적인 크기를 작은 이미지로, 큰 숫자의 물리적인 크기를 큰 이미지로 그리는 인간의 심적 표상 mental representation 과 일치하기 때문입니다. 이처럼 숫자에 대한 소비자의 심적 표상에 대한 이해는 가격전략을 수립하는 데 매우 유용한 정보를 제공합니다[117].

---

115   박스 채우기 미션과 듀오백 실험은 다음의 논문을 참고했습니다. 참조: Jang, J., & Park, E. (2020). "Location does matter: the effect of display locations of regular price and sale price on consumers' responses in comparative price advertising". *International Journal of Advertising, 39*(7), pp.1059~1085.

116   정상가와 할인가를 표기하는 폰트 크기의 효과에 대한 연구는 다음의 논문을 참고했습니다. Coulter, K., & Coulter, R. (2005). "Size does matter: the effects of magnitude representation congruencey on price perceptions and purchase likelihood". *Journal of Consumer Psychology, 15*(1), pp.64~76.

117   수리 인지학과 관련된 논문들은 고려대학교 석관호 교수가 저술한 《가격의 심리학》이란 책에 잘 정리되어 있으며, 이 책도 그 내용들을 참고했음을 밝힙니다. 행동적 가격론(behavioral pricing)에 관심이 많으신 분은 지난 수십 년간 연구결과를 체계적으로 정리해둔 이 책을 읽으시길 강력히 추천합니다.

이와 관련하여 정상가와 할인가를 표기하는 거리가 변하면 소비자의 반응이 달라지는지를 알아본 연구도 있습니다.

우리는 일반적으로 1부터 100까지 숫자를 마음속으로 떠올려보라고 하면, 1과 100 사이의 거리를 1과 10 사이의 거리보다 더 멀게 떠올리는 경향이 있습니다. 이러한 숫자에 대한 심적 표상이 가격전략에 어떻게 적용될 수 있을까요? 연구자들은 7달러짜리 피자 커터를 5달러에 판매하는 프로모션 광고_{할인율 29퍼센트}에서 정상가와 할인가를 표기하는 위치의 간격을 조절하면 소비자의 할인율 인식에 차이가 있는지 분석했습니다[118].

그 결과 7과 5 사이의 간격을 1.8인치_{약 4.6센티미터}로 할 경우 할인율을 25.08퍼센트로 실제보다 낮게 추정했고 간격을 4.2인치_{약 10.7센티미터}로 한 경우 할인율을 31.03퍼센트로 실제보다 높게 인식하는 것으로 확인되었습니다. 이는 숫자의 크기 차이가 클수록 두 숫자를 더 멀리 배치하는 인간의 심적 표상으로 설명됩니다.

더 나은 가격조건을 먼저 제안하라

─────── 가격 설계에 대한 설명을 마치기 앞서 마지막으로 한 가지 부탁을 드리고 싶습니다. 가격 설계를 할 때에는 소비자와 어떻게 장기적인 관계를 구축할지 고민해야지 "소비자에게서 어

118   피자 커터에 관한 연구결과는 다음의 논문을 참고했습니다. 참조: Coulter, K. & Norberg, P. (2009). "The effects of physical distance between regular and sale prices on numerical difference perceptions". *Journal of Consumer Psychology, 19*(2), pp.144~157.

떻게 해야 내가 쓴 돈을 회수할 수 있지"라는 생각으로 접근해서는 안 됩니다. 흔히 마케팅을 가치 창출creating value과 가치 획득capturing value이 결합된 활동이라고 말하는데, 가치 창출에 초점을 맞춘 다른 마케팅 믹스들과 달리 가격 설계의 경우 자칫 가치 획득에 지나치게 무게 중심이 놓일 수 있음을 경계해야 합니다. 아마존이 운영하는 클라우드 서비스인 아마존 웹 서비스Amazon Web Service: AWS는 고객에게 해마다 더 나은 요금제를 선제적으로 제안한다고 합니다.

여러분은 통신회사로부터 지금 우리가 쓰고 있는 요금제가 불필요하게 비싼 요금이니 더 경제적인 요금제로 바꿔보라는 제안을 정기적으로 받고 계신가요? 저는 아직까지 한 번도 받아본 적이 없습니다. 제가 직접 통신사 웹사이트를 방문하거나 콜센터에 전화를 해서 문의해야지만 알 수 있습니다.

기업은 경쟁사의 가격변화에 대응하기 위한 반응적 가격 설계reactive pricing가 아닌 고객에게 더 나은 가치를 제공할 수 있는 선제적인 가격 설계proactive pricing를 해야 장기적인 관계를 구축하려는 마케팅의 본질을 제대로 달성할 수 있습니다.

소비자 전달과정에서
최적의 환경 만들어내기

19

유통 설계

유통 경로가 소비자에게 제공할 수 있는 가치

_____ 유통 설계는 제품또는 서비스이 생산되어 소비자에게 전달되는 과정에서 부가가치extra channel value 를 창출할 수 있는 최적의 조건과 환경을 만들기 위한 노력을 의미합니다. 유통 설계도 가치 전달을 위한 마케팅 믹스 중 하나라는 점을 고려할 때, 유통경로marketing channel [119]에 참여하는 모든 주체가 새로운 가치를 창출할 수 있어야 합니다. 그렇지 못할 경우 유통혁신이란 이름으로 유통경로에서 제거되고 맙니다.

예를 들어 중국의 2위 온라인 전자상거래 기업인 징동닷컴은 직매입과 직거래로 1위 기업인 알리바바와 다른 차별적 가치를 소비자에게 제공하여 큰 인기를 끌고 있습니다. 징동닷컴은 중국의 시골농가에 만보계를 채운 병아리를 제공한 뒤 100만 보 이상을 걸은 건강한 닭을 일반 닭의 세 배 가격으로 직매입하여 도시의 소비자에게 일반 닭의 두 배 가격에 직배송했습니다. 다소 비싼 가격에도 불구하고 건강하게 자란 닭을 선호하는 소비자들의 수요가 늘면서 물량 부족 사태를 겪었다고 합니다. 이는 유통경로에서 중간상을 제거하고 농민, 징동닷컴, 소비자 모두에게 더 나은 공유가치를 제공한 CSV Creating Shared Value 관점의 유통혁신 사례라 할 수 있습니다.

유통경로가 소비자에게 제공할 수 있는 가치를 '서비스 산출service

---

119   흔히 마케팅채널이라 불리는 유통경로는 소비자가 제품이나 서비스를 사용 또는 소비할 수 있도록 도와주는 프로세스에 관여하는 '상호의존적인' 조직집단을 의미합니다(A marketing channel is a set of interdependent organizations involved in the process of making a product or service available for use or consumption). 여기서 특히 상호의존적이라는 말에 주목할 필요가 있는데, 이는 유통경로의 구성원이 소비자에게 더 가치를 제공하기 위해 상호협력할 필요가 있음을 뜻합니다.

output demands: SOD '이라 부르는데, SOD는 여섯 가지 유형으로 분류할 수 있습니다. 바로 위치 편의성spatial convenience, 다양한 제품구색assortment and variety, 정보 제공information provision, 소량구매 가능bulk-breaking, 짧은 대기시간과 배달시간waiting and delivery time, 고객 서비스customer service 입니다.

예를 들면, 우리는 식료품이 필요할 때 멀리 있는 산지를 직접 찾아가지 않고도 가까운 곳①위치 편의성에 여러 종류의 제품을 구비하고 있는②다양한 제품구색 대형 마트에서 종업원의 안내를 받아 쉽게 원하는 물건을 구매③정보 제공할 수 있습니다. 또한 필요한 양만큼만 구매④소량구매 가능할 수 있으며 대기시간 없이 바로 구매하거나 빠르게 배송받을 수 있습니다⑤짧은 대기시간과 배달시간. 혹여나 제품에 하자가 있는 경우 교환, 반품, 환불의 서비스도 쉽게 받을 수 있죠⑥고객 서비스. 이처럼 대형 마트는 여섯 가지 SOD를 잘 충족시킨 덕분에 오랫동안 유통경로에서 생산자와 소비자에게 강력한 힘을 행사할 수 있었습니다.

하지만 최근 온라인 전자상거래 기업인 아마존이 월마트와 같은 대형 마트를 위협하고 있는 것처럼 SOD 측면에서 우위를 가진 새로운 경쟁자가 등장하면 언제라도 유통경로에서 가지는 지위는 변할 수 있습니다.

생산자 입장에서 유통경로를 설계할 때에도 SOD에 대한 소비자의 기대 수준을 반영할 필요가 있습니다. 이때 소비자는 구매 맥락에 따라 각각의 SOD에 대한 기대 수준이 크게 다를 수 있습니다.

예를 들어 브랜드 전문가가 여행 중 만난 브랜드들을 소개하는

《브랜드여행》이라는 책이 있습니다[120]. 이 책을 수업교재로 구매하려는 대학생과 방학 때 배낭여행을 준비하며 읽으려는 대학생은 서비스 산출에 대한 기대가 다를 것입니다. 〈표 6〉과 같이 대학교재로 책을 구매하려는 대학생은 소량구매, 짧은 대기/배달시간, 위치 편의성에 대한 기대가 큰 반면, 다양한 제품구색·고객 서비스·정보제공에 대한 기대는 낮습니다.

서비스산출 유형	수업교재로 책을 구매하는 대학생		방학 때 배낭여행을 위해 구매하는 대학생	
	기대 수준	이유	기대 수준	이유
소량 구매가능	고	수업 때 사용할 책은 한 권이므로 소량판매가 필수	고	같은 책을 여러 권 구매할 이유가 없어 소량판매가 필수
짧은 대기 / 배달시간	고	내일 수업 때 쓸 책이므로 즉각 구매 가능해야 함	저	지금 당장 책이 필요한 것은 아니므로 충분히 기다릴 수 있음
다양한 제품구색	저	교재로 지정된 책을 사면 되므로 구색은 중요치 않음	고	여러 책을 비교한 후 고르고 싶으므로 구색은 중요
위치 편의성	고	당장 필요한 책이므로 가까운 곳에 차 없이도 빠르고 쉽게 방문할 수 있어야 함	중	당장은 필요하지 않지만 차가 없어 가깝거나 대중교통으로 이동이 가능하면 좋음
고객 서비스	저	내가 필요한 책을 바로 선택하기만 하면 되므로 고객 서비스 불필요	중	책을 천천히 둘러보면서 카페가 있다면 서점에서 커피도 한잔 마시고 싶음
정보제공	저	이미 과목의 담당 교수가 책을 지정했으므로 책에 대한 정보는 불필요함	고	재미있고 유익한 책을 추천받고 싶으므로 종업원이 정보를 제공해주길 희망

표 6 구매 집단별 서비스 산출에 대한 기대 수준 분석

---

120   실제로 제가 2020년 12월에 공저로 출간한 책입니다. 책 제목은 다음과 같습니다. 출처: 김상률·김지헌 지음, 《브랜드여행-세계 여행에서 발견한 브랜드의 비밀》, KMAC, 2020.

반면, 방학 때 배낭여행을 준비하는 대학생의 경우 소량구매·다양한 제품구색·정보제공에 대한 기대감이 높으며, 위치 편의성과 고객 서비스에 대한 기대감도 낮지 않습니다. 그 대신 짧은 대기/배달시간에 대한 기대는 낮은 편입니다. 이러한 분석 결과를 토대로 출판사는 두 집단의 유통경로를 서로 다른 SOD에 대한 기대수준을 충족시켜줄 수 있도록 설계할 필요가 있습니다.

예를 들면 첫 번째 고객집단은 구내서점과 당일 배송이 가능한 인터넷 서점으로, 두 번째 고객집단은 교통이 편리한 오프라인 대형 서점으로 경로설계를 하는 것이 효과적일 수 있습니다.

갑자기 평점이 낮아진 이유

＿＿＿＿＿＿＿＿ 한편 유통경로가 소비자에게 제공하는 가치는 하나의 구성원이 아닌 여러 경로 구성원들이 힘을 모을 때 더 효과적으로 전달할 수 있습니다. 유통경로는 일반적으로 공급업자·제조업자·중간상도매상, 소매상을 포함하는 상업 영역commercial sector과, 개인 소비자또는 가계를 의미하는 소비자 영역consumer sector으로 구분됩니다. 우리는 소비자가 '소매상으로부터 특정 제품'을 구매한다고 생각하기 쉽지만, 사실은 소비자가 공급업자·제조업자·중간상으로 구성된 '상업 영역이 상호작용을 통해 만들어내는 가치'를 구매합니다. 이는 시장에서의 브랜드 간 경쟁이 제조업자 간 경쟁이 아니라 상업 영역에 속하는 유통 시스템 전체의 경쟁으로 바라보아야 함을 의미합니다.

예를 들어 소비자는 현대자동차의 싼타페와 혼다의 CR-V 중 어느 것을 살지 고민하는 것처럼 보입니다. 하지만 실제로는 자동차의 부품업체, 대리점, 정비센터 등 유통경로 구성원이 함께 만들어내는 가치수준이 높은 브랜드가 무엇인지 고민하고 있는 것입니다. 따라서 자동차의 마케터는 통합적 관점에서 유통경로 구성원이 시너지를 발휘하며 소비자에게 더 나은 가치를 제공할 수 있는 전략이 무엇인지 고민해볼 필요가 있습니다.

유통경로에서 특히 소비자와 접점에 있는 구성원의 역할은 매우 중요합니다. 이들의 역할에 따라 소비자가 인식하는 가치수준에 큰 차이가 날 수 있습니다. 평소 제가 좋아하는 빵집이 도보로 가기에는 거리가 제법 멀어 자주 방문하기가 어려웠는데, 코로나 시기를 겪으면서 방문객이 뜸했는지 배달 앱을 이용한 주문이 가능해졌습니다. 배달 앱에 입점한 지 얼마되지 않아 이용 후기가 많지는 않았지만 평점이 5점 만점에 가까웠고, 저녁 시간에는 매진된 빵이 많을 만큼 인기가 높았습니다.

그런데 어느 날 평점이 3점대로 급락했고 유료 배송비를 무료로 전환했음에도 저녁 시간에 인기 빵 메뉴가 남을 만큼 이용객들이 확연히 줄었습니다. 갑자기 평점이 낮아지게 된 이유가 궁금해 자세히 들여다보니, 요 며칠째 배송 라이더스의 실수가 겹쳐지면서 1점 후기가 몇 건 발생했기 때문입니다. 후기 내용을 보니 커피 음료 포장이 터지면서 케이크에 다 쏟아졌다고 합니다. 보기 흉할 만큼 엉망이 되었는데도 그걸 그대로 문 앞에 두고 갔다는 내용이었습니다. 빵집 입장에서는 배송 라이더스가 외부 업체이므로 억울하다고 호소할 수 있겠으나, 소비자에게는 배달원이 매장 직원인지 외부 업체 직원인지는 중요하지 않습니다. 약속한 가치를 제대로 제공받지 못했다는 사실만이 중요한 것이죠.

내부 브랜딩이 중요하다

_____ 저희 집은 코로나 시대를 겪으면서 식료품이 필요할 때 대형 마트를 방문하는 대신 새벽배송이 가능한 온라인 쇼핑몰을 주로 이용하게 되었습니다. 저는 이른 아침 이웃에게 방해되지 않게 문 앞에 놓인 배송 박스를 집 안으로 조심해서 옮기느라 각별히 신경을 씁니다. 하지만 두 손으로 박스를 들다보니 문 손잡이를 잡지 못해 '쾅' 하고 소리를 내며 문이 닫혀 당황스러울 때가 있습니다. 그런데 어느 날 '헬로네이처'라는 곳에 주문을 했더니 배송기사

그림 39 헬로네이처의 박스 손잡이

분이 비닐테이프로 〈그림 39〉에서 보는 것과 같이 손잡이를 만들어 두고 갔더군요. 덕분에 한 손으로는 박스를 들고 다른 손으로 문을 편하게 열고 옮길 수 있었습니다.

이날 배송된 물건 중 유기농 바나나가 심각하게 손상되어 환불을 요청했지만, 배송기사의 고객을 배려한 이 작은 행동 하나 덕분에 환불과정의 번거로움을 쉽게 극복할 수 있었습니다.

물론 배송기사의 같은 행동이 소비자에게 항상 같은 가치를 제공할 수 있는 것은 아닙니다. '마켓컬리'라는 곳에서 새벽배송을 이용했을 때도 〈그림 39〉와 같이 여러 박스를 한번에 쉽게 들 수 있도록 비닐 테이프로 손잡이를 만들어둔 모습을 보았습니다.

덕분에 편하게 박스를 집 안으로 들여놓을 수 있었습니다. 하지만 배송기사의 선한 의도와 달리 박스의 비닐테이프 손잡이는 저에게 만족감을 주기보다 조금 불편한 감정을 느끼게 했습니다. 왜냐하면 마켓컬리는 박스에 적어놓은 것처럼 사람에게도 환경에도 더 이로운 배송을 위해 모든 배송 포장재를 재활용 가능한 종이로 바꾸려는 도전All Paper Challenge 을 하는 기업이기 때문입니다.

실제로 마켓컬리의 이러한 기업철학은 많은 사람의 공감을 얻으면서 언론기사에 수차례 보도된 바 있습니다. 하지만 박스를 밀봉한 테이프는 종이였지만, 마지막 순간 배송기사가 손잡이로 만들어놓은 테이프는 비닐 소재였습니다. 종이 테이프로 손잡이를 만들면 쉽게 끊어져서 그랬는지도 모르겠습니다.

그렇다면 마켓컬리가 '도전정신'을 발휘하여 더 튼튼한 종이 테이프를 개발하고 배송기사에게 지급했더라면 어땠을까요? 소비자

그림 40 **마켓컬리 박스 포장**

와 약속한 브랜드 콘셉트를 제대로 전달하기 위해서는 내부 브랜딩 internal branding 이 중요하다는 얘기를 합니다. 전 직원이 브랜드 콘셉트를 알고, 좋아하고, 실천할 때 비로소 소비자에게 약속한 콘셉트가 제대로 전달될 수 있습니다.

비록 고객접점 직원이 우리가 직접 통제할 수 있는 직원이 아닐지라도 이들은 소비자가 지각하는 제품가치에 큰 영향을 미칠 수 있습니다. 따라서 직접 강요를 하지 못하더라도 간접적인 넛지 nudge 를 통해 우리 기업에 좀 더 우호적인 영향을 미칠 수 있도록 행동을 유도할 필요가 있습니다.

예를 들어 우리와 한 팀이라는 연대의식 unity 을 강조하는 것이 도움이 될 수 있습니다. 카픽스 carpix 제품을 온라인으로 판매하는 국내 중소기업인 네오픽스코리아는 〈그림 41〉과 같이 배송 박스에 이렇게 표기함으로써 연대의식을 강조합니다. "우리는 '원팀'입니다. 택배 기사님, 친절 배송 고맙습니다!!!" 이는 다른 온라인 쇼핑몰들이

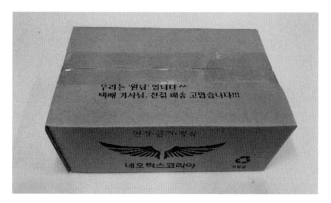

많이 사용하는 "고객님의 소중한 제품입니다. 안전하게 배송해주세요."라는 직접적인 메시지보다 효과적일 수 있습니다.

하지만 여러 기업의 다양한 제품을 신속하게 배송해야 하는 외부 배송기사예, 택배기사의 경우에는 이러한 연대의식의 강조는 효과가 제한적일 수 있습니다. 심지어 너무 바빠서 박스에 적힌 글씨를 읽을 여유가 없을지도 모릅니다. 따라서 이들의 시선을 끌 수 있는 좀 더 강력한 자극이 필요합니다.

3000달러약 336만 원가량 하는 고가 자전거를 판매하는 네덜란드의 반무프VanMoof라는 회사는 미국으로 배송되는 과정에서 제품파손이 잦아 심각한 고민에 빠졌습니다[121]. 처음에는 패키지를 좀 더 튼튼하게 만들고 뽁뽁이를 추가하고, 깨지기 쉬운 물건fragile 이라고 표기하는 등의 방법을 생각했지만, 이는 근본적인 해결책이 되지 못

---

121 〈네덜란드 자전거 회사가 배달 중 파손사고를 막은 간단한 방법〉, 강병진 기자 (2019.1.25.), 허핑턴포스트.

그림 42 반무프의 박스 포장[122]

한다고 판단했습니다. 이때 떠오른 아이디어가 〈그림 42〉와 같이 배송 박스에 평면tv를 그려넣는 것이었습니다. 그 결과 배송 중 제품파손이 무려 80퍼센트나 줄었다고 합니다. 흥미롭게도 이를 비밀로 오랫동안 간직하려 했던 회사의 의도와 달리, 제품 파손 문제를 해결한 창의적인 아이디어는 언론기사를 통해 많은 사람에게 알려졌지만 이후에도 파손이 더 늘지는 않았다고 합니다.

뷰티 제품을 판매하는 온라인 쇼핑몰을 운영하는 지인에게 흥미로운 얘기를 들은 적이 있습니다. 다음 날 꼭 배송되어야 하는 물건이 있으면 아이스 박스 포장을 한다는 것입니다. 택배기사들이 보통익일 배송을 위해 최선을 다하지만 물량이 너무 많을 때에는 다음날로 일부 물량을 미루게 되는데, 아이스 박스에 포장된 물건은 신선제품이라 생각해서 절대 미루는 법이 없다는 것이었습니다.

고객에게 좀 더 빠르고 안전하게 배송하기 위한 기업들의 전략이

---

122   사진 출처: VanMoof 공식 블로그, 출처: 공식 블로그 https://www.vanmoof.com/blog/en/tv-bike-box.

갈수록 진화하고 있습니다. 열악한 환경에서도 우리의 소중한 물건을 안전하게 배달하기 위해 최선을 다하는 택배기사님들을 왠지 속이는 것 같아 조금 미안한 마음도 드는군요.

소비자의 브랜드 경험을 위한 공간

_____ 온라인 거래가 빠르게 성장하고 있지만 여전히 오프라인 공간만의 매력을 무시할 수는 없습니다. 오프라인 매장은 그 자체로 매출 증가에 직접 이바지하지는 못하더라도, 온라인 매장과 역할 분담을 통해 소비자에게 분명 더 나은 가치를 제공하는 데 도움이 될 수 있습니다.

온라인으로 안경을 판매하여 유통구조의 혁신을 불러왔다는 평을 받는 와비파커Warby Parker도 전략적으로 오프라인 매장을 오픈하고 있습니다. 소비자는 와비파커의 온라인 매장에서 다섯 개의 안경테를 주문한 뒤 5일 동안 직접 착용해보고 마음에 드는 안경 하나를 정합니다. 이후 다섯 개 안경을 모두 반품하면 시력정보 등을 이용해 완성된 안경을 재발송해 받게 됩니다. 이를 홈 트라이온Home Try-on 시스템이라 부르는데, 온라인으로 안경을 구매할 때 소비자가 느낄 수 있는 불편한 점들을 해결하고 가격을 매우 저렴하게 낮춤약 100달러 (약 11만 2000원)[123]으로써 열광적인 반응을 얻고 있다고 합니다.

---

123   미국에서는 안경이 매우 비쌉니다. 오프라인 안경점에서 평균 구매가가 약 500달러(약 56만 원)라고 합니다. 이렇다보니 소비자들은 5분의 1 가격으로 판매하는 와비파커에 열광하게 되었습니다.

하지만 안경을 구매해보신 분은 알겠지만 같은 안경이라도 각자의 얼굴 형태예, 눈 사이 거리에 따라 안경테를 조금 조정해야 더 편하게 착용할 수 있습니다. 와비파커가 오프라인 매장을 여는 이유는 온라인 매장에서는 불가능한 이와 같은 고객정보를 수집하는 것이 목표입니다. 즉, 오프라인 매장에서 판매량을 늘려 직접적인 수익을 창출하려는 목적보다는 향후 온라인 안경 판매 시 더 나은 제품을 제공하는 데 필요한 데이터베이스를 구축하기 위한 것이죠.

최근 오프라인 매장을 소비자의 브랜드 경험을 위한 공간으로 활용하는 기업들이 늘어나고 있습니다. 특히 판매제품을 만져보고 느낄 수 있는 단순한 체험공간이 아닌, 브랜드를 하나의 생명체로 바라보며 그 생각과 지향점을 소비자가 느끼고 기억에 남길 수 있도록 설계된 공간이 확산되고 있습니다.

예를 들면 2020년 4월 시몬스 침대는 창립 150주년을 맞아 '시몬스 하드웨어 스토어Simons Hardware Store'라는 팝업 스토어를 성수동 카페거리에 오픈했습니다[124]. 작은 팝업 스토어에는 침대와 매트리스가 전혀 전시되어 있지 않고, 1920년대 시몬스 공장에서 일하던 근로자들이 입던 작업복과 장갑, 공구 등에 예쁜 색을 입혀 굿즈로 판매했습니다[125].

124　성수동에 이어 시몬스는 압구정 갤러리아 백화점·부산 전포동·경기도 이천에도 시몬스 하드웨어 스토어를 오픈했는데, 이천 매장은 판매제품이 함께 전시되어 있는 대규모 매장입니다. 또한 매장이 위치한 지역의 특성을 반영하여 갤러리아점에서는 패션 아이템을, 이천점에서는 쌀을 포장한 제품을 차별화하여 판매하기도 했습니다.

125　'흔들리지 않는 편안함'이라는 슬로건으로 유명한 시몬스가 최근 "매너가 편안함을 만든다(manners maketh comfort)"는 타이틀의 광고를 선보였는데, 이 광고에서도 침대는 전혀 노출되지 않습니다.

시몬스 하드웨어 스토어는 독특하고 이색적인 공간을 찾아다니며 기록 남기기를 좋아하는 MZ 세대의 이른바 '샘성'을 자극하며 2020년 11월 말 기준 누적 방문객 수가 5만 8000명을 넘었다고 합니다[126]. 이어 2020년 12월, 인스타그램에 '#시몬스하드웨어스토어' 태그를 단 게시물만 1만 4000건을 넘었고, '#시몬스팝업스토어' 등 유사한 태그까지 고려하면 MZ 세대에게 이른바 '인스타 성지'가 되었음을 알 수 있습니다.

시몬스는 팝업스토어를 통해 편안한 침대에 대한 체험을 제공하기보다 브랜드의 헤리티지와 사람 냄새 나는 브랜드의 감성을 소비자의 기억에 남기고자 노력했습니다. 덕분에 MZ 세대를 주요 타깃으로 하는 혼수 브랜드인 '뷰티레스트 윌리엄'의 2020년 상반기 매출은 전년 동기 대비 90퍼센트 이상 증가한 약 112억 원을 기록했다고 합니다. 또한 '150살 브랜드의 발랄함'과 같은 인터넷 글들의 제목에서도 알 수 있듯이, 오래된 브랜드의 재활성화Brand revitalization에도 크게 이바지한 것으로 평가할 수 있습니다.

하이트진로는 2020년 8월 성수동에 '어른이 문방구'라는 콘셉트의 팝업 스토어인 '두껍상회'를 오픈하여 70일간 운영했습니다. 진로의 두꺼비 캐릭터를 이용해 만든 여러 굿즈가 큰 인기를 끌면서 하루 평균 140명이 방문했다고 합니다. 코로나 기간임을 감안하면 매우 성공적인 공간 마케팅의 결과라 할 수 있습니다. '요즘소맥잔',

---

126   시몬스하드웨어스토어 설명에 제시된 수치는 다음의 기사를 참고했습니다. 참조: [DBR/Case Study:] 〈인스타그램 입소문 타고… '침대 없는 침대광고' 먹혔다〉, 이병주 DBR객원 편집위원 (2020.12.9.), 동아일보.

그림 43 **하이트진로의 두껍상회.** 출처: 하이트진로 홈페이지

'참이슬백팩' 등의 일부 굿즈는 소셜미디어를 중심으로 화제가 되면
서 1인당 판매 개수를 제한했다고 합니다. 주류업체인 하이트진로
가 술을 팔지 않고 참신하고 기발한 문구용품을 판매하는 팝업 스
토어를 연 것은 새로운 소비계층으로 주목받고 있는 MZ 세대의 놀
이문화를 잘 이해한 것이라 할 수 있습니다.

스타벅스가 밀라노를 사로잡은 비결

_____ 이 밖에도 선글라스 브랜드인 젠틀몬스터는 대중목
욕탕을 쇼룸으로 활용하여 제품판매와 홍보에 주력하기보다 소비자
의 이색적인 공간체험에 집중했습니다. 그 결과 소비자의 자발적인
확산과 공유를 통해 브랜드의 인지도가 높아질 수 있었으며 창의적
이고 감각적인 브랜드 이미지를 소비자의 기억 속에 효과적으로 각
인시킬 수 있었습니다. 또한 패션 브랜드인 아르마니 Armani 와 생활

용품 유통 브랜드인 무인양품MUJI이 호텔을 운영하는 것도 소비자와의 브랜드 접점을 라이프 스타일 선반으로 확대함과 동시에, 다양한 브랜드 체험을 제공함으로써 좀 더 긍정적인 브랜드 연상을 만들기 위한 공간 브랜딩 활동의 일환이라 할 수 있습니다.

한편 브랜드의 상징성을 보여주기 위한 플래그십 스토어flagship store 운영도 소비자가 브랜드에 대해 지각하는 가치를 높일 수 있는 좋은 전략이 될 수 있습니다. 동서식품의 커피 브랜드인 맥심은 2018년 4월 이태원에 7층 규모지하 4층, 지상 3층의 '맥심 플랜트Maxim Plant'라는 스페셜티 커피 전문점을 오픈했습니다. 맥심 플랜트는 '커피나무coffee plant, 공장production plant, 문화를 심는 공간culture plant'이라는 세 가지 테마를 가지고 만든 플래그십 스토어로 '도심 속 정원, 숲속 커피 공장'을 지향한다고 합니다. 이곳에서는 원두가 저장되고 이동하는 사일로 시스템silo system뿐 아니라 로스팅하는 모습도 직접 볼 수 있습니다.

또한 층별로 전시된 다양한 예술작품을 감상할 수 있으며 집합교육또는 미팅이 가능한 16석의 회의 공간을 가지고 있다고 합니다. 맥심 플랜트는 스타벅스 리저브 매장 바로 옆에 위치하고 있는데, 이는 맥심의 커피 품질에 대한 자신감을 보여주기 위한 의도된 선택이 아닌가 생각됩니다. 스타벅스를 압도할 만한 스페셜티 매장을 같은 공간에 놓음으로써, 주력제품인 인스턴트 커피의 품질인식 개선에도 큰 도움이 될 것으로 보입니다. "이태원 한남동 맥심플랜트, 스타벅스를 초라하게 만드는 카페," "동서식품의 야심 찬 반격. 게섯거라 스타벅스" 등의 블로그 제목을 보면 맥심 플랜트의 상징적인 효과를 짐작할 수 있습니다.

한편 스타벅스는 2018년 9월 이탈리아의 밀라노에 전 세계 두 개밖에 없는 프리미엄 매장인 '리저브 로스터리'를 오픈했습니다. 전 세계에서 네 시간마다 매장을 하나씩 오픈할 만큼 공격적으로 시장을 확대해온 스타벅스이지만, 에스프레소의 본고장인 이탈리아 진출은 완벽하게 준비되지 않았다는 이유로 몇 번이나 계획을 뒤집을 만큼 공을 들였다고 합니다. 스타벅스의 이탈리아 진출에 대해 일부 사람들은 '이탈리아에서 도미노 피자를 파는 것과 다르지 않다'며 비웃기도 했습니다.

사실 이탈리아인에게 스타벅스는 인스턴트 커피와 다르지 않게 인식되고 있었기 때문입니다. 하지만 스타벅스는 철저히 현지화한 프리미엄 전략으로 오픈한 지 6개월도 채 안 돼 매달 5만 잔 이상의 커피가 팔리는 인기 매장이 되었다고 합니다[127].

먼저 오래된 우체국을 리모델링해 유럽스타일의 고풍적인 외형을 갖추면서도 내부시설은 커피가 만들어지는 전 공정을 시각적으로 보여줄 수 있는 화려한 스타일로 꾸몄습니다. 또한 30여 개국에서 공수한 최고급 원두를 사용한 커피뿐 아니라 이탈리아인의 식문화를 반영해 칵테일과 피자 등의 간단한 음식도 함께 판매했습니다. 덕분에 인근 카페에서 보통 1유로약 1340원에 판매하는 에스프레소를 스타벅스는 1.8유로약 2420원에 판매함에도 불구하고 까다로운

---

127   스타벅스 밀라노점에 대한 내용은 다음의 기사를 참고했습니다. 참조: [인싸Eat] 〈한 달에 5만 잔… 깐깐한 이탈리아도 '스벅'에 줄 섰다〉. 강기준 기자 (2019.2.24.). 머니투데이.

이탈리아 소비자들이 적극적으로 지갑을 열고 있다고 합니다.

참고로 이탈리아인이 가장 좋아하는 스타벅스 메뉴는 에스프레소와 함께 카푸치노, 카라멜 마끼아또, '프라푸치노'라고 합니다. 몇 해 전 이탈리아에서 오랫동안 생활한 제자가 잠깐 한국에 들어왔을 때 스타벅스를 함께 방문한 적이 있습니다. 제자는 프라푸치노를 주문하면서 이탈리아인은 얼음이 들어간 차가운 커피를 먹지 않아서 아이스커피가 그리웠다고 말하더군요. 처음에는 이탈리아인의 이러한 커피 취향을 고려하여 스타벅스 밀라노 매장에는 프라푸치노 메뉴가 없었다고 합니다. 그런데 고객의 요청으로 다양한 프라푸치노 메뉴가 추가되었다는 얘기를 듣고 조금 놀라웠습니다. 어쩌면 이탈리아인이 아니라 이탈리아를 여행 중인 관광객의 요청이 아니었을까 하는 생각이 들기도 했습니다.

어찌 됐든 스타벅스는 밀라노 매장의 성공에 고무되어 2021년 로마를 시작으로 베네치아 등 이탈리아 주요도시로 매장을 확대해 갈 계획이라고 합니다. 이탈리아의 첫 매장인 밀라노점의 성공은 그 의미가 각별합니다. 난공불락의 요새로 보이던 이탈리아 진출의 교두보를 마련했다는 의미도 있지만, 하워드 슐츠 전 회장이 밀라노 여행 중 스타벅스 설립에 대한 아이디어를 얻었다는 에피소드가 있기 때문입니다. 게다가 스타벅스가 커피맛에 까다로운 이탈리아인을 사로잡았다는 것은 매우 중요합니다. 스타벅스가 품질은 별로인데 가격만 비싸다고 생각하는 일부 소비자의 부정적인 인식을 개선할 수 있는 좋은 근거가 될 수 있기 때문입니다.

점이 아닌 선, 선이 아닌 면을 설계하라

_____ 유통 설계의 목적이 브랜드에 대한 소비자의 경험 극대화라면 '점이 아닌 선, 선이 아닌 면'을 활용한 경험의 설계가 효과적입니다. 제가 멕시코의 칸쿤 여행을 가기 전 호텔을 알아보니 해변을 따라 호텔이 밀집해 있는 호텔존hotel zone이라는 곳이 있었습니다. 이곳에 위치한 호텔은 다른 곳에 위치한 동급 호텔보다는 가격이 조금 비싸긴 했지만, 당일투어 상품을 이용할 때 호텔존은 픽업서비스가 가능했고 대중교통을 통해 호텔 간 이동이 편했습니다. 또한 같은 계열의 호텔끼리는 같은 곳에서 장기 숙박 시 지루해질 수 있는 부대시설 수영장, 뷔페 식당 등을 교차 이용할 수 있도록 해 소비자의 경험을 개선했습니다. 하나의 호텔은 '점'을 활용한 경험 설계만 가능하지만 여러 호텔이 호텔존에 모여 시너지 효과를 발휘하면 '선'을 활용한 경험 설계가 가능한 것이죠.

그렇다면 면을 활용한 경험 설계는 무엇을 의미할까요? '마을호텔 18번가'라는 곳을 들어본 적이 있으신가요?[128] 이곳은 강원도 정선 고한 18리의 마을 주민들이 석탄산업이 쇠퇴하면서 황폐한 마을을 살리기 위해 힘을 합쳐 만든 마을호텔의 이름입니다. 마을호텔이란 개념이 다소 생소할 수 있는데요, 마을 전체가 다양한 편의시설을 공유하면서 거대한 숙박시설의 기능을 수행하는 것이라 볼 수 있습니다. 이곳에 가면 예쁜 파스텔 톤 색상으로 외관을 새 단장한 나즈막한 건물들을 바라보며 한적한 길을 걷는 것만으로도 마음의

~~~~~~~~
128 〈마을 전체가 호텔, '5성급 시골'서 호캉스〉, 이현진 기자 (2020.10.26.), 농민신문.

힐링을 얻을 수 있다고 합니다.

물론 고급호텔이 제공하는 멋진 수영장이나 피트니스 센터 등은 찾아보기 힘들지만, 시골마을의 사진관, 이발관, 식당, 카페 등을 할인된 가격으로 이용할 수 있습니다. 게다가 마을회관에는 여행정보를 제공하기 위해 주민들이 상시 대기 중이라고 합니다. 마을호텔의 탄생은 생산자가 아닌 소비자 입장에서 여행의 경험을 새롭게 해석한 결과라 할 수 있습니다. 최근 들어 기업이 브랜드 포트폴리오 전략을 수립할 때 자사의 상품을 넘어 고객경험 관점에서 좀 더 거시적인 관점으로 바라볼 필요가 있다는 주장이 제기되고 있습니다.

예를 들어 항공사는 호텔과 렌터카가 자사 상품이 아니더라도, 고객이 '여행'이라는 경험에 이들을 모두 포함시킨다면 브랜드 포트폴리오 전략을 수립할 때 이들을 함께 고려할 필요가 있다는 의미입니다. 브랜드 포트폴리오 전략의 관점이 확대될 때 선을 넘어 면을 활용한 소비자 경험의 설계가 가능합니다.

최근 '면'을 활용한 소비자 경험의 설계는 이종산업의 유통매장들이 융합되어 자연스레 소비자의 삶 속에 녹아드는 모습을 보이고 있습니다. 2019년 3월 탄생한 감성편의점인 고잉메리Going Mary[129]가 대표적인 사례입니다. 브랜드 네임에서 느껴지듯이 고잉메리는 낯설어 보이는 것들을 결합하여 시너지를 내는 것을 목표로 하는

---

129 여인호 대표가 《원피스》라는 만화의 매니아인데, 이 만화에 나오는 첫 번째 배인 '고잉메리호'에서 그 이름을 따왔다고 합니다. 다만 배이름에 사용된 단어 Merry를 브랜드의 콘셉트를 잘 표현해주는 Mary로 바꿔사용했다는 군요. 친숙함에 새로운 콘셉트를 입힌 재치 있는 네이밍으로 보입니다. 한편 고잉메리는 옥토끼 프로젝트(캐네디 대통령 시절 문샷 프로젝트의 도전정신을 따서 지은 이름)를 통해 탄생한 독특한 '요괴라면'이 월 6만~7만 개나 팔리는 큰 인기를 누리자, 사무실을 요괴소굴이라 짓고 실험적인 유통매장을 연 것이라고 합니다.

브랜드입니다.

　매장에 들어서면 오락실에서나 볼 듯한 레트로 게임기가 있고, 요괴라면이라는 독특한 메뉴도 있으며, 스테이크, 회, 와인과 같은 고급음식에 MZ 세대의 필수템인 와플 기계도 비치되어 있습니다. 누군가에게는 고잉메리가 편의점으로, 다른 누군가에게는 분식점으로, 또 다른 누군가에게는 레스토랑으로 느껴집니다. 완전히 다른 유형의 매장에서 기대할 수 있는 독특한 아이템들이 조화를 이루며 소비자의 감성을 자극하고 있다고 하네요. 흥미로운 것은 고잉메리가 매장 내 이질적인 아이템의 결합을 넘어 다른 업종의 유통매장과 결합을 시도하고 있다는 점입니다[130].

　예를 들면 2021년 2월 강남역 하나은행 1층에 인스토어로 입점할 계획이라고 합니다. 은행을 방문하는 고객에게 간단한 음식과 술, 옷 등을 판매하거나 반대로 고잉메리를 방문한 고객이 은행업무를 볼 수 있습니다. 저희 동네에도 얼마 전 은행 지점이 문을 닫았습니다. 통장개설, 입출금, 송금 등 단순한 기능적 혜택만을 제공하던 공간은 온라인에서 충분히 대체가 가능했기 때문입니다.

　예전에 어디선가 은행지점이 살아남기 위해서는 동네 사람들이 모여서 소통할 수 있는 공간, 즉 마을회관 같은 역할을 해야 한다는 얘기를 들은 적이 있습니다. 고잉메리가 은행과 결합해서 소비자에게 더 나은 공간의 가치를 제공함으로써, 오프라인 은행지점이 존재해야 하는 새로운 이유를 만들 수 있을지 기대됩니다.

<hr>

130　〈레드오션 승부수… '요괴라면' 역발상 전략 통했다〉, (2020.12.17.) 한경닷컴 뉴스룸.

마케팅 커뮤니케이션의 목표는
'판매' 아닌 '관계'다

20

프로모션
설계

내가 알고 있는 걸
소비자도 알 거라는 '지식의 저주'

＿＿＿＿＿＿＿＿ 흔히 프로모션이라고 하면 마트에서 하나 사면 하나를 끼워주는 1+1과 같은 판촉 활동sales promotion을 떠올리기 쉽습니다. 물론 판촉도 프로모션의 여러 유형 가운데 하나이긴 하지만, 마케팅 믹스에서 프로모션을 설계한다는 말은 마케팅 커뮤니케이션을 설계한다는 것을 의미합니다. 즉, 우리 제품의 가치를 알고 좋아하고 선택하도록 하기 위한 설득의 과정을 고민하는 것이죠[131]. 1+1의 판촉 활동을 하면 소비자의 시험구매 가능성을 높여, 우리 제품의 가치를 좀 더 빠르게 이해하고 좋아하게 만들어 재구매를 유도할 수 있습니다. 따라서 1+1 프로모션도 여러 마케팅 커뮤니케이션의 수단 가운데 하나로 볼 수 있는 것이죠.

마케팅 커뮤니케이션은 4단계의 순차적 목표를 가집니다. 제품범주에 대한 욕구category need, 브랜드 인지도brand awareness, 브랜드 태도brand attitude, 브랜드 구매의도brand purchase intention의 목표가 순차적으로 달성되어야 우리 브랜드가 소비자의 선택을 받을 수 있습니다.

예를 들어, 소비자들이 네스프레소 캡슐 커피머신을 구매하기 위해서는 먼저 캡슐 커피머신에 대한 욕구①제품범주 욕구를 가져야 하며, '네스프레소'라는 브랜드를 알아야 합니다②브랜드 인지. 또한 네스프레소 캡슐 커피머신이 다른 캡슐 커피머신에 비해 어떤 차별적

131　마케팅 커뮤니케이션의 목표를 3H라고 얘기합니다. 이는 소비자가 우리 제품의 가치를 머리로 이해하고(Head), 가슴으로 좋아하고(Heart), 손으로 구매(Hand)하도록 설득하는 것을 의미합니다.

가치를 가지는지를 깨닫고 좋아하는 감정 ③브랜드 태도을 가져야 하며, 네스프레소를 구매하려는 행동의도 ④브랜드 구매의도를 가져야 합니다.

이러한 마케팅 커뮤니케이션의 단계적인 목표를 효과적으로 달성하기 위해서는 광고, 홍보, 인적 판매, 판촉 등의 프로모션 믹스 promotional mix 를 통합적인 관점에서 설계할 필요가 있습니다.

예를 들면, 스마트 워치를 출시하는 기업은 신제품 설명회와 같은 홍보 활동을 통해 제품범주에 대한 욕구를 발생시킨 뒤 광고를 통해 브랜드 인지도와 태도를 증가시키고, 인적 판매와 판촉 활동을 통해 구매의도를 증가시키는 방식입니다. 이때 특히 중요한 것은 프로모션 믹스가 일관된 하나의 목소리를 내는 것입니다. 그래야 제대로 제품의 가치를 전달할 수 있고 경쟁 브랜드가 쉽게 넘보지 못하는 단단한 고정관념을 만들 수 있습니다.

자, 이제 마케팅 커뮤니케이션을 설계할 때 기억해두면 유용한 몇 가지 조언을 드리고자 합니다. 첫째, 내가 알고 있는 것을 소비자도 당연히 알고 있을 것이라고 착각하는 '지식의 저주The curse of knowledge'를 피해야 한다는 것입니다[132].

특히 일반인들이 어려워하는 하이테크 제품의 커뮤니케이션을

---

132   1990년에 엘리자베스 뉴턴(Elizabeth Newton)은 '두드리는 사람과 듣는 사람(Tapper and Listener)'이라는 주제로 흥미로운 실험을 진행했습니다. 실험 참가자들을 두 집단으로 구분하여 한 집단은 미국인이라면 누구나 잘 알고 있는 25곡의 노래 가운데 한 곡을 선택한 뒤 그 노래의 리듬에 맞춰 두드리도록 하고, 다른 집단은 노래의 제목을 맞히도록 했습니다. 놀랍게도 120회 진행된 실험에서 두드리는 사람이 예상한 평균 정답률은 50퍼센트였지만, 듣는 사람의 실제 정답률은 2.5퍼센트에 지나지 않았습니다. 이는 이미 노래의 제목을 알고 두드리는 사람은, 듣는 자가 노래 제목을 알기 어렵다는 사실을 결코 이해할 수 없는 '지식의 저주'에 걸렸기 때문이라 할 수 있습니다.

담당하는 마케터는 각별히 주의할 필요가 있습니다. 제가 통신사의 연구소에서 근무하던 시절 팀원들과 회의 때 어려운 통신 용어들을 자주 사용하다보니, 소비자도 당연히 이 용어를 이해하고 있을 것이라 착각한 적이 있었습니다. 소비자 인터뷰를 할 때에도, 설문조사를 할 때에도, 광고물을 제작할 때에도 이러한 우리의 착각이 커뮤니케이션의 효과를 심각하게 손상시킬 가능성이 있습니다.

따라서 우리는 커뮤니케이션에 사용하는 모든 용어를 소비자가 전혀 모른다는 관점에서 하나씩 점검해보아야 합니다. 소비자의 정보처리 용이성이 떨어지면 주의가 감소하고 선호도가 낮아지는 경우를 입증한 마케팅 연구들이 적지 않습니다.

브랜드의 존재 이유와 차별화된 과정

_____ 둘째, 소비자가 인식하는 가치수준을 제고하기 위해서는 최종 결과물만 보여줄 것이 아니라 차별화된 '과정'을 적극적으로 커뮤니케이션 할 필요가 있습니다. 파블로 피카소와 관련된 유명한 일화가 있습니다[133].

어느 날 피카소가 카페에 앉아 있는데, 그를 알아본 한 여인이 디가와 종이와 연필을 건네며 자신의 모습을 그려주면 충분히 보상을 해주겠다고 말했습니다. 피카소는 몇 분만에 그림을 완성했고 그녀에게 50만 프랑약 8000만 원을 요구했습니다. 여인은 가격을 듣고 깜

---

133 〈5분 만에 그린 그림이 8천만 원이 된 사연: 천재 화가 피카소의 일화〉, (2018.2.16.), 1boon.

짝 놀라며 겨우 몇 분 만에 그린 작품을 어떻게 이렇게 비싸게 팔수 있냐고 화를 냈습니다. 그러자 피카소는가 이렇게 답했습니다.

"내가 당신을 이렇게 그릴 수 있게 되기까지 40년이 걸렸소."

화가가 자신의 인생을 모두 투자한 대가로 보면 8000만 원이 비싸지 않을 수 있습니다. 소비자는 눈앞에 보이는 결과물만 보고 가치를 평가하는 경향이 있습니다. 소비자가 우리 제품에 대해 차별적 가치를 느끼도록 하기 위해서는 '차별화된 과정'을 적극적으로 커뮤니케이션 할 필요가 있습니다.

제가 근무하는 학교 근처에 1인 청년 바리스타가 운영하는 커피 전문점이 있었습니다. 동료 교수님들과 점심식사 후 가끔 담소를 나누러 들르곤 했는데요. 손님이 아주 많은 곳은 아니었지만 혼자서 운영하다보니 늘 바빠 보였습니다.

어느 날 갑자기 매장 입구에 수제 마카롱을 판매한다는 X배너가 보였습니다. 한 개 2000원으로 유명 프랜차이즈 커피전문점과 비교했을 때 그렇게 저렴한 가격도 아니었기에 저는 늘 커피만 구매할 뿐 마카롱에는 큰 관심을 두지 않았습니다.

그런데 어느 날 동료 교수님이 이 집 마카롱이 생각보다 엄청 맛있다고 추천하면서 흥미로운 얘기를 들려주었습니다. 사장님의 어머니가 혼자 카페를 운영하는 아들이 너무 바빠 식사도 못하는 모습이 안타까워 식사대용으로 먹으라고 직접 만든 수제 마카롱이라는 얘기였죠. 이 얘기를 듣고 나니 마카롱의 맛이 너무 궁금했습니다. 실제로 구매해서 먹어봤더니 많이 달지도 않았고, 왠지 좋은 재료로 만든, 건강에 좋은 간식일 것 같다는 생각에 제 아들을 위해 몇 개 더 구매했습니다.

한편으로는 이렇게 좋은 제품의 탄생 스토리를 마케팅 커뮤니케이션에 적극적으로 활용하지 못하는 모습이 안타깝기도 했습니다. '저희 엄마가 제가 먹으라고 직접 만든 수제 마카롱입니다'라는 메시지 하나만 추가되어도 훨씬 가치가 높아졌을 텐데요. 엄마가 실제로 마카롱을 만드는 과정을 보여주는 사진을 몇 장 찍어서 붙여놓았더면 어땠을까요? 마카롱에 대한 가격 저항감을 줄일 수 있을 만큼 소비자에게 충분한 가치를 제공할 수 있었을 겁니다.

이처럼 마케팅 커뮤니케이션을 할 때에는 공감할 수 있는 브랜드의 존재 이유why를 제시하는 것은 효과적입니다. 또한 결과물what이 어떤 과정을 통해 만들어지는지how를 보여준다면 더 높은 가치를 전달할 수 있습니다. 얼마 전 카페 앞을 지나가다 보니 코로나의 여파를 견디지 못해서인지 이곳은 문을 닫았더군요. 왠지 아들을 걱정하던 어머니의 마음이 오버랩되면서 씁쓸한 마음이 느껴졌습니다.

시간적 분기점을 활용하고
함께 참여하는 이벤트를 기획하기

_____ 셋째, 마케팅 커뮤니케이션을 할 때에는 소비자의 관심을 끌고 선택에 개입할 수 있는 적절한 타이밍을 잘 포착할 필요가 있습니다. 특히, 목표를 설정하고 이를 달성하기 위한 노력을 해야겠다는 결심을 하게 되는 시간적 분기점temporal landmark을 잘 활용할 필요가 있습니다. 예를 들면 누구나 새해가 되면 새로운 목표

를 세우고 작심삼일이 될지언정 처음에는 목표 달성을 위해 노력합니다. 연구결과에 따르면 이러한 '새출발 효과the fresh start effect'는 주초, 월 초, 학기 초, 새해, 생일 등의 시간적 분기점에 주로 나타나는 것으로 확인되었습니다[134]. 다이어트에 대한 구글검색이 늘어나고 피트니스 센터의 방문자가 많아지는 것이죠. 따라서 마케터는 시간적 분기점에 소비자의 선택에 개입하여 의미 있는 변화를 만들려는 노력을 하는 것이 필요합니다. 이때 소비자와의 관련성을 높일 수 있다면 그 효과는 배가될 수 있습니다. 예를 들어, 월급날에 맞춰 소비자가 노인이 되었을 때 어떤 모습일지를 추정한 가상의 사진을 보여주면 미래지향적인 사고가 증가합니다. 이때 연금저축을 권하면 가입할 가능성이 더 높아질 수 있습니다[135].

넷째, 소비자와 함께 놀 수 있는 이벤트를 기획하는 것도 좋은 마케팅 커뮤니케이션 전략입니다. 2011년 세계 각지의 예술작품을 전시하는 것으로 유명한 호주의 한 호텔은 '스틸 뱅크시Steal Banksy'라는 매우 흥미로운 이벤트를 진행했습니다[136]. 멜버른에 있는 세 개 지점에서 번갈아가며 뱅크시Banksy가 그린 1600만 원 상당의 고가의 그림 제목: No Ball Games을 전시해두고, 호텔 숙박객에 한해서 그림을 합법적으로 훔쳐갈 수 있도록 하는 이벤트였습니다. 물론 CCTV

134   Dai, H., Milman, K., & Riis, J. (2014), "The Fresh Start Effect: Temporal Landmarks Motivate Aspirational Behavior", *Management Science*, pp.1~20.

135   Hershfield et al. (2011), "Increasing saving behavior through age-progressed renderings of the future self", *Journal of Marketing Research*, XLVIII, pp.23~37.

136   스틸뱅크시 사례는 다음의 기사 내용을 참고했습니다. 〈호텔에서 1600만 원짜리 작품 훔쳤는데 무죄? 고객에게 '도둑질'시켰는데도 수익률이 300%나 증가한 이상한 호텔〉, 박성지 기자 (2018.11.20.), 인터비즈.

를 통해 철저히 감시하고 있는 직원들의 눈을 피할 수 있어야겠죠. 이벤트를 시작한 지 4일째 소셜미디어 전문가인 두 여성이 그림을 운반하는 호텔 직원의 신상을 소셜미디어를 통해 확보하고, 신들린 연기를 펼치며 그림을 들고 무사히 호텔을 빠져나올 수 있었습니다.

이후에도 여러 작품을 훔치는 이벤트를 진행하여 큰 인기를 누리면서, 무려 4주 동안 1500개의 방이 만실이 되며 300퍼센트 이상 수익률이 증가했다고 합니다.

또한 전 세계 61개국의 언론들이 이 호텔의 창의적인 이벤트를 소개하면서 유명 셀럽들도 적극적으로 참여했다고 합니다. 이 정도 성과면 칸 국제 광고제의 PR 부문 황금 사자상을 받은 것도 무리가 아니겠죠. 이처럼 프로모션을 기획할 때에는 소비자의 단순한 체험을 넘어 함께 즐기고 놀 수 있는 이벤트를 기획해야 주목받을 수 있고 투자성과가 좋게 나타날 수 있습니다.

최종 결과물보다 매개물의 최적화가 중요하다

_____ 다섯째, 사은품을 설계할 때는 소비자 심리학 분야의 연구결과들을 참고할 필요가 있습니다. 우선 소비자가 목표에 가까워졌다는 환상을 가지게 하는 것이 필요합니다[137].

생쥐가 열 개의 미로를 통과해야 치즈를 먹을 수 있을 때, 각각의

137　커피 쿠폰과 관련된 실험연구 내용은 다음의 논문을 참고했습니다. 출처: Kivetz, R., Urminsky, O., & Zheng, Y. (2006). "The goal-gradient hypothesis resurrected: purchase acceleration, Illusionary goal progress, and customer retention", *Journal of Marketing Research, 43*(1), pp.39~58.

미로를 통과하는 속도는 치즈와 가까워질수록 빨라집니다. 마케팅 학자들은 인간도 이와 같이 목표와 거리가 가까워질수록 목표 달성을 위해 더 많은 노력을 한다고 주장합니다[138]. 이는 목표와의 거리를 좀 더 짧아보이게 조작하면 소비자의 빠른 구매행동을 유도할 수 있음을 의미합니다.

예를 들어 열 개 도장을 찍으면 공짜 커피를 얻을 수 있는 쿠폰 대신, 열두 개 도장을 찍어야 공짜 커피를 얻을 수 있는 쿠폰에 미리 두 개의 도장을 찍어서 주는 겁니다. 어차피 소비자가 찍어야 하는 도장의 수는 열 개로 동일하지만, 소비자가 인식하는 목표와의 거리는 달라질 수 있습니다. 목표와의 거리를 "앞으로 남은 도장 수/전체 도장 수"로 계산해보면, 전자의 경우 1 $_{10/10}$ 인 반면, 후자의 경우는 0.83 $_{10/12}$ 으로 목표까지의 거리를 상대적으로 짧게 느낄 수 있습니다. 따라서 남은 도장을 찍는 속도가 빨라질 수 있습니다.

대학 내 카페에서 진행한 현장실험 결과에 따르면, 실제로 후자가 전자에 비해 도장을 모두 찍는 데 걸리는 시간이 약 3일 정도 빠른 것으로 나타났습니다. 또한 목표를 달성하여 공짜 커피를 얻은 고객이 더 행복한 표정으로 카페 종업원과 대화를 주고받으며 팁을 남길 확률이 높은 것으로 확인되었습니다.

또 다른 연구에서는 "소비자의 매개물 최적화medium maximization

---

138   마케팅 학자들은 '목표거리 모델(Goal Distance Model)'을 제시했습니다. 목표거리 모델에서는 목표와의 거리(Goal Distance; GD)를 "목표달성을 위해 요구되는 전체 노력의 양 대비, 앞으로 목표달성을 위해 필요한 노력의 양"으로 측정합니다. 열 개 도장을 찍으면 공짜 커피를 얻을 수 있는 쿠폰이 있다고 합니다. 이때 세 개의 도장을 찍었을 때(GD=7/10)보다 네 개의 도장을 찍었을 때(GD=6/10) 추가로 도장 하나를 찍는 데 들어가는 평균 시간이 줄어들 수 있습니다.

성향을 활용하라"는 시사점을 얻을 수 있습니다[139]. 소비자는 자신의 노력수준을 결정할 때, 최종 결과물보다 매개물의 최적화에 초점을 두는 경향이 있습니다. 96명의 대학생들에게 6분짜리 일을 도와주면 바닐라 아이스크림을 주고 7분짜리 일을 도와주면 피스타치오 아이스크림을 주는 옵션 중 하나를 선택하라고 했을 때, 참가자의 약 75퍼센트가 6분짜리 일을 선택하는 것으로 나타났습니다.

하지만 실험조건을 살짝 바꾸었더니 선호가 뒤집혔습니다. 6분짜리 일을 도와주면 바닐라 아이스크림으로 바꿔 먹을 수 있는 60포인트를 지급하는 옵션과, 7분짜리 일을 도와주면 피스타치오 아이스크림으로 바꿔 먹을 수 있는 100포인트를 지급하는 옵션 중 선택하라고 한 것입니다. 그랬더니 약 55퍼센트가 7분짜리 일을 선택했습니다. 이는 소비자가 대안을 평가하고 선택할 때 최종 결과물인 아이스크림의 최적화가 아닌 매개물인 포인트의 최적화를 중요시함을 말해줍니다.

만약 피스타치오의 원가가 바닐라 아이스크림보다 저렴한 경우, 포인트 수준을 조작함으로써 프로모션 비용을 절약할 수 있습니다. 소비자에겐 불행한 얘기이지만, 행동경제학자들은 소비자가 이러한 비합리적인 행동들을 스스로 통제하기가 쉽지 않다고 주장합니다. 반대로 마케터의 입장에서는 강력한 무기가 될 수 있죠.

139　Hsee, C., Yu, F., Zhang, J., & Zhang, Y. (2003). "Medium Maximization," *Journal of Consumer Research, 30*(1), pp.1~14.

소비자는 실용재보다는 쾌락재를 선호한다

_____ 지금까지는 '어떻게' 사은품을 줄 것인가에 대해 논의했는데, 이제 '어떤' 사은품을 줄 것인가에 대해 얘기해보도록 하죠. 사은품은 크게 쾌락재hedonic goods 와 실용재utilitarian goods 두 가지 유형으로 나눠볼 수 있습니다. 실용재는 소비자에게 주로 기능적이고 도구적인 혜택을 제공하는 것으로 생필품과 같이 없어서는 안 되는 필수품예, 교통카드인 반면, 쾌락재는 소비자에게 즐거움 또는 재미와 같은 경험적 혜택을 제공하는 것으로 없어도 되지만 있으면 더 행복해지는 사치품예, 영화 티켓이라 할 수 있습니다.

소비자는 일반적으로 실용재보다는 쾌락재를 사은품으로 받는 것을 선호하는 경향이 있습니다. 이는 소비자가 자신의 구매행동을 합리화할 수 있는 이유를 가진 제품을 더 선호한다는 '구매 합리화 이론justification-based theory'으로 설명이 가능합니다. 쾌락재는 소비자에게 더 큰 행복감을 줄지 몰라도 실용재와 달리 자신의 구매행동의 이유를 설명하는 것이 쉽지 않으며 불필요한 소비를 했다는 죄책감을 줄 수 있습니다. 따라서 소비자는 쾌락재를 자신이 구매하지 않고 사은품으로 받으면 이러한 심적 부담에서 벗어날 수 있기에 더 선호하게 됩니다.

그런데 소비자가 항상 쾌락재의 사은품을 실용재의 사은품보다 더 선호할까 하는 의문이 들었습니다. 저는 소비자가 구매하는 제품의 유형이 실용재인지, 쾌락재인지에 따라 선호하는 사은품의 유형이 달라질지도 모른다는 생각을 했습니다. 그래서 150명의 대학생을 대상으로 온라인 쇼핑몰에서 해외 고급호텔을 예약하고 사은품을 받는 시나리오를 제시하는 실험연구를 진행했습니다[140].

호텔을 예약하는 목적에 따라 참가자들을 두 그룹으로 나눴습니다. 한 그룹은 가족여행을 위한 예약쾌락재으로, 다른 그룹은 해외출장을 위한 예약실용재으로 가정한 후, 같은 가격의 문화상품권쾌락재과 하드디스크실용재 중 어떤 사은품을 받고 싶은지 선택하도록 했습니다.

그 결과 해외출장의 경우 하드디스크26.3퍼센트보다 문화상품권 73.7퍼센트에 대한 선호도가 높았으나, 가족여행의 경우 두 사은품에 대한 선호도의 차이가 통계적으로 유의하지 않았습니다. 이는 쾌락재가족여행를 구매할 때에는 실용재 사은품이 쾌락재를 구매하는 죄책감을 줄여주어 쾌락재의 사은품만큼 매력적일 수 있기 때문입니다. 만약 문화상품권과 하드디스크의 소비자 가격이 둘 다 10만 원이라 해도, 기업이 문화상품권보다 하드디스크를 20퍼센트 정도 더 저렴하게 조달할 수 있다면 프로모션 비용은 현격하게 줄어들 수 있습니다.

요컨대 마케터는 소비자가 원하는 사은품의 유형이 구매하는 제품의 유형에 따라 달라질 수 있음을 기억해야 합니다. 소비자의 기저 심리underlying cause를 이해해야 좀 더 효과적이고 경제적인 프로모션 전략을 수립할 수 있습니다.

여섯 번째, 마케팅 커뮤니케이션 전략을 수립할 때 BSM Behavioral

---

140   Kim, J. & Min, D. (2016). "Designing customer-oriented non-monetary promotions in the Tourism Industry", *Journal of Travel and Tourism Marketing, 33*, pp.184~196.

Sequence Model을 활용할 수 있습니다. BSM은 〈표 7〉과 같이 열column은 구매 의사 결정 프로세스에 따라 욕구발생, 대안탐색, 대안평가, 선택, 소비, 경험공유의 6단계로 구성되며, 행row은 각 의사 결정 단계에서 누가who, 언제when, 어디서where, 어떻게how 행동하는지를 작성하는 항목으로 구성됩니다. 물론 BSM의 열을 구성하고 있는 구매 의사 결정 프로세스는 제품의 특성을 반영해 조정될 필요가 있습니다.

예를 들면 자동차와 같은 고관여 제품과 달리 생수와 같은 저관여 제품은 6단계의 구매 의사 결정 프로세스를 모두 거치지 않을 수 있습니다. 즉, 대안탐색과 대안평가의 단계는 생략될 수도 있습니다. BSM의 형식에 너무 구애받지 말고 전략적인 아이디어를 끌어내기 위한 도구라는 생각에 자유롭게 활용하시기 바랍니다. BSM은 소비자의 행동을 더 잘 이해할 수 있는 도구로 사용해야지, 보고서를 만들어 누군가에게 보여주기 위한 용도로 사용하다보면 지나치게 형

	욕구발생	대안탐색	대안평가	선택	소비	경험공유
누가 (Who)						
언제 (When)						
어디서 (Where)						
어떻게 (How)						

표 7 BSM의 기본 형태

식에 얽매이게 될 가능성이 있습니다. BSM의 목표가 더 정교한 마케팅 커뮤니케이션을 기획하기 위함이라는 것을 잊지 마시기 바랍니다.

나의 브랜드가 어느 날 갑자기 사라진다면?

＿＿＿＿＿＿ 마지막으로 '가치 전달'의 노력이 성공했는지를 가늠할 수 있는 방법을 하나 알려드리고자 합니다. 타깃 소비자들에게 "OOO스럽다"는 의미가 무엇인지 물어보는 것입니다. OOO에 우리 브랜드의 이름을 넣습니다. 예를 들어, '풀무원스럽다', '애플스럽다'의 의미를 묻는 것이죠. 이들이 망설이지 않고 답을 한다면, 차별적 가치가 분명히 잘 전달된 것입니다.

이와 달리 이들이 고개를 갸우뚱해 한다거나, 부정적인 답을 하거나, 제각각 다른 대답을 한다면 마케팅 믹스가 일관된 가치를 전달할 수 있게 제대로 설계되었는지 다시 한번 점검해볼 필요가 있습니다.

지금까지 우리는 가치연쇄 모형의 3단계 프로세스인 가치 분석, 가치 제안, 가치 전달에 대해 공부했습니다. 각 단계가 모두 성공적으로 수행될 때 소비자의 가치 교환의 만족도는 높아지고 장기적인 관계를 형성할 수 있습니다.

여러분에게 지금 소중한 브랜드는 무엇인가요? 그 브랜드가 어느 날 갑자기 세상에서 사라진다면 어떤 기분이 들까요? 친한 친구가 떠나간 것처럼 너무 슬프고 안타깝지 않을까요? 우리 브랜드가 시장에서 사라질 때 이런 감정을 느낄 수 있는 소비자들이 많아야 진정으로 마케팅에 성공했다고 말할 수 있습니다.

다시 한번 말하지만 마케팅의 본질은 '판매'가 아닌 '관계'입니다. 관계 지향적인 사고에서 멀어지면 홀로 남겨져 고독한 나날을 보내게 됩니다.

최고의 마케팅 전략은 경쟁에서 벗어나는 것

가장 먼저 읽으면 좋을 마케팅 책

_____ 먼저 이 책을 읽은 분들께 몇 가지 질문을 드리고 싶습니다. 여러분이 이 책을 구매해서 읽는 데 소요된 금전적·비금전적 비용이 아깝지 않았나요? 저와 가치를 교환하는 과정은 만족스러웠나요? 그렇다면 앞으로 제가 출간할 책들에 대해서도 지속적인 거래를 원하시나요? 이상 세 가지 질문에 대해 여러분이 긍정적으로 대답한다면 저는 이 책을 성공적으로 마케팅했다고 할 수 있습니다.

저는 독자들이 수없이 많은 마케팅 책 중에서 '이 책을 가장 먼저 읽었으면 좋겠다'는 마음으로 집필하였습니다. 이 책이 그 어떤 책보다 뛰어난 책이라서가 아니라 마케팅의 변하지 않는 본질에 대해 논하고 있기 때문입니다. 흔들리지 않는 '마케팅의 본질'을 가슴에 묻어두어야 다양한 방법론을 소개하는 책들을 곡해 없이 온전히 내 것으로 만들 수 있습니다.

이 책을 통해 마케팅에 대한 여러 잘못된 오해와 선입견이 해소되길 바랍니다. 특히 마케팅이 가치 없는 물건을 비싼 값에 팔아 이익을 남기기 위한 고객 기만 행위라는 잘못된 편견에서 벗어날 수 있어야 합니다. 그것은 사기이지, 장기적인 관계를 지향하는 마케팅이 아닙니다.

우리는 모두 마케터다

＿＿＿＿＿＿ 또한 마케팅 전략이 경쟁자를 이기기 위한 도구라는 오해를 풀 수 있기를 바랍니다. 최고의 마케팅 전략은 경쟁에서 벗어나는 것입니다. 이는 우리의 시선이 경쟁자가 아니라 항상 고객만을 바라보고 있을 때 가능합니다.

2016년 브라질 리우 올림픽 때 우사인 볼트와 함께 남자 육상 200미터의 강력한 메달리스트로 손꼽히던 저스틴 개틀린이 준결승 경기에서 탈락하는 이변이 있었습니다. 160미터까지 선두를 유지하던 그는 뒤쫓아오는 선수들을 돌아보다 속도가 급격히 떨어져 180미터 지점에서 뒤쳐져 오는 선수들에게 따라 잡혀 3위에 그쳐, 결승 진출에 실패했습니다[141].

마케팅을 할 때에도 마찬가지입니다. 고객이 아닌 경쟁자에만 집중하다보면 고객에게 제공하는 가치수준은 낮아질 가능성이 큽니다. 이는 결국 고객만을 보고 달려가는 경쟁자에게 선두 자리를 내어주는 결과를 불러올 수 있습니다. 이러한 과오를 범하지 않기 위해서는 '어떻게 하면 경쟁자를 이길 것인가'가 아닌 '어떻게 고객에게 지금보다 더 나은 가치를 제공할 수 있을까'를 끊임없이 고민해야 합니다.

마지막으로 여러분에게 진정한 마케팅 브레인을 가질 수 있는 비법을 소개하고자 합니다. 바로 마케팅의 전략적인 사고를 학습하고

141　그는 마지막 20미터를 남기고 아킬레스건에 갑자기 통증이 와서 일어난 일이라고 해명했지만, 100미터 경기에서 경쟁자인 볼트가 뒤를 돌아보고도 승리한 쇼맨십을 흉내 내다 일어난 일이라는 평가가 지배적입니다. 참조: 〈볼트 흉내 내다 경기 망친 개틀〉, 엄보운 기자 (2016.8.20.), 조선일보.

learn, 배운 내용을 함께 토론하며discuss, 우리 일상에서 이를 적용하며 살아가는 것입니다live. 이 책을 혼자 일독했다면 이제 함께 토론할 사람들예, 직장 동료, 독서모임 등을 찾으십시오. 연구 결과에 따르면 그 어떤 훌륭한 강의보다도 토론의 학습효과가 뛰어납니다[142].

이제 배운 것들을 여러분이 살아가는 하루하루의 일상에 적용해 보세요. 내가 직접 경험한 것만큼 내 기억 속에 오래 남는 것은 없습니다.

잊지 마십시오. 우리 모두는 마케터입니다. '마케팅 브레인'은 인간이 사회적인 존재로서 생존하기 위한 필수조건입니다. One day가 아닌 Day one의 마음가짐을 간직하시기 바랍니다.

---

142 독일계 미국인 심리학자인 쿠르트 레빈(Kurt Lewin)은 제2차 세계대전 당시 미군들이 먹을 고기가 부족하자 일반인들이 내장 부위를 더 먹도록 할 수 있는 방법에 대해 고민하며 실험을 진행하였습니다. 두 집단으로 나눠 한 집단에는 내장 부위가 단백질 공급원으로 좋다는 내용으로 45분간 강의를 들려주고, 다른 집단에는 토론을 하게 하였습니다. 두 집단의 실험 참가자들이 집에 돌아가 내장 부위를 섭취한 비율을 비교한 결과, 강의보다 토론이 설득에 더 큰 효과가 있는 것으로 확인되었습니다(3% vs. 32%). 출처: 신병철, 《논백경쟁전략》, 휴먼큐브, 2017, pp.134~136.

Marketing
Brain

Special Thanks to 내 인생 최고의 브랜드
아들 김해인 (Henry Kim)

마케팅 브레인

초판 1쇄 발행 2021년 3월 25일
초판 11쇄 발행 2024년 8월 26일

지은이 • 김지헌

펴낸이 • 박선경
기획/편집 • 이유나, 지혜빈, 김선우
마케팅 • 박언경, 황예린, 서민서
표지 디자인 • 최우영
본문 디자인 • 디자인원
제작 • 디자인원(031-941-0991)

펴낸곳 • 도서출판 갈매나무
출판등록 • 2006년 7월 27일 제395-2006-000092호
주소 • 경기도 고양시 일산동구 호수로 358-39 (백석동, 동문타워 I) 808호
전화 • 031)967-5596
팩스 • 031)967-5597
블로그 • blog.naver.com/kevinmanse
이메일 • kevinmanse@naver.com
페이스북 • www.facebook.com/galmaenamu

ISBN 979-11-90123-95-2/03320
값 16,000원

• 잘못된 책은 구입하신 서점에서 바꾸어드립니다.
• 본서의 반품 기한은 2026년 3월 31일까지입니다.

이 책에 게재된 도판 중 저작권자를 찾을 수 없어 허가받지 못한 채 실린 도판이 있습니다.
추후에라도 저작권자를 찾게 되면 정당한 사용료를 지불하도록 하겠습니다.